# 人员应急疏散仿真工程软件
# ——Pathfinder
## 从入门到精通

王春雪　吕淑然　编著

化学工业出版社

·北京·

本书分入门篇、提高篇、精通篇，从基础入门开始逐渐介绍 Pathfinder 的基础知识和操作流程，配合各小节实战练习及各阶段仿真模型实例详解，在实例应用中帮助读者不断巩固所学软件知识，将软件学习与实际应用紧密结合，力求帮助读者快速入门并全面精通，最终熟练掌握 Pathfinder 模拟仿真软件的学习效果。

本书适合消防及安全技术人员，消防、安全专业的师生阅读参考。

**图书在版编目（CIP）数据**

人员应急疏散仿真工程软件：Pathfinder 从入门到精通 / 王春雪，吕淑然编著. —北京：化学工业出版社，2016.9（2023.1重印）
ISBN 978-7-122-27701-5

Ⅰ.①人…　Ⅱ.①王…　②吕…　Ⅲ.①公共场所 – 安全疏散 – 计算机仿真 – 应用软件　Ⅳ.①D631.43-39

中国版本图书馆 CIP 数据核字（2016）第 172309 号

---

| 责任编辑：刘丽宏 | 文字编辑：孙凤英 |
| 责任校对：宋　夏 | 装帧设计：刘丽华 |

---

出版发行：化学工业出版社（北京市东城区青年湖南街 13 号　邮政编码 100011）
印　　装：北京科印技术咨询服务有限公司数码印刷分部
710mm×1000mm　1/16　印张 14½　字数 293 千字　2023 年 1 月北京第 1 版第 7 次印刷

---

购书咨询：010-64518888　　　　　　　售后服务：010-64518899
网　　址：http://www.cip.com.cn
凡购买本书，如有缺损质量问题，本社销售中心负责调换。

---

定　　价：49.00 元　　　　　　　　　　　　版权所有　违者必究

# 前　言

　　我国城市发展已进入快速增长期，城市正在快速涌现高层、大型建筑物，这使得建筑物内人员高度密集，同时伴随而来的在开放场合和建筑物内的以过度拥挤踩踏等为代表的非常规突发事件的危险性和危害性也日益严重，使得公共安全问题愈发引起人们的关注。

　　由于人群密集也使得在面临其他灾害时，例如火灾、地震、恐怖袭击等突发事件，想要快速安全疏散密集的人群到达安全场所就显得非常困难。安全疏散必须保证所有人员在可利用的安全疏散时间内，均能到达安全的避难场所，而且疏散过程不会由于长时间的高密度人员滞留和通道堵塞等引起群集拥挤、踩踏、伤亡等事故。恐慌是突发事件发生时人群的自然反应，如何消除恐慌及其所带来的灾难性后果，中外研究者做了大量研究和探索，总结了应急恐慌行为的一些规律，并取得了不少令人瞩目的成就。

　　灾难发生时的逃生个体希望以比平时更快的速度逃离灾难现场，而人群则显示出一种从众的行为，个体之间开始进行身体接触，相互摩擦甚至挤压。恐慌人群经过逃生通道瓶颈时的竞争动态变得极不协调。因此，在出口处易出现拥挤，而这种拥挤会使得人群之间相互挤压的力量迅速增大，将出口堵塞。另外，受恐慌情绪下的盲目从众行为影响，灾害逃生时经常出现一个出口拥挤不堪，而另一出口却几乎无人通过的低效率现象。因此，借助仿真工程技术模拟应急疏散恐慌人群行为，优化人群逃生空间及人员逃生组织结构，研究人群在应急行为中的确定性和随机性规律，以及竞争与协作机制，根据工程仿真结果，设计有效的疏散和干预方法，有助于尽量减少群体恐慌行为所造成的经济损失和人员伤亡，对改进非常规突发事件应对策略具有十分重要的现实意义。

　　疏散逃生关乎人的生命，如何提高人们在突发事件发生时快速有序地进行疏散与逃生的能力，不仅需要在日常加强对人们在面临灾难时的逃生能力的培养及相关火灾、爆炸、地震、防恐基础知识的教育，而且还应在建筑工程设计、逃生设备设施的设计和建设上为人员安全逃生创造基础性条件。在日常生活中加强应急疏散演练，制订有效的疏散演练预案，则是更好地应对突发事件发生时缓解或避免人群恐慌，实现有序快速安全疏散的有效手段和方法。

　　基于此，出版《人员应急疏散仿真工程软件——Pathfinder 从入门到精通》一书，本书可满足安全工程、消防工程、建筑安全工程以及制订疏散应急演练教学、科研及设计的需要，本书以 Pathfinder 的流行版本 2015 版本为基础，全面系统地介绍了 Pathfinder 的操作流程，结合大量仿真案例对软件应用做了详尽解读，使读者在短时间内能够实现从入门到精通的跨越。

本书在编写过程中得到了杨凯、郭丹彤、任冬、魏明明、刘芳茗、詹求杰、李泽华、尚志通等的帮助。吕佩桦、吕方舟在文字翻译及文字整理方面也做了大量工作。

本书的出版还得到了上海曼恒数字技术有限公司的鼎力协助,上海曼恒数字技术有限公司提供了 Pathfinder(2015)试用版。

在此向参与此书出版的个人和单位一并表示感谢。

由于水平有限,书中不足之处在所难免,敬请广大读者批评指正。

**编著者**

# 目　录

## 入　门　篇

### 第1章　初识 Pathfinder2015 ·············· 2

1.1　Pathfinder2015 图形用户界面 ·············· 2

1.2　Pathfinder2015 模型展示 ·············· 4

1.3　Pathfinder2015 模拟方式 ·············· 5

1.4　Pathfinder2015 的局限性及存在的问题 ·············· 5

1.5　Pathfinder2015 模拟器名称 ·············· 5

1.6　运行 Pathfinder2015 软件的系统需求 ·············· 5

### 第2章　Pathfinder2015 工作界面 ·············· 8

2.1　导航视图 ·············· 8

2.2　3D 和 2D 视图 ·············· 9

  2.2.1　3D 导航视图 ·············· 10

  2.2.2　2D 导航视图 ·············· 10

  2.2.3　重置视图 ·············· 10

  2.2.4　填充视图 ·············· 11

  2.2.5　3D 和 2D 视图中的模型绘制 ·············· 11

2.3　视图选项 ·············· 11

  2.3.1　渲染 ·············· 12

  2.3.2　人员显示 ·············· 12

  2.3.3　房间着色 ·············· 13

  2.3.4　房间透明 ·············· 13

2.4　群组设置 ·············· 13

  2.4.1　创建子群组 ·············· 13

  2.4.2　变更群组 ·············· 13

### 第3章　基本模型绘制 ·············· 14

3.1　楼层 ·············· 14

  3.1.1　自动创建楼层 ·············· 14

3.1.2 手动创建楼层 ······················ 15

3.1.3 改变活动楼层 ······················ 16

3.1.4 显示所有楼层 ······················ 16

3.1.5 楼层特性 ·························· 16

3.1.6 入门练习一 ························· 17

3.2 房间 ······························ 18

3.2.1 创建新的房间 ······················ 18

3.2.2 模型绘制平面 ······················ 19

3.2.3 薄墙 ···························· 19

3.2.4 分割房间 ·························· 20

3.2.5 分隔和合并房间 ····················· 21

3.2.6 房间属性 ·························· 22

3.2.7 阻止从房间进出 ····················· 23

3.2.8 入门练习二 ························· 24

3.3 障碍物/孔洞 ·························· 25

3.3.1 任意形状的障碍物 ···················· 25

3.3.2 厚墙 ···························· 28

3.3.3 入门练习三 ························· 28

3.4 门 ······························· 30

3.4.1 薄门 ···························· 30

3.4.2 厚门 ···························· 32

3.4.3 门的属性特征 ······················ 33

3.4.4 入门练习四 ························· 34

3.5 出口 ······························ 36

3.5.1 出口的创建 ························· 36

3.5.2 入门练习五 ························· 36

# 第4章 入门模型实例——建模详解 ············ 38

4.1 单门简单房间模型 ······················· 38

4.2 双门套间房间模型 ······················· 39

4.3 起居室模型 ·························· 41

# 提 高 篇

# 第5章 运动空间绘制 ···················· 46

5.1 对象编辑 ··························· 46

5.1.1 移动 ………………………………………………… 46

5.1.2 旋转 ………………………………………………… 49

5.1.3 镜像 ………………………………………………… 51

5.1.4 提高练习一 …………………………………………… 53

5.1.5 提高练习二 …………………………………………… 54

5.2 楼梯 ……………………………………………………… 55

5.2.1 两边之间的楼梯 ……………………………………… 57

5.2.2 单边延伸楼梯 ………………………………………… 57

5.2.3 楼梯属性特征 ………………………………………… 59

5.2.4 提高练习三 …………………………………………… 61

5.3 斜坡 ……………………………………………………… 65

5.4 自动扶梯 ………………………………………………… 65

5.5 自动坡道 ………………………………………………… 65

5.6 电梯 ……………………………………………………… 66

5.6.1 创建电梯 ……………………………………………… 66

5.6.2 电梯显示 ……………………………………………… 68

5.6.3 电梯属性特征 ………………………………………… 69

5.6.4 电梯额定负载 ………………………………………… 71

5.6.5 连接/非连接楼层 ……………………………………… 71

5.6.6 召唤一组电梯 ………………………………………… 71

5.6.7 提高练习四 …………………………………………… 71

# 第6章 创建人员 ……………………………………… 74

6.1 扼要描述 ………………………………………………… 74

6.1.1 扼要描述配置 ………………………………………… 76

6.1.2 人员设置 ……………………………………………… 76

6.1.3 提高练习五 …………………………………………… 76

6.2 行为 ……………………………………………………… 77

6.2.1 创建新的行为 ………………………………………… 78

6.2.2 添加动作 ……………………………………………… 78

6.2.3 去航点的动作 ………………………………………… 79

6.2.4 去房间的动作 ………………………………………… 80

6.2.5 通过电梯逃生的动作 ………………………………… 80

6.2.6 等待动作 ……………………………………………… 80

6.2.7 提高练习六 …………………………………………… 81

6.3 添加人员 ………………………………………………… 83

6.3.1 人员安置 ……………………………………………… 83

|              | 6.3.2 | 人群安置 ······84 |
| 6.3.3 | 在房间内安置人群 ······86 |
| 6.3.4 | 提高练习七 ······86 |
| 6.4 | 重新对人员的行为及特性进行描述 ······89 |

## 第 7 章　控制点操作 ······90

| 7.1 | 编辑控制点 ······90 |
| 7.1.1 | 选择和取消控制点 ······90 |
| 7.1.2 | 编辑控制点 ······90 |
| 7.2 | 用控制点来操作对象 ······91 |
| 7.2.1 | 房间控制点 ······91 |
| 7.2.2 | 薄门控制点 ······91 |
| 7.2.3 | 厚门控制点 ······91 |
| 7.2.4 | 台阶和斜坡控制点 ······92 |
| 7.2.5 | 人员控制点 ······92 |
| 7.2.6 | 航点控制点 ······92 |
| 7.2.7 | 提高练习八 ······92 |

## 第 8 章　文件操作 ······95

| 8.1 | 导入文件 ······95 |
| 8.1.1 | 导入图像 ······95 |
| 8.1.2 | 导入 CAD 文件 ······96 |
| 8.1.3 | 导入 Revit 文件 ······98 |
| 8.1.4 | 导入 PyroSim 和 FDS 文件 ······99 |
| 8.2 | 使用导入的数据 ······99 |
| 8.2.1 | 使用图像文件 ······99 |
| 8.2.2 | 使用导入的 3D 的 DXF、PyroSim 和 FDS 文件 ······100 |
| 8.2.3 | 使用 2D 的 DXF 文件 ······101 |
| 8.2.4 | 填充缺失部分 ······101 |
| 8.3 | 可视化特征设置 ······103 |
| 8.3.1 | 材料 ······104 |
| 8.3.2 | 材料改组和快速编辑 ······105 |

## 第 9 章　模拟 ······106

| 9.1 | 参数 ······106 |
| 9.1.1 | 时间参数 ······106 |
| 9.1.2 | 输出参数 ······106 |

9.1.3　路径参数 ···················· 107

9.1.4　行为参数 ···················· 107

9.2　仿真的启动和管理 ·················· 109

9.2.1　仿真的运行 ·················· 109

9.2.2　提高练习九 ·················· 110

9.3　仿真的暂停和开始 ·················· 112

9.4　被困人员 ······················ 112

9.4.1　人员被困时的解决方法 ············ 112

9.4.2　提高练习十 ·················· 112

# 第10章　提高模型实例——建模详解 ············ 115

10.1　工厂车间模型 ···················· 115

10.2　小型办公楼模型 ·················· 123

10.3　学生公寓模型 ···················· 134

# 精 通 篇

# 第11章　模型检查 ················· 148

11.1　距离测量 ······················ 148

11.2　连接检查 ······················ 148

11.3　检查正在使用的对象 ················ 150

11.4　错误和警告 ···················· 150

# 第12章　模型观察与记录 ··············· 151

12.1　观察视频 ······················ 151

12.1.1　创建一个观察视频 ·············· 151

12.1.2　回顾一个观察视频 ·············· 151

12.1.3　编辑一个观察视频 ·············· 152

12.2　视频录制 ······················ 152

12.2.1　录制一个视频 ················ 152

12.2.2　调节视频 ·················· 153

12.2.3　精通练习一 ················· 153

12.3　在不重新模拟一遍的情况下改变模拟视频 ······ 155

# 第13章　模拟结果 ················· 156

13.1　总结报告 ······················ 156

13.2 门的使用记录·····················································157

  13.2.1 门的流率与流量······································157

  13.2.2 门的使用量··········································158

13.3 房间的使用记录·················································158

13.4 人员总结·························································159

13.5 人员历史·························································159

13.6 3D 结果·························································160

  13.6.1 导航到模型任意位置··································160

  13.6.2 显示几何文件输入····································161

  13.6.3 显示人员············································161

  13.6.4 选择人员············································161

  13.6.5 查看多楼层问题······································162

  13.6.6 动画回放············································164

  13.6.7 刷新结果············································164

  13.6.8 查看人员路径········································164

  13.6.9 控制绘图细节/速度···································164

  13.6.10 显示保存的视图·····································165

  13.6.11 显示相机轨迹·······································165

  13.6.12 创建模拟疏散影片···································165

  13.6.13 显示 FDS 模拟结果··································168

  13.6.14 人员轮廓/热图······································170

  13.6.15 精通练习二·········································176

# 第 14 章　精通模型实例——建模详解·····················181

14.1 幼儿园模型·······················································181

14.2 商场模型·························································194

14.3 高层住宅模型（CAD 文件导入建模）·······················206

# 入门篇

- 第 1 章　初识 Pathfinder2015
- 第 2 章　Pathfinder2015 工作界面
- 第 3 章　基本模型绘制
- 第 4 章　入门模型实例——建模详解

Pathfinder

# 第1章 初识 Pathfinder2015

Pathfinder 是一款基于人员疏散和移动模拟的仿真器。它为用户提供了仿真模拟设计和运行的图形用户界面，以及用于分析结果的 2D 和 3D 可视化工具。

## 1.1 Pathfinder2015 图形用户界面

Pathfinder 的图形用户界面，主要用于创建和运行仿真模型。用户界面的屏幕截图如图 1-1 所示。图 1-1 是一家商场的仿真模型。该模型中的人员有 750 人，为了简洁，只对该模型的一部分进行了展示。

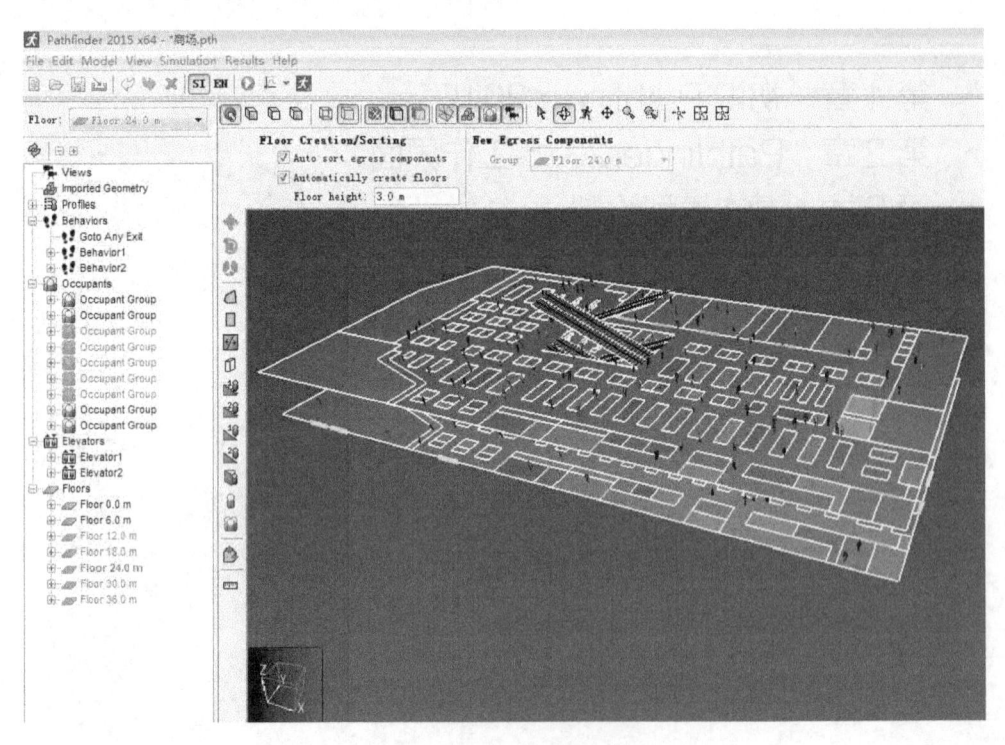

图 1-1 用户界面的屏幕截图

Pathfinder 还专门提供了高性能可视化的 3D 时间历程模拟，利用透明化功能来更好地显示密集人群在楼层中的疏散情况。3D 时间历程模拟结果如图 1-2 所示，在这幅图中，可清晰展示人员在前往电梯进行疏散前，人员聚集在避难区的情景。

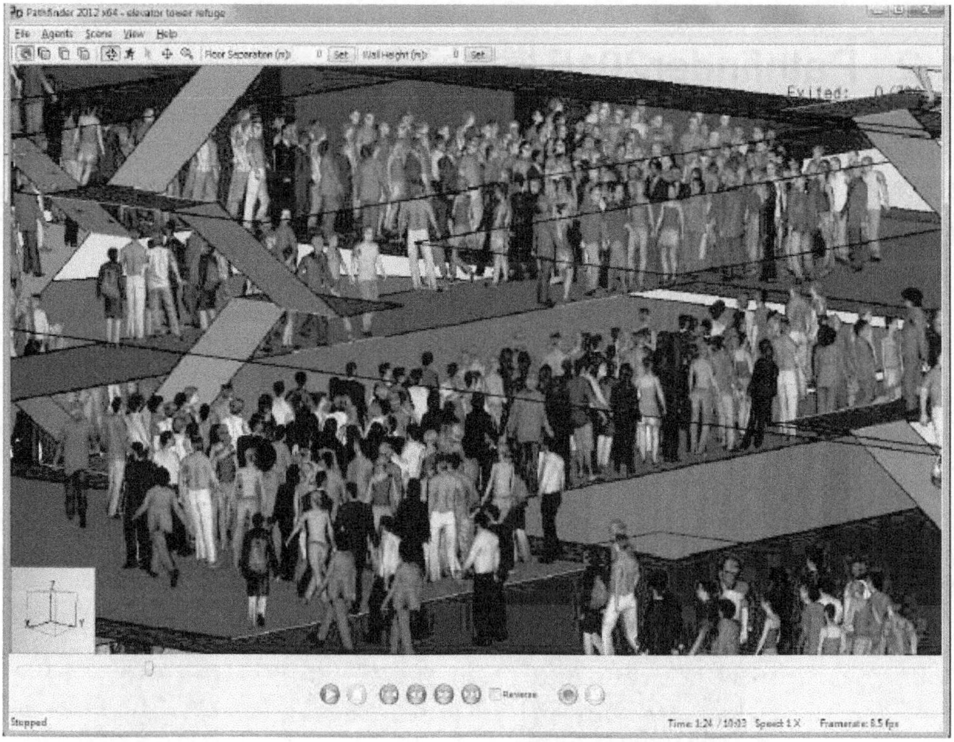

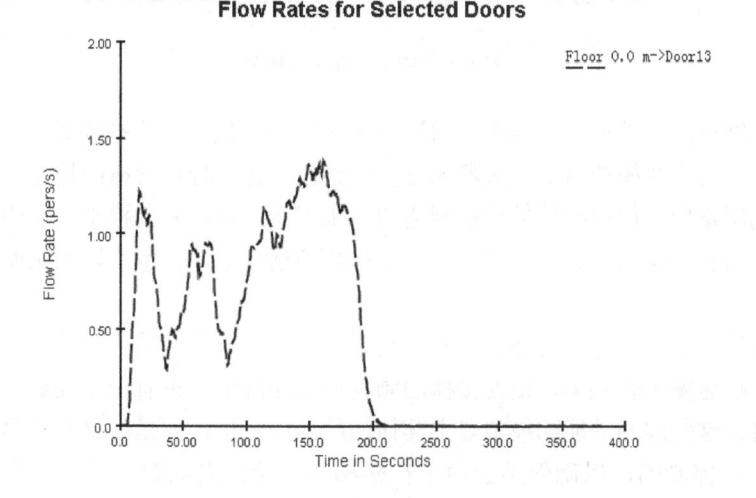

图 1-2    3D 时间历程模拟结果

除了 3D 模拟视图，Pathfinder 还提供了 2D 时间关系曲线图的 CSV 文件和记录楼层疏散时间和出入口流通率的文本文件。时间关系曲线见图 1-3 所示。该图显示了建筑物内的人员数量随时间的变化。

**Flow Rates for Selected Doors**

图 1-3    时间关系曲线图

## 1.2 Pathfinder2015 模型展示

为了契合实际的建筑模型，Pathfinder 中用来模拟移动的环境是一个三维三角的网格模型，如图 1-4 所示。移动网格可以手动生成或通过导入数据来自动生成，例如导入 FDS 几何体。

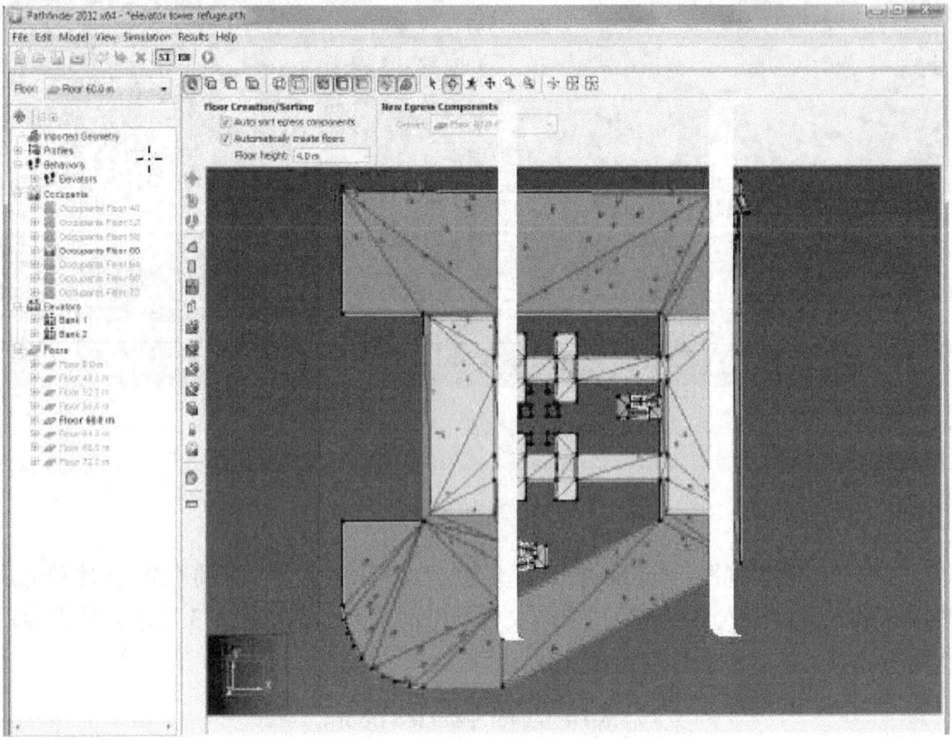

图 1-4　三维三角网格模型

导航网格中，墙壁和其他不能通过的区域用缺口代表。这些区域没有体现在模拟器上面，因为在模拟器上，人群无法移动到没有建立导航网格的地方。

导航网格中，门用特殊的导航网格边界来表示。在所有的模拟情况中，门是用来连接房间和跟踪人员流动的途径。在某些模拟选项下，门也可以用来明确地控制人群流动。

楼梯也用特殊的导航网格边界和三角形来表示。人员在楼梯上移动的速度会在其水平移动速度的基础上，根据楼梯的倾斜程度而降低。每有一个楼梯，便暗示了有两个门。这些门的功能和模拟器中其他门的功能一样，但是，这些门是通过楼梯编辑来进行控制的，以确保不会由于在楼梯和连接门之间数量不匹配而产生几何错误。

当人群到达电梯门前时，电梯将会到达人群所处的楼层。电梯的模型包含电梯的运载能力、运行起止楼层、将乘电梯的人归为一群等多种功能。

在 Pathfinder2015 软件中，每个人员被定义为一个位置点，每个人员有一份简介，明确了人员大小、移动速度等等。每个人员都被赋予一个行为来明确每个人的目标，人员的行为可以提前进行设置，例如，可以使某个人员在指定点等待一段时间后再前往电梯进行逃生。在移动网格中，直立圆柱体用来代表人员。对于人员的移动的模拟，采用了 inverse steering 仿真技术，对每个人员的移动数据单独进行运算。

## 1.3　Pathfinder2015 模拟方式

Pathfinder 支持两种移动仿真模式。在 Steering 模式里，门不会限制人群的流动；而且，在 Steering 模式下，人与人之间会保持一个合理的间距。在 SFPE 模式里，人们并不会试图去避开对方，并且会相互拥挤，但是，门会限制人群的流动，并且人员的移动速度是由空间中的人员密度控制的。用户可以在 Pathfinder 的用户界面里通过菜单操作对这两种模式进行自由切换，并观察和比较两种疏散模式下的不同的疏散结果。

## 1.4　Pathfinder2015 的局限性及存在的问题

Pathfinder2015 软件目前并不能对火灾模型或疏散中的社会性的复杂行为进行疏散模拟（如：疏散中的家庭性集体疏散等）。

Pathfinder2015 软件目前只支持模拟几种特定的动态几何体（如：电梯、虚拟扶梯、门的开与关，但不支持火车以及其他移动曲面）。

Pathfinder2015 软件中，电梯只有人员疏散功能，并没有一般的电梯所具有的功能。

## 1.5　Pathfinder2015 模拟器名称

Pathfinder 这个名称之前被 Rolf Jensen 和他的同事命名并使用，他们用 Pathfinder 这个名称来描述一个 2D 出口模拟器。虽然最初的 Pathfinder 激发了一些新的模拟器的特性，但本书中描述的该模拟器不使用最初 Pathfinder 软件的任何代码。

## 1.6　运行 Pathfinder2015 软件的系统需求

系统需求取决于分析模型的种类，为了演示不同模型的系统需求，利用计算机运行了 2 个不同的疏散模型,计算机的配置是: 64-bit Windows 8 Pro 搭载 Core i7 2.6 GHz 处理器,8GB 内存,NVIDA NVS 5200M 显卡。第 1 个疏散模型为一个不插入任何几何形状的简单独立房间,房间内有 50000 个人员待疏散;第 2 个模型中插入了一个较为复杂的几何模型,且有 3000 个人员待疏散,如图 1-5 所示。

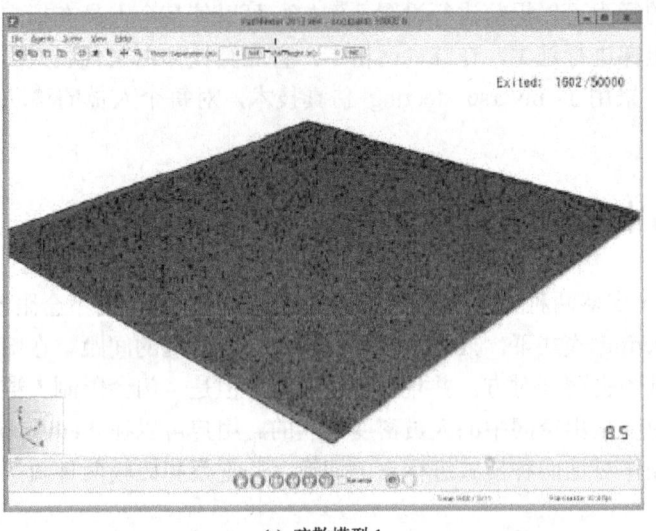

(a) 疏散模型 1

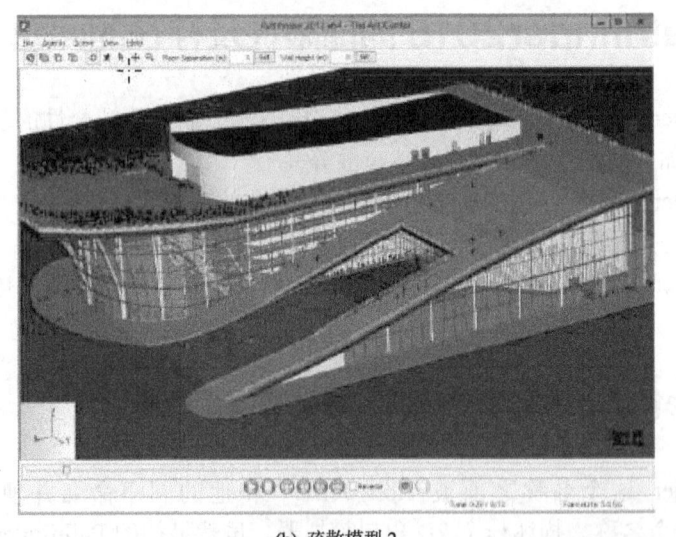

(b) 疏散模型 2

图 1-5　2 个不同的疏散模型示例

表 1-1 对比了上述 2 个模型的疏散情况。其中,关键的因素为模型的人员数量和模型的复杂程度。由表 1-1 可知,模型 1 的虚拟计算三角值为 4,人员疏散运动路径计算较为简单;而模型 2 的导航网格的虚拟计算三角值为 21480,且几何模型的虚拟计算三角值达 1300000。

表 1-1　2 个不同模型的疏散情况

| 参数 | 模型 | |
|---|---|---|
| | 人数 | 参数输入 |
| 人员数量 | 50000 | 3000 |
| 三角网格值 | 4 | 21480 |
| 简单 Revit 数 | 0 | 1300000 |
| CPU 计算时间/s | 1090 | 297 |
| 网格显示率/fps | 约 15 | 约 70 |
| 输入几何尺寸显示率/fps | N/A | 约 5 |

模型 1 中包含 50000 名人员，完成疏散模拟的时间是 18 min，而模型 2 中包含 3000 名人员，完成疏散模拟的时间是 5 min。模型 1 的图片展示运行速度是 15 fps，而模型 2 因为几何模型较为复杂，图片展示运行速度为 5 fps 。只有当 Pathfinder 导航网格开始运行时，模型 2 才开始进行响应。

运行 Pathfinder2015 软件的最低系统配置需求为：

① 32 或 64-bit（位）Windows XP 系统（或 Windows 7 等更高配置的系统）。

② Intel i5 处理器。

③ 4GB 内存。

④ OpenGL 1.2 显卡。

为了更好地进行模拟仿真，推荐的计算机系统配置需求为：

① 64-bit（位）Windows 7 系统或更高配置的系统。

② Intel i7-3770（3.4 GHz，4 Cores）处理器。

③ 8GB 内存。

④ Open GL 3.2 独立显卡。

# 第 2 章 Pathfinder2015 工作界面

Pathfinder 为疏散模型提供了三个主要视图：2D 视图、3D 视图和导航视图。这些视图表示用户当前的模型。如果在一个视图中添加、移动或删除一个物体，其他视图将同时反映出这一变化。

① Navigation View：导航视图，该视图用层次格式列出了模型中的所有对象。可以通过物体名称快速定位和修改物体。

② 3D View：3D 视图，该视图显示了当前模型的 3D 视图。可以使用各种工具对该模型进行修改。

③ 2D View：2D 视图，该视图非常类似于 3D 视图，但它另外提供了一个捕捉网格和一个当前模型的正视图。

## 2.1 导航视图

导航视图可以帮助用户快速找到在 2D 和 3D 视图上不是很方便观察到的对象和数据。

导航视图分为 6 个组：

➢ 导入几何组（Imported Geometry）

导入几何组储存了导入的图像、FDS、PyroSim 或 DXF 模型。这些对象不影响模拟，只是用来帮助分析模拟仿真结果及自动生成模型中的房间。

➢ 属性组（Profiles）

属性组包含了通过使用编辑属性（Edit Profiles）对话框创建人员的属性。

➢ 行为组（Behaviors）

行为组包含了用户自定义的行为脚本，用来指导疏散模拟中的人员如何行动。

➢ 人员组（Occupants）

人员组包含了在模型中的每一个人。如果使用工具一次性添加多个人到模型中，那么添加的这些人将被放在同一个副组里。

➢ 电梯组（Elevators）

电梯组包含了模型中的疏散电梯。

➢ 楼层组（Floors）

楼层组定义了模型里的楼层，楼层中会包含创建移动网格所必要的几何体，包括房间、楼梯、斜坡、门、出口等。

导航视图的各个按钮可分别执行以下操作：

❖ 自动展开选项（Auto Expand Selection），当在 3D 或 2D 视图中选择一个对象（或人员）时，点击该按钮将有助于展开导航视图中的组来显示选中的对象。

　　□ 全部折叠（Collapse All），折叠导航视图中所有的展开组。

　　⊞ 全部展开（Expand All），展开导航视图中所有的组（包括副组)。

　　视图上面的楼层框（Floor）可以用来管理楼层。

　　任何时候创建一个房间、楼梯、坡道或门，它都将被添加到在楼层框中与现在选择的楼层匹配的楼层组中去。

　　在楼层框中更改选择的楼层，新选中的楼层会显示出来，并会将其他所有楼层隐藏。同时，所有绘图工具的高度（Z）属性将自动默认为当前选中的楼层的高度。任何对象或对象组的隐藏或者显示都可以使用鼠标右键快捷菜单来进行手动设置。如果想在同一时间显示两层 (例如当创建一个楼梯时)，这个技巧将非常有用。

## 2.2　3D 和 2D 视图

　　3D 和 2D 视图展示如图 2-1 所示，是在 Pathfinder2015 中进行模型绘制、创建的主要视图。这两种视图都包含绘制几何出口和模型中的导航的工具。两个视图之间的主要的区别是，3D 视图可以从任意方向观察模型，而 2D 视图只可以从一个正交的方向查看。此外，3D 视图不包含网格捕捉，而 2D 视图包含。3D 视图可以通过选择透视摄像机视角，点击 ◔来进入。而 2D 视图通过选择一个正交摄像机角度，点击◨ ◨ ◨来进入。

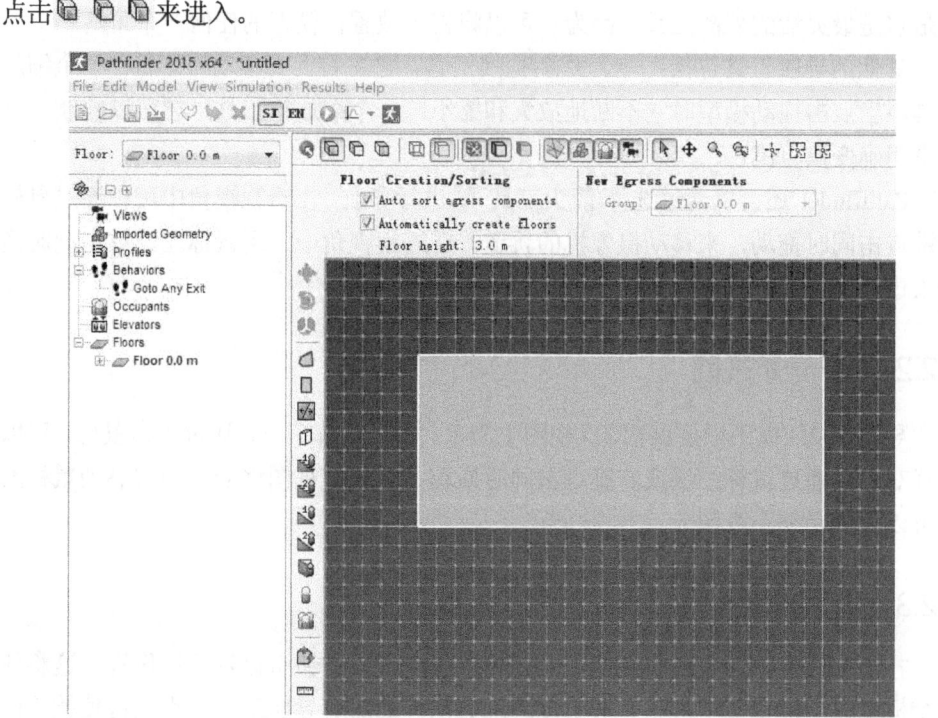

图 2-1　3D 和 2D 视图

视图顶部的几个按钮，代表了不同的相机模式、显示选项和导航模式。在按钮下面的面板被称为属性面板（Property Panel）。如果一个绘图工具被选中，面板会显示可以帮助绘图的相关属性。如果没有选中绘图工具，并且选中了一个或几个对象，面板将显示与选择对象相关的属性。在面板左边的按钮为各种移动、复制、绘图工具，底部的小面板显示与当前工具相关的消息。

## 2.2.1　3D 导航视图

3D 视图提供了数个工具用于导航，包括轨道、漫游、平移和缩放等工具。

在 3D 视图中的主要导航工具是轨道工具（Orbit Tool）✥。通过左键点击和拖动，模型会围绕它的中心点进行旋转。使用滚轮可以在某一点上对模型进行放大和缩小。按住键盘上的 SHIFT 键，并且点击和拖动，将平移模型；按住 ALT 键同时拖动模型，模型将会放大或缩小。

3D 视图另一个导航工具是漫游工具（Roam Tool）✈。这个工具可以使摄像机随意地进出模型。在没有按住任何键盘按键的情况下，拖动鼠标将会改变摄像机的位置。向上拖动鼠标将使摄像机视角向上移动，左右拖动鼠标将会使摄像机视角左右移动。在按住 CTRL 时，拖动鼠标会使摄像机在 XY 平面上向前和向后移动，拖动时按住 ALT 的同时将使摄像机沿着 Z 轴上下移动。这个工具学习起来比较困难，但是它是最灵活的视图工具，因为它可以将视角放置在模型的任何一个角落。

其他的导航工具包括：一个平移/拖拽工具，它左右上下移动摄影机；一个缩放工具，当点击拖动模型时它不断地放大和缩小；一个缩放箱工具，它可以绘制一个框来明确变焦范围。

Pathfinder 还可以通过选择/箭头工具 ⯈ 进行导航。在透视视角中可以通过鼠标右键点击同时拖动，来移动摄像机的轨道。在透视视角中，用鼠标左键单击同时拖动来进行平移。

## 2.2.2　2D 导航视图

导航在 2D 视图中要比在 3D 视图中简单。使用选择工具，通过单击鼠标，可以选择对象，通过鼠标左键或右键点击同时拖动，可以使视图移动，通过滑动鼠标滚轮可以放大和缩小视图。

## 2.2.3　重置视图

在任何时候，通过键盘上的 Ctrl+R 键或者点击+按钮可以重置摄像机。这将使整个模型在当前视图中可见。对于漫游工具以外的所有导航工具，重置将使镜头向下观察模型中 Z 轴的负面。然而，对于漫游工具，重置将使摄像机向下观察模型中

Y 轴的负面。

在任何时候通过按 Ctrl+E 键或者点击按钮，摄像机也可以被重置，并放大当前选择的对象并且使轨道工具旋转到对象的边界球体的中心。

### 2.2.4　填充视图

与重置视图的功能相似，视图可以通过键盘上的 F 键或选择 ⊞ 工具来进行填充调整。填充视图与重置视图的区别是，它不会改变模型视图展示的角度。

### 2.2.5　3D 和 2D 视图中的模型绘制

在 3D 视图和 2D 视图中都可以进行模型绘制。3D 视图允许用户从任何角度查看模型，但大多数工具都只能在 XY 平面上绘图。在顶部视图中，不能在 XY 平面上进行绘制，但会显示一个可选的捕捉网格。捕捉网格大小可以在视图菜单（View）中的编辑捕捉网格间距（Edit Snap Grid Spacing）内进行设置，捕捉网格也可以关闭，在视图菜单下的显示捕捉网格（Show Snap Grid）选项可以关闭。

可以通过以下两种方式进行模型绘制：

➤ 正常模式（Normal Mode）

在视图的左边单击一个绘图工具按钮。通过在本书中不同部分介绍的方法来绘制对象。当绘制完成时，绘制的对象将被选择，视图将还原为先前的导航工具。

➤ 黏性模式（Sticky Mode）

在开始绘图之前在左侧面板双击一个绘图工具按钮。当绘制完成后，绘图工具仍将被选择，这时可以绘制更多的对象。要取消这一模式，在键盘上按 ESC 键，这时之前的导航工具将被选择。工具图标上的绿色的圆点表明该工具目前处于黏性模式。单击该工具的图标将会关闭黏性模式，但保持工具被选择。

在绘制的任意时刻，用户都可以按下 Escape 键，这将取消当前对象的选择并且选中之前的导航工具。

对于每个工具都有两种方法来创建对象。一种方法是使用鼠标和键盘来绘制对象。另一个方法是通过在工具的属性面板键入信息，比如坐标、宽度等创建对象。属性面板将立即更新图形预览，来反映输入的变化。这种方法可以对创建对象的精细度进行控制。人员的绘制工具在创建运动空间（Creating Movement Space）中。

## 2.3　视图选项

Pathfinder 为显示导航几何体和输入几何体提供了各种视图选项，可以帮助进行模型绘制。包括渲染几何体、人员显示、房间着色和设置房间的透明度等选项。

## 2.3.1 渲染

在 2D 和 3D 视图工具栏上面的属性窗口，如图 2-2 所示，有许多按钮对渲染选项进行控制。

图 2-2　3D 和 2D 视图

从左到右，这些按钮分别是：线框图渲染（Wireframe Rendering）、固体渲染（Solid Rendering）、显示材料（Show Materials）、显示对象轮廓（Show Object Outlines）、柔和的光照（Smooth Lighting）、显示导航几何体（Display Navigation Geometry）、显示导入几何体（Display Imported Geometry）及显示人员（Show Occupants）。

➢ 线框图渲染（Wireframe Rendering）

显示输入 3D 几何体的线框。这个选项与固体渲染选项互斥。导入 3D 几何体之后，该工具可用于在 2D 视图下绘制门。

➢ 固体渲染（Solid Rendering）

显示导入的 3D 几何体模型。这个选项默认被选中。

➢ 显示材料（Show Materials）

显示 3D 几何体对象的表面材料。这个选项默认被选中。

➢ 显示对象轮廓（Show Object Outlines）

显示导入的 3D 几何体对象的外部轮廓。

➢ 柔和的光照（Smooth Lighting）

使用一个更真实的阴影模型来显示所有几何模型。

➢ 显示导航几何体（Display Navigation Geometry）

使所有的导航几何体可见。

➢ 显示导入几何体（Display Imported Geometry）

使所有导入的 3D 几何体可见。

➢ 显示人员（Show Occupants）

使模型中的人员可见。

## 2.3.2 人员显示

人员可以通过很多方式来显示。它们可以被视为简单的形状，包括盘状和圆柱体。它们还可以视为人体模型或作为一个简单的人的形象，这些都可以通过人员设置来实现。这些选项存在于视图（View）菜单和人员（Agents）子菜单中。

### 2.3.3 房间着色

房间可以用许多方式来上色。所有的着色选项都可在视图菜单（View）下的房间着色子菜单（Color Rooms）中找到。默认的选择是每个房间都有不同的颜色。它们也可以通过人员密度来上色，这意味着将以红色代表人员更集中的房间颜色，用蓝色代表房间人员不太集中的房间颜色。最后一个选项是使用混合模式。这种模式下，如果房间中包含人员，房间只通过人员集中度来上色；否则，房间以它们不同的颜色上色。

### 2.3.4 房间透明

透视房间和楼梯有时是非常有用的，比如在导入背景图像的顶部绘图等。想要改变一系列组件的透明度，需要选中它们并在特征面板内改变它们的透明度。透明度设置也将在 3D 模拟结果展示中显示出来。

## 2.4 群组设置

Pathfinder 的主要组织方法是使用群组。在每一个模型中已经存在有一些隐式分组，不能被修改，包括导入几何体（Imported Geometry）、配置文件（Profiles）、行为（Behaviors）、人员（Occupants）、升降电梯（Elevators）和地板（Floors），如图 2-3 所示。

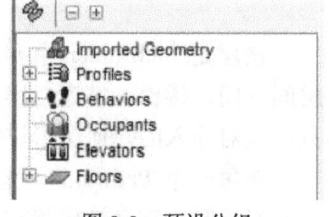

图 2-3 预设分组

### 2.4.1 创建子群组

可以在导入几何体（Imported Geometry）、人员（Occupants）、升降电梯（Elevators）和地板（Floors）群组下面创建子群组。在子群组下也可以创建群组。要创建一个新组，在导航视图中右键单击所需的母群组，并选择新组（New Group...），或从模型菜单中（Model）选择新组（New Group...）。此时会显示一个对话框，并且会要求用户选择一个母群组（如果从右击菜单中执行，母群组将自动被选中）并为新建的子群组输入名称，最后点击 OK 来创建新组。

### 2.4.2 变更群组

在任何时刻，一个对象可以从一个组移动到另一个组。改变一个对象的组，可在导航视图中拖动对象到所想要的组或者右键单击对象并选择改变组（Change Group...）。此时将显示一个对话框，用户可以选择新组。选择的新组必须是有效的，群组才可以被改变，最后选择 OK 改变该组。

# 第 3 章　基本模型绘制

Pathfinder 人员疏散模拟中创建的楼层能使人员行走。Pathfinder 绘制的每个导航组件都是可以行走的地方，可以是地板、门口或者楼梯。存在的障碍物用地板上的空洞来代表。

主要出口组件包括房间，即被墙、门包围的空旷的楼层空间，这些门、墙和同一楼层的房间相连；楼梯/坡道，连接不同楼层的房间；电梯则连接多个楼层的房间。房间形状可以是任意多边形的，但是不能在同一楼层里重叠。门的厚度可以变化，如果门占据门口（两个房间之间的区域），那么门就应该具有一定的厚度，如果门仅是连接两个相连的房间，那么门就可以是不具有厚度的薄门。楼梯/坡道总是矩形的，并且两端各隐含了一个薄门，用于连接相邻的房间。电梯可以是任何形状的，并且可以在任何方向上运动。

为了组织疏散组件，Pathfinder 提供了楼层的概念，在不同的楼层高度位置放置组件。

## 3.1　楼层

楼层是 Pathfinder 主要的组织方法。在最基本的用法上，楼层仅仅是可以放置房间、门、楼梯、坡道、出口的地方。同时，楼层也是大多数工具的绘制平面，并且可以对导入的几何图形进行过滤。

在每一个 Pathfinder 模型中，必须存在至少一个活动的楼层。每当绘制出一个导航对象时，它会被放置在活动楼层或活动楼层的子群组上。

默认情况下，在一个新模型中，在 Z = 0 上存在一个楼层，额外的楼层可以根据绘制的几何体尺寸自动创建或手动创建。此外，绘制的新的导航组件会自动归属到适当的楼层。

### 3.1.1　自动创建楼层

当在模型中没有选择任何对象时，地板创建（Floor Creation）面板会出现，如图 3-1 所示。这个面板可以控制楼层的自动创建和新对象到楼层的自动归类。

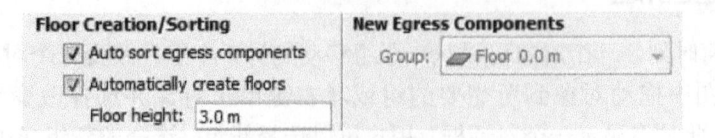

图 3-1　楼层创建面板

➢ 自动归类出口组件（Auto sort egress components）

如果被选中，导航组件被创建或修改后，会被自动归类到适当的楼层；如果没被选中，新的导航组件会被放置在新出口组件（New Egress Components)下指定的组内，如果没有手动移动，那么新的导航组件将保持在这个组内。

➢ 自动创建楼层（Automatically create floors）

如果被选中，当导航组件被创建和修改时，楼层会自动创建。

➢ 楼层高度（Floor height）

可以控制自动创建的新的楼层的高度。如果一个导航组件被创建或移动到一个位置，位置到前面的楼层的距离比设置的高度要大，一个或多个新的楼层将以设置的高度创建直到连接到前面的楼层。

➢ 分组（Group）

如果 Auto sort egress components 没被选中，这个下拉选项会用于为新的导航组件指定组/楼层。

下面的场景展示了当自动归类和自动楼层创建启用时对象是如何组织的，模型的组织如图 3-2 所示。

① 创建一个新的模型。楼层高度设置采用默认的 3 m。

② Room00 画在 Z = 0m 处，自动放置在 Floor 0.0 m 中。

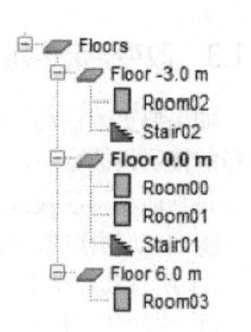

图 3-2　自动创建和归类楼层

③ Room01 画在 Z = 1.5m 处，自动放置在 Floor 0.0 m 中。

④ Stair01 画在 Room00 到 Room01 的连接处，自动放置在 Floor 0.0 m 中。

⑤ Room02 画在 Z =−1.5m 处，一个新的楼层 Floor−3.0 m 将会自动创建，Room02 自动放置在里面。

⑥ Stair02 画在 Room02 和 Room00 的连接处，自动放置在 Floor −3.0 m 中。

⑦ Room03 画在 Z = 7.5 m 处，一个新的楼层 Floor 6.0m 会自动创建，Room 03 自动放置在里面。

在这个示例中，只有房间和楼梯被创建。楼层是自动创建的，房间、楼梯被自动归类到适当的楼层中去。

## 3.1.2　手动创建楼层

用户可以在任何时候手动创建楼层。单击导航视图上的楼层下拉框，选择<Add New...>，如图 3-3 所示，将弹出一个设置楼层位置的对话框。键入一个 Z 平面的位置或在 3D 和 2D 视图上点击捕捉网格中中一点，并点击 OK。当这个楼层是活动的时候，Z 平面将用于更新绘图工具中的工作位置。默认情况下，楼层的名称是 Floor x，其中 x 是楼层的工作平面。如果在新楼层对话框中选中 Set as active floor，在模型创建之后，楼层会被设定为活动楼层。如果 Resort existing egress components into new floor 被选中，所有属于新楼层的现有组件将移动到该新建楼层中。

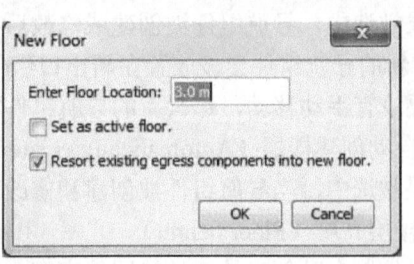

图 3-3　创建新楼层

### 3.1.3　改变活动楼层

如果要更改活动的楼层，单击楼层下拉框，如图 3-3 所示，选择所需的楼层。选择的楼层将被激活，其余楼层将不活动。

每当活动楼层被改变时，模型中会发生以下额外的变化：

① 活动的楼层，楼层组中的所有对象，在楼层上的所有住户这时都可见。

② 所有其他楼层，其他楼层的子对象，这些楼层的住户这时都隐藏。

③ 房间的工作平面和墙的增减工具都设置在该楼层的工作平面上。

④ 一个剪切过滤器被应用在导入几何模型中，因此，只有在活动平面中的 Z 剪切几何模型是可见的。

### 3.1.4　显示所有楼层

如果要显示所有楼层，单击楼层下拉框，如图 3-3 所示，然后单击显示所有<Show All>。这个操作还将显示全部楼层的所有人员和所有子对象，将所有楼层的过滤器整合成导入过滤器。

### 3.1.5　楼层特性

如果要编辑一个楼层，首先选择所需的楼层。属性面板（如图 3-4 所示）会显示出来，在面板上有楼层的名字、在 Z 平面上的位置和导入 3D 几何模型的 Z 剪切面。面板上还有一些楼层的统计数据，包括楼层的总面积（Area）、楼层上的人口数（Pers）和人口密度（Density）。

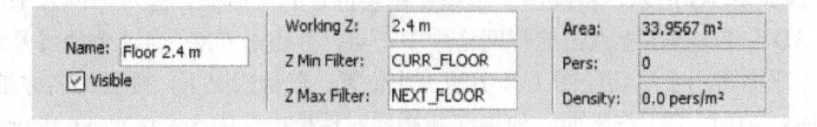

图 3-4　楼层特性面板

新绘制的房间、墙体障碍物等所在的平面由 Working Z 属性控制。

当楼层是可见的时候，Z 最小值和最大值过滤器控制导入的 3D 几何模型的切割面。剪切掉任何低于 Z 的最小值和大于 Z 的最大值几何图形。Z Min Filter 属性可以是一个 Z 平面的位置或是一个特殊值，如当前楼层（CURR_FLOOR）。当选择 CURR_FLOOR 时，如果有任何楼层低于这个楼层，那么剪切平面就将设置在工作 Z 位置上，如果该楼层下面没有楼层，那么剪切平面将设置为$-\infty$。Z Max Filter 可以是一个 Z 平面位置，也可以设置为一个特殊的值，如下一个楼层(NEXT_FLOOR)。当设置为 NEXT_FLOOR 时，如果存在一个更高的楼层。那么 Z 平面将设置在工作 Z 位置上，如果没有更高的楼层，那么将设置为$+\infty$。

## 3.1.6　入门练习一

➡ **创建高度为 2.5m、5m、7.5m、10m 的楼层。**

**练习解答**

打开 Pathfinder 软件，单击界面左侧导航视图上的楼层下拉框，选择<Add New...>选项，在询问楼层位置对话框内输入 2.5m（注意在输入时不可删去数字与单位间的空格，否则软件无法识别），并点击 OK 键，如图 3-5 所示。

继续重复上述步骤，将房间位置处填写为 5m、7.5m、10m，即可完成楼层建设。在此过程中，Pathfinder 软件自动将楼层间隔设置为 2.5m，也可采用自动生成结果进行楼层创建。楼层创建结果将在左侧导航视图中显示，点击楼层下拉框也可以显示楼层状态，如图 3-6 所示。

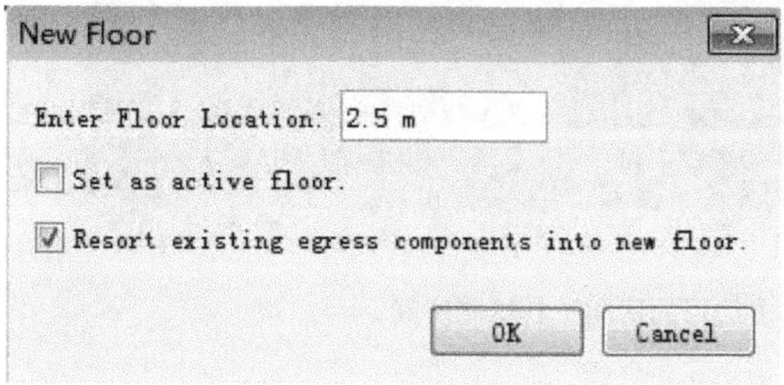


图 3-5　楼层位置对话框

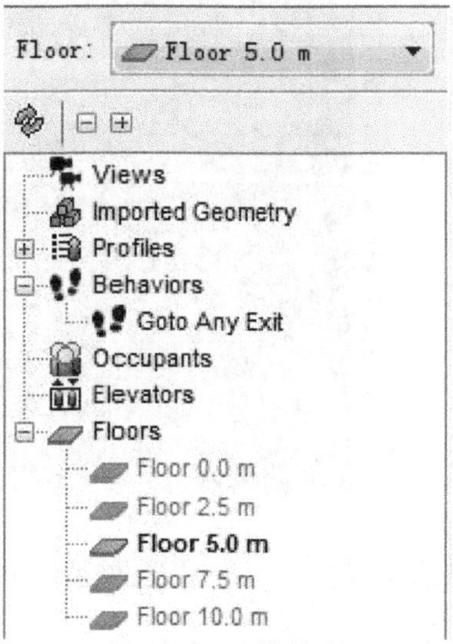


图 3-6　楼层显示

## 3.2 房间

房间是住户可以自由行走的开放空间。每个房间被四周的墙壁包围。房间可以绘制成相邻的，但是只有当两个房间被门连接时，人员才能在两个房间之间穿行。房屋和房屋之间不能重叠，因此如果一个房间重叠在另一个房间上，重叠的区域就会从先前的房间减掉，然后给予新的房间。多个房间也可以合并成一个，一个房间也可以分成多个部分，在各个部分之间会有薄的线来分界。

### 3.2.1 创建新的房间

Pathfinder 提供了两个工具来添加新房间。

➤ 多边形的房间工具（Polygonal Room Tool）（ 🔲 ）

多边形房间工具可以用来创建任意个顶点的图形。用左键在模型中任意位置设置第一个点，并继续左键点击为多边形添加更多的点。当添加至少三个点之后，右键点击将会关闭多边形的编辑并完成房间创建。另外，可以通过使用属性面板的添加点（Add Point）和关闭多边形（Close Polygon）按钮，并用键盘输入 X–Y 坐标来创建房间，如图 3-7 所示。

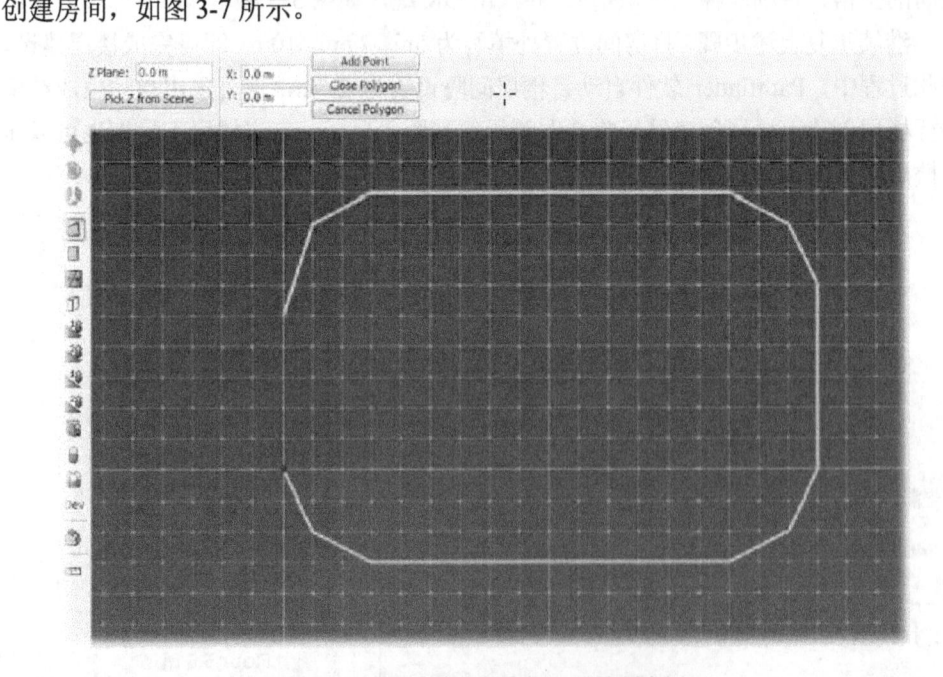

图 3-7　利用多边形的房间工具绘制房间

➤ 矩形房间工具（Rectangular Room Tool）（ 🔲 ）

通过左击模型中的两个点来创建简单的矩形几何体。矩形区域也可以在属性面板中输入两点的坐标，然后单击 Create 按钮创建，如图 3-8 所示。

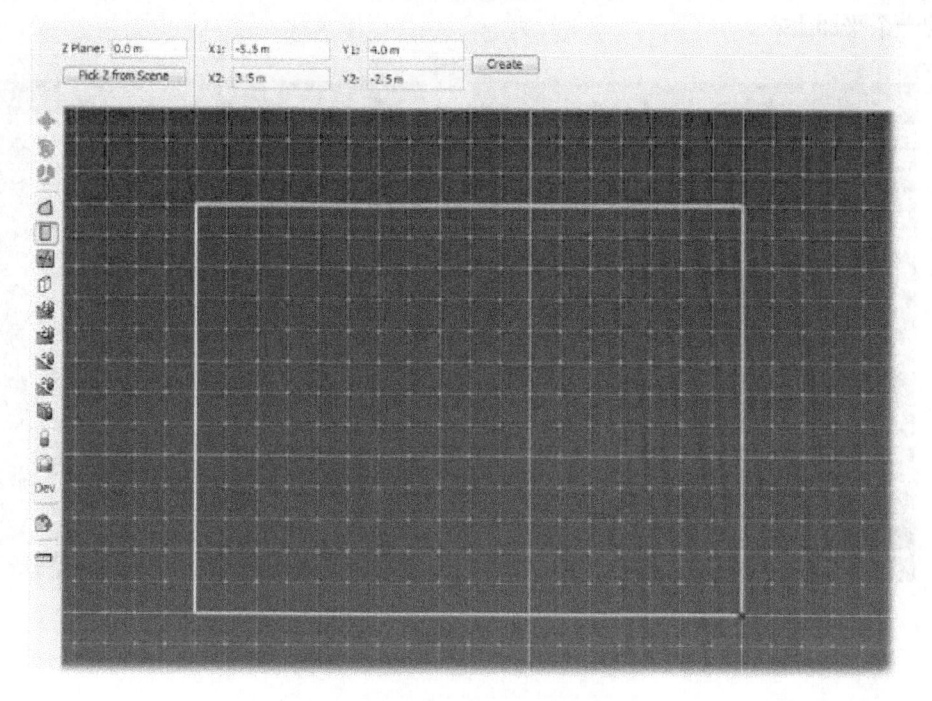

图 3-8  利用矩形房间工具绘制房间

除了创建新的区域，这两种工具可用于在现有几何体上创建负区域。在现有区域上创建新的几何体的时候，系统会自动将区域内干扰的部分删除。新创建的几何形状可以被删除，并留下负空间。

### 3.2.2  模型绘制平面

在绘制每一个房间时，都会给房间设置一个 Z 轴的属性值，如图 3-9 所示。

Z 轴绘制时既可以通过手动输入 Z 轴坐标也可以通过选择 2D、3D 视图下的 Z 轴坐标进行设置：

① 选择一个房间绘制工具。

② 在工具属性面板里，对 Z 轴的数值进行设置。

③ 点击 2D 视图或 3D 视图，通过选择坐标位置进行 Z 轴数值的设置。

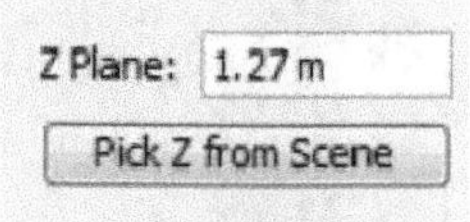

图 3-9  Z 轴属性特征

### 3.2.3  薄墙

使用薄墙工具（Thin Wall）可以为房间内部添加薄壁、内置墙或边界。使用此工具，然后单击房间内的两点，如图 3-10 所示，两个房间之间的直线必须在房间的一个平面上。

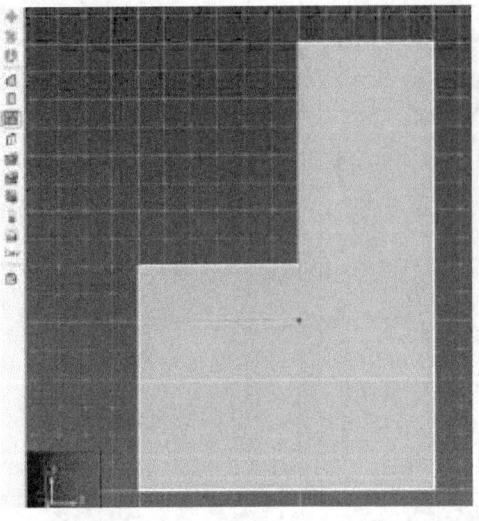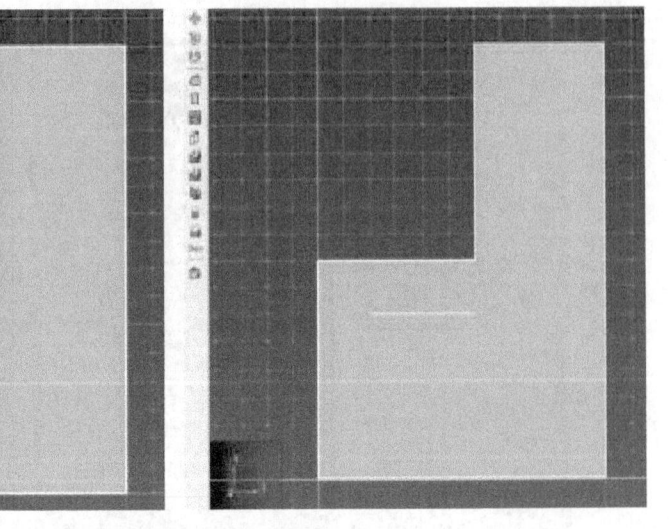

图 3-10　给房间添加一个薄墙

### 3.2.4　分割房间

使用薄墙工具可以把房间分成两个或多个块。选择两个在房间最外层边界上的点。两点之间的直线会将几何体分为两个新房间，如图 3-11 所示。

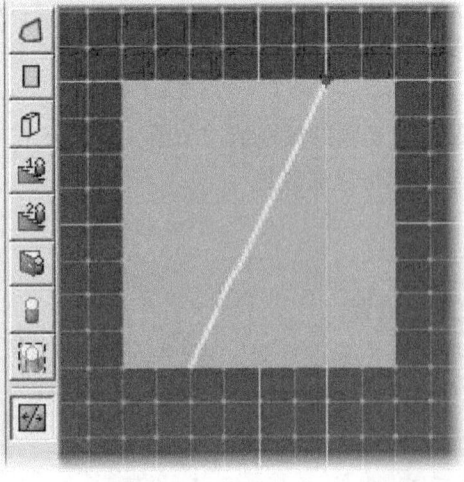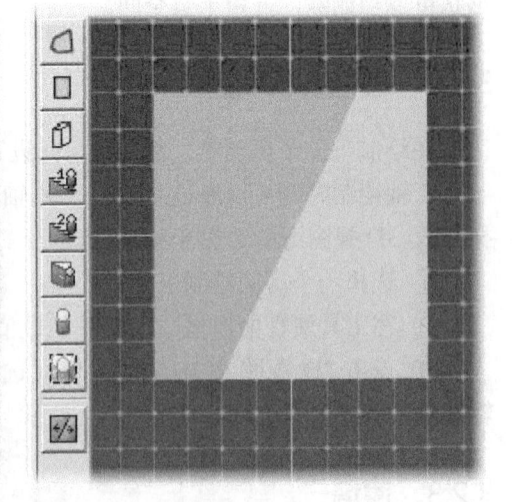

图 3-11　分割房间

在房间的两个边界之间画一个薄墙不一定会把房间分成多个部分，如图 3-12 所示。在这种情况下，只是添加了一个薄墙。

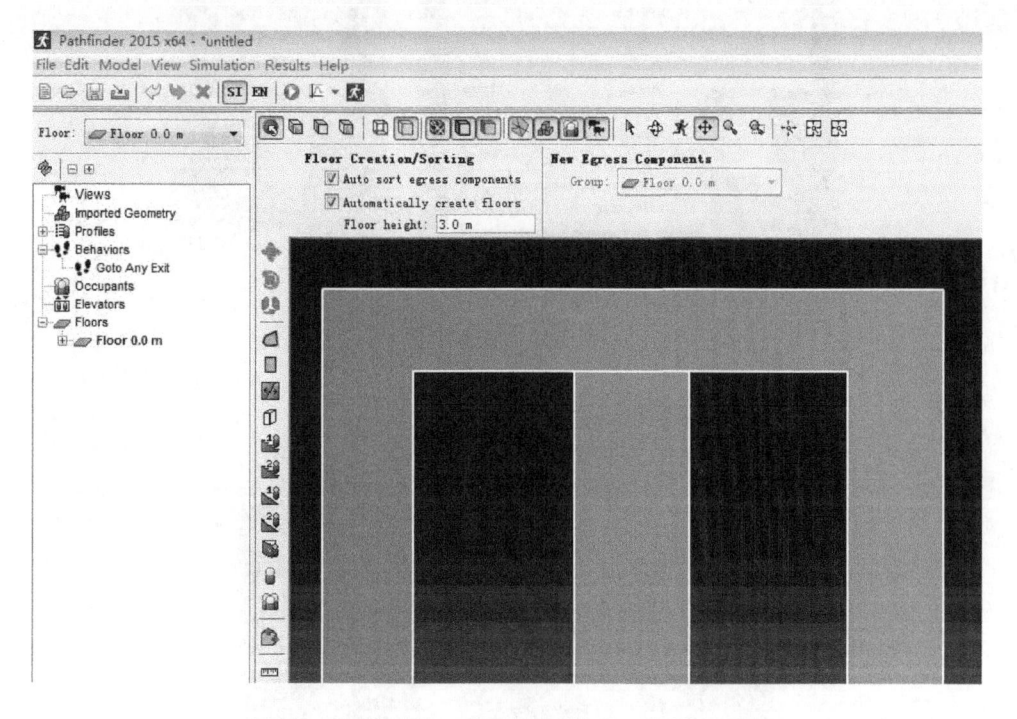

图 3-12　画薄墙的特殊例子

## 3.2.5　分隔和合并房间

除了分割房间，Pathfinder 有两个其他的方式来帮助创建更复杂的空间几何模型。

➢ 合并（Merge）

合并命令的作用是，将两个或两个以上共享边界的房间合并成一个房间。选择相邻的房间并从模型菜单（Model）中或者右键菜单选择合并（Merge），即可将其合并。注：即使房间不处于同一平面，只要它们共享一个边，房间就可以合并。房间也可以和楼梯和坡道合并，但楼梯和坡道将改造成房间，并失去它们的楼梯或者坡道的属性，如图 3-13 所示。

➢ 分离（Separate）

分离命令可以将一个房间按照内部负空间的位置，划分为多个部分。选择被分离的房间并从模型菜单（Model）中或者右键菜单选择分离（Separate），如图 3-14 所示。

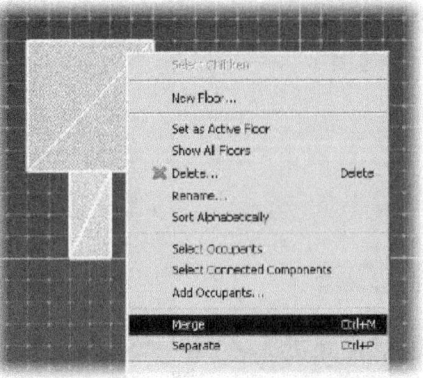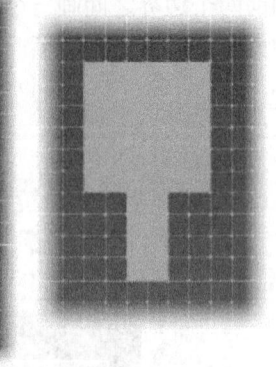

图 3-13　合并房间

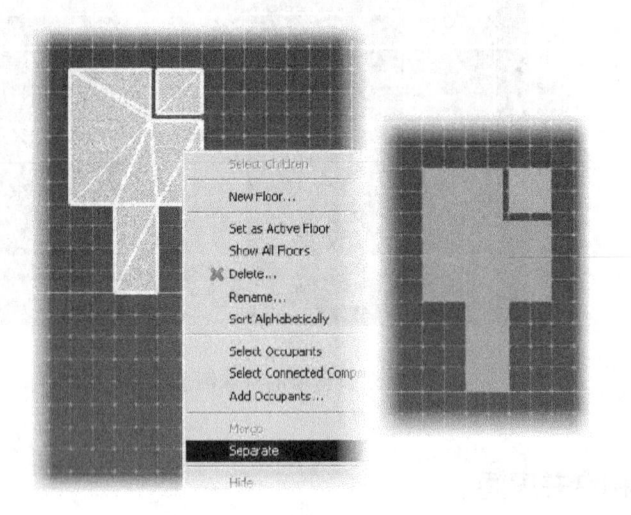

图 3-14　分离房间

## 3.2.6　房间属性

为了观察和编辑房间属性，选择一个房间。这个房间的属性将被显示在属性面板中，如图 3-15 所示。

图 3-15　房间属性面板

➤ 名称（Name）

给房间定义一个名称。

➢ 显示（Visible）

当前房间是否显示，取消该选项可以隐藏该房间。

➢ 颜色（Color）

房间的颜色，可以选择默认颜色。

➢ 不透明度（Opacity）

房间的不透明程度，通过修改该选项可以观察房间后面的物体。

➢ 坐标轴

显示房间的坐标边界。

➢ 面积（Area）

房间的面积。

➢ 人员数目（Pers）

房间中的人员数量。

➢ 密度（Density）

房间中的人员密度。

## 3.2.7　阻止从房间进出

在某些疏散实例中，例如在商城中，对于某些房间来说，我们可能只希望人员从房间出去或进来，而不希望人们从房间进出。我们可以通过将普通的门改变为单方向通过的门来实现这一目的，过程如下。

① 选择不能随意进出的房间。

② 右击房间，在下拉菜单中选择单方向门（Make Doors Oneway）。

③ 将出现如图 3-16 所示的对话框。在对话框中选择人员只可进入或只可走出该房间，点击 OK 即完成本次设置。

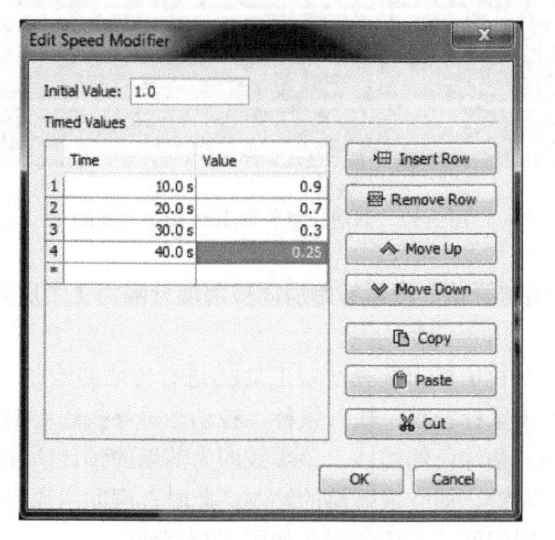

图 3-16　单向门设置对话框

### 3.2.8 入门练习二

➡ ① 在 2.5m 层绘制长宽各为 10m 的矩形房间。

🔑 **练习解答**

在绘制房间前，在软件界面左侧的楼层下拉框中选中 2.5m 层，即可在 2.5m 层进行模型绘制。这一点很重要，在作图前应将图层选定为需要设置的图层。点击 📇 按钮，使画图操作界面中显示出网格，点击工具栏中的 ▯ 工具来进行绘制。在上方属性面板中输入坐标点，如 X1=0m，Y1=0m，X2=10m，Y2=10m，单击 Create 按钮进行创建，如图 3-17 所示。

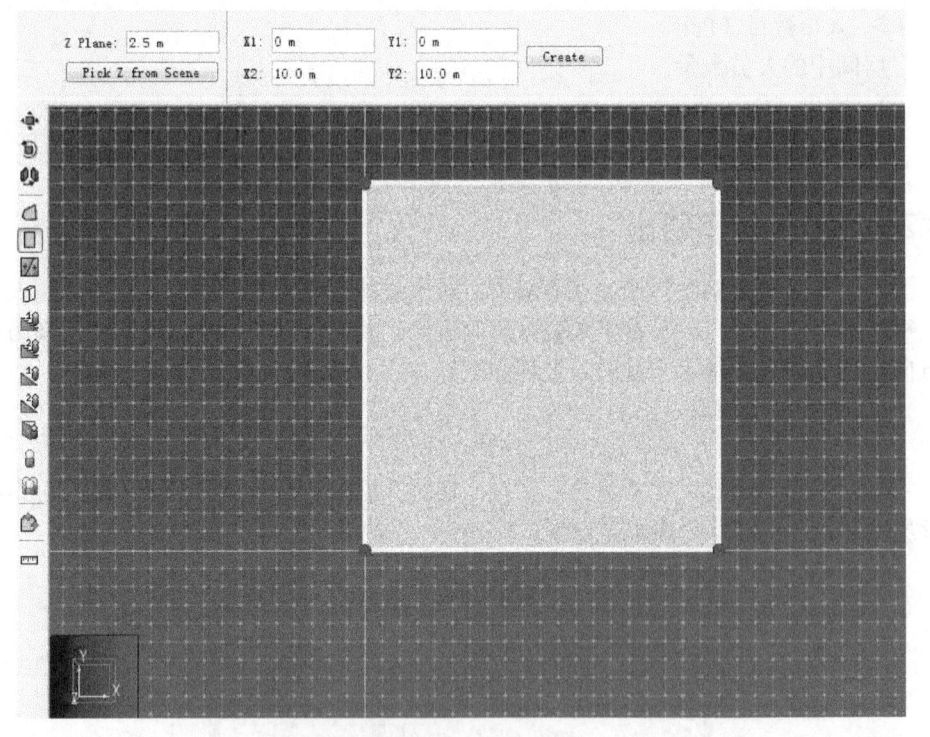

图 3-17 创建长宽各为 10m 的矩形房间

➡ ② 在房间内绘制薄墙，使得初始房间被薄墙分隔为 2 个房间。

🔑 **练习解答**

在界面左侧工具栏中单击选择薄墙工具 ⊬ 进行薄墙的绘制。在想要绘制薄墙的坐标起点位置处单击鼠标左键，松开鼠标，拉动光标寻找想要的薄墙的坐标结束点位置，这时将看到一条绿色的虚线，该虚线即为薄墙的预计所在位置，在结束点位置处再次单击鼠标左键，即完成薄墙的绘制。此时，房间由原有基础房间变为两个颜色各异的房间，即房间被薄墙分隔，如图 3-18 所示。

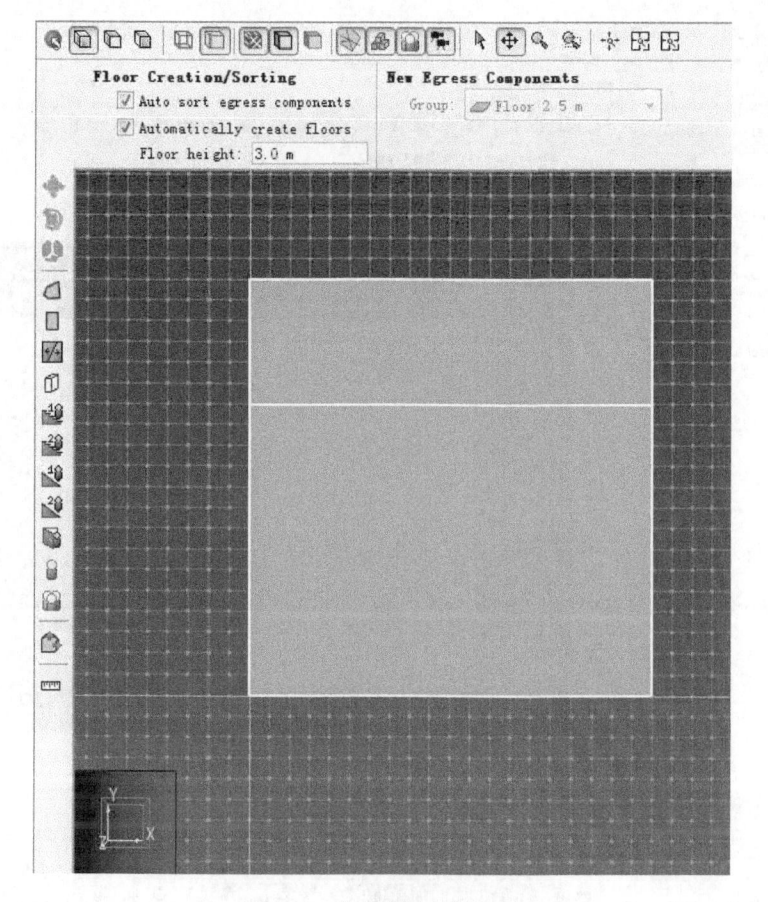

图 3-18　创建薄墙分隔房间

# 3.3 障碍物/孔洞

在 Pathfinder 里，障碍物被模拟成为导航几何体中的孔洞。孔洞可以使用任意多边形或厚墙来创建。

## 3.3.1 任意形状的障碍物

为了模拟一个房间的障碍物（如办公桌或其他的障碍物），就要使用房间的删除命令。这意味着这个包含障碍物的房间必须已经存在。创建障碍物，选择添加一个多边形房间工具（Add a Polygonal Room）或添加一个矩形房间工具（Add a Rectangular Room）来绘制障碍区的形状和位置。这将在原有房间中创建一个新的房间。接下来，删除新房间。一个障碍物形状的孔洞就被留在了原有房间。这个过程如图 3-19 所示。

人员应急疏散仿真工程软件——Pathfinder 从入门到精通

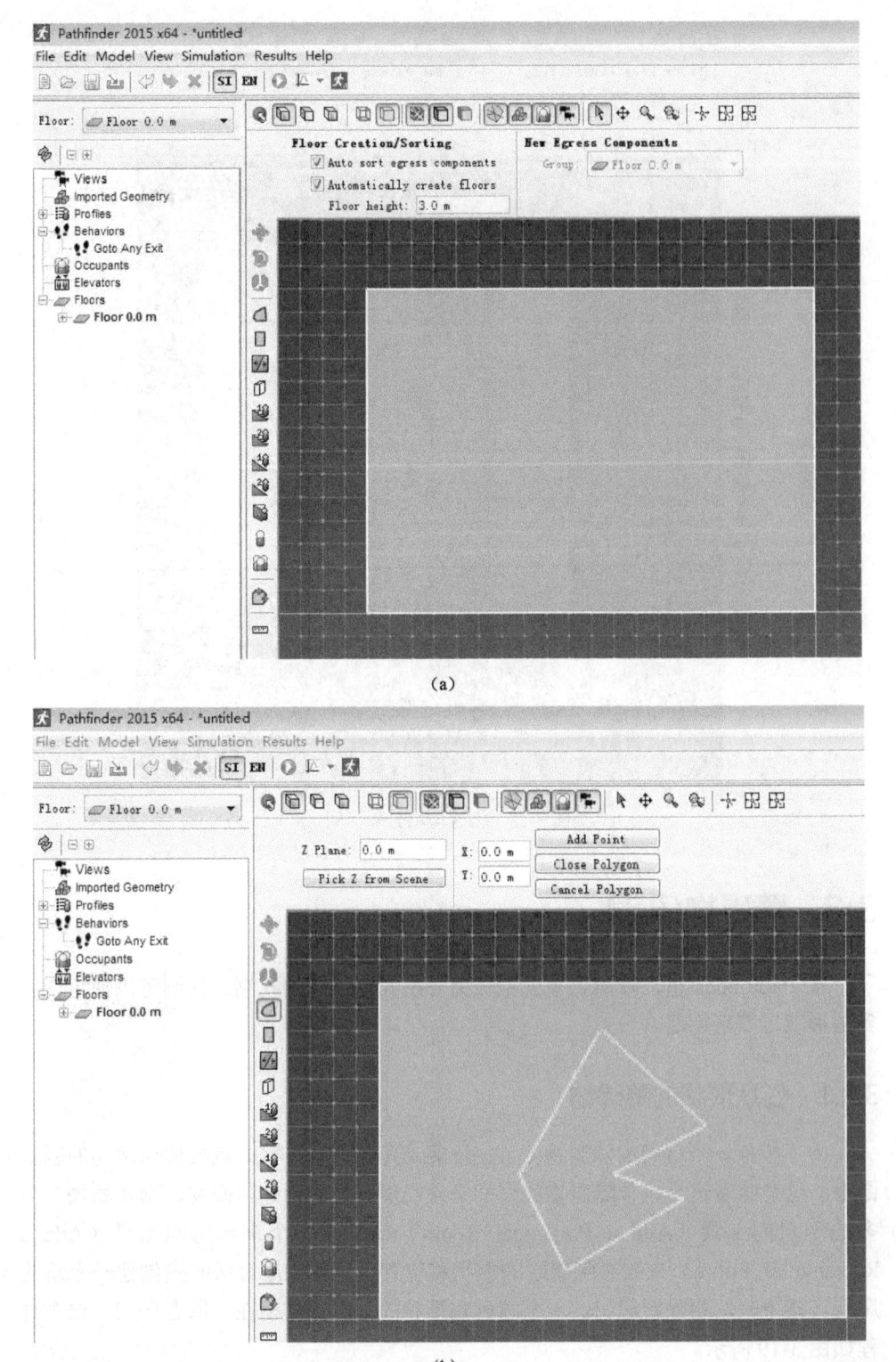

(a)

(b)

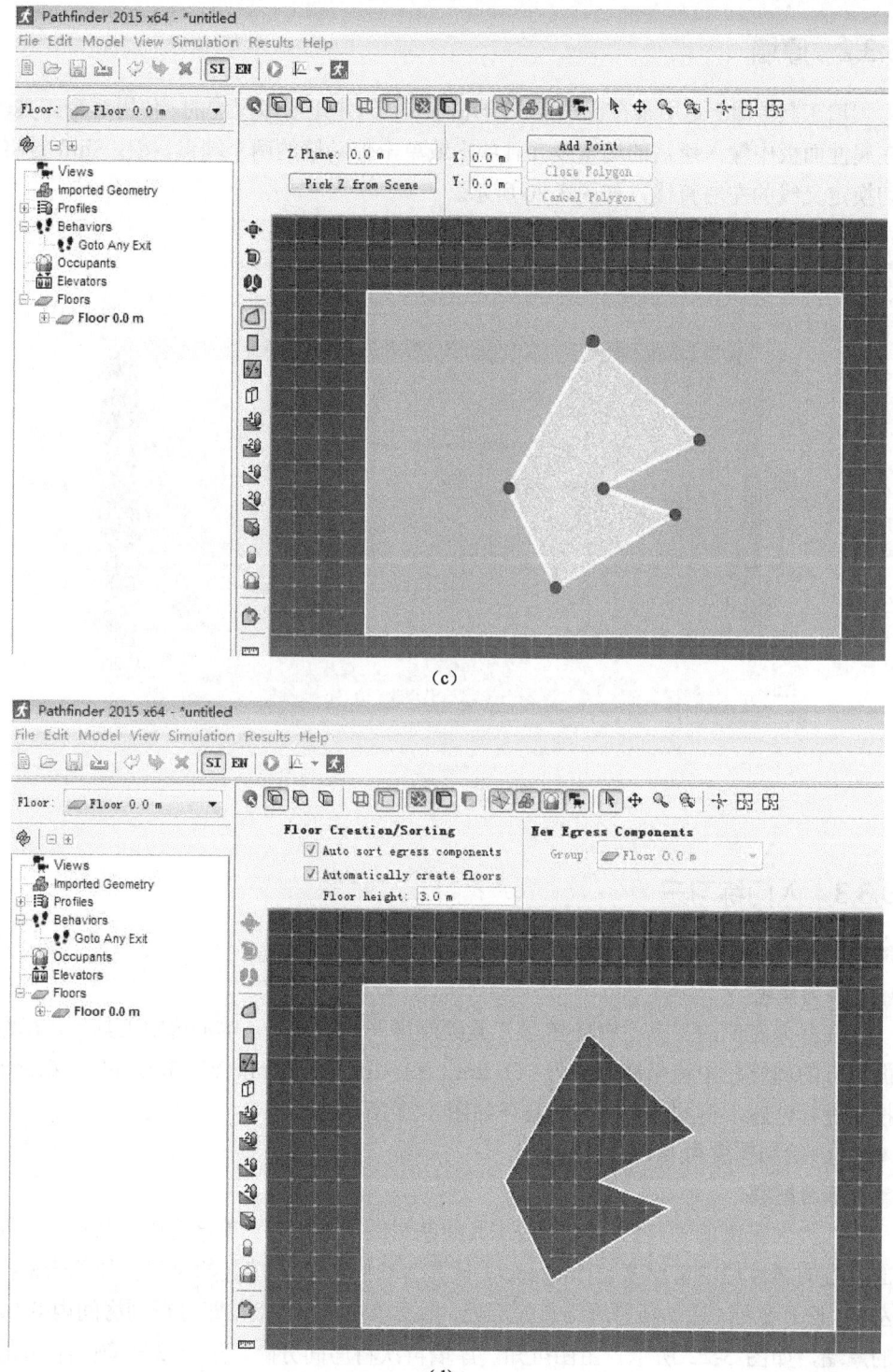

（c）

（d）

图 3-19 创建障碍物

### 3.3.2 厚墙

墙工具（▯）是用来在已经存在的几何体上创建矩形障碍物的。使用这个工具，在属性面板中输入所需的墙宽度并且单击或单击拖动墙的两个端点。按住 Shift 键将切换定义线的左右直线，如图 3-20 所示。

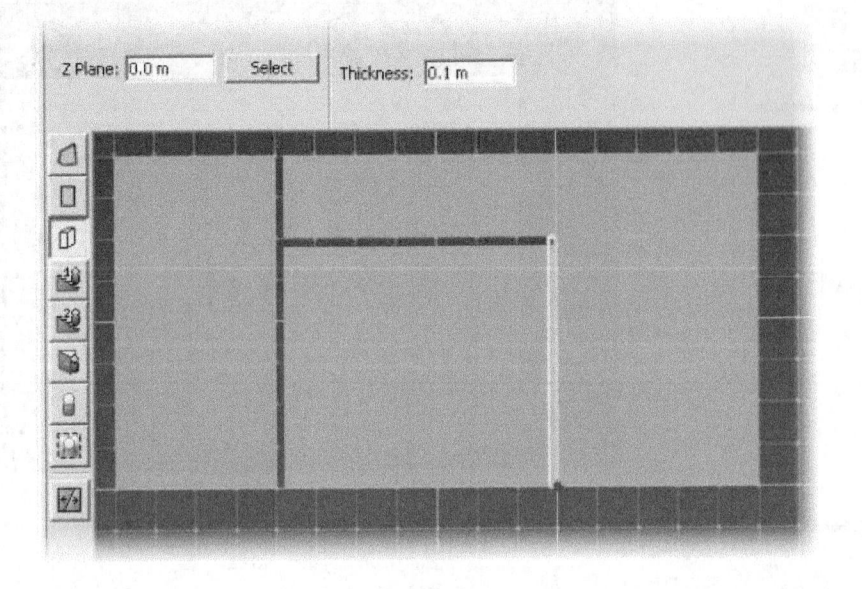

图 3-20　创建厚墙

### 3.3.3 入门练习三

➡ ① 在房间内绘制 **2m×1m** 的桌子。

🔑 练习解答

在界面左侧的工具栏中选择 ▯ 工具绘制房间内的桌子。单击选中工具后，在界面上方的属性栏中将坐标设置为 X1=2m，Y1=2m，X2=4m，Y2=3m，单击 Create 按钮进行创建，得到的房间内的桌子如图 3-21 所示。

➡ ② 绘制厚度为 **0.4m** 的墙。

🔑 练习解答

在界面左侧的工具栏中选择 ▯ 工具绘制房间内的厚墙。单击选中工具后，在界面上方的属性栏中将厚度（Thickness）设置为 0.4m，在厚墙起始点坐标处单击鼠标左键，松开鼠标，拖动至厚墙终点坐标处，再次单击鼠标左键，即可得到房间内 0.4m 的厚墙，如图 3-22 所示。由图可知，厚墙再次将房间分隔，现有 3 个颜色各异的房间。

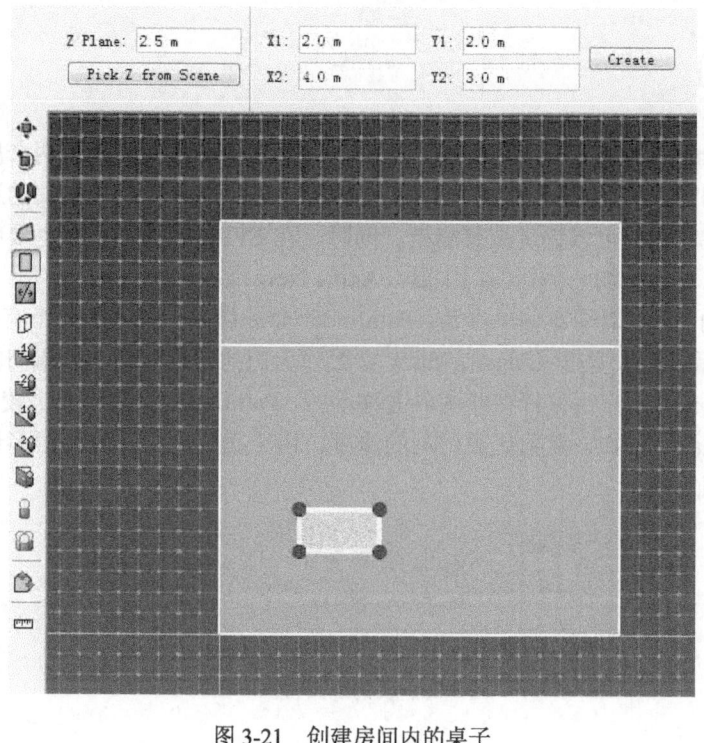

图 3-21　创建房间内的桌子

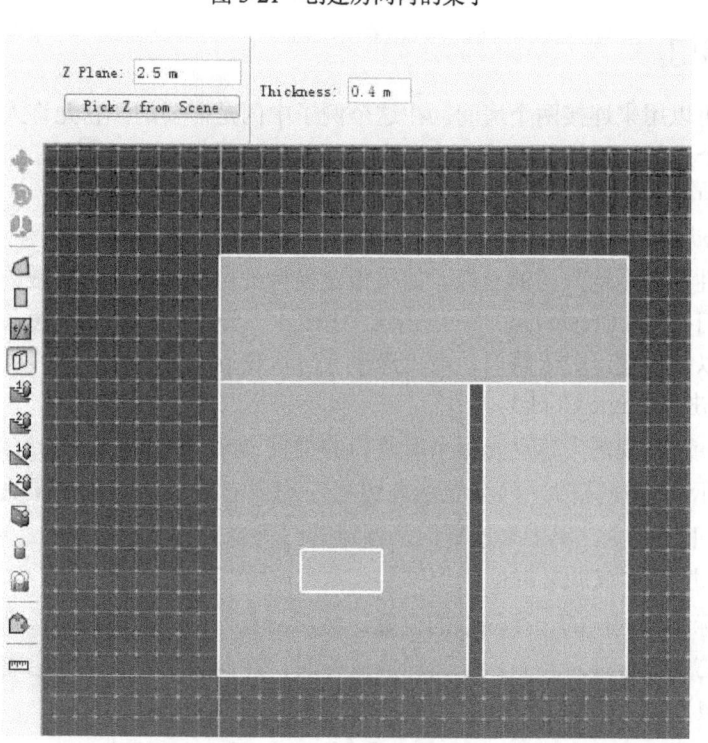

图 3-22　创建房间内的厚墙

## 3.4 门

在 Pathfinder 里，人员不能从一个房间进入另一个房间，除非两个房间被一个门连接。同时，该模拟器要求每个人员必须有一条包含至少一个出口的逃生路线。在仿真结果中，门可以提供流量测量。同时，在 SFPE 模式中门是主要的流量控制设施。可以使用添加一个新的门工具（Add a New Door）来添加门。

当添加门时，对于不同的参数，Pathfinder 会提供提示来寻找一个有效的门，如图 3-23 所示。最大宽度（Max Width）参数作为门的目标宽度。如果门的设定宽度不可用，那么当用户用鼠标在绘图界面移动时，Pathfinder 将显示一个较短的门。最大深度（Max Depth）参数代表门洞的深度，用于确定两个房间相距多远。门可以添加在房间之间。

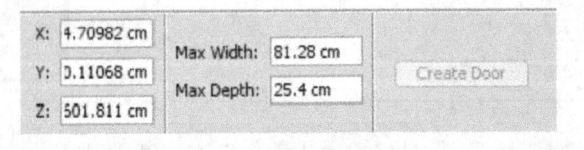

图 3-23 门的工具特性面板

### 3.4.1 薄门

薄门可以用来连接两个房间。在这个例子中门是需要的，它允许人员从一个房间到另一个房间。以这种方式创建一个门，首先选择门工具（ ），然后使用以下三种方法中的一种。

➤ 手动输入（Manual Entry）

在属性面板中输入门的坐标。如果指定坐标处可以创建一扇有效的门，就可以使用创建门按钮（Create Door）。点击这个按钮，一扇不超过最大宽度（Max Width）的门就可以被创建。对于薄门，最大深度（Max Depth)将被忽略。

➤ 单击（Single Click）

在 3D 或 2D 视图中移动光标至所需门的位置。如果光标是在一个有效的边缘上，那么将显示一个预览门。门会显示在边界左边或右边，这取决于最大宽度（Max Width）是正还是负。单击来放置门，预览的门就会被添加到模型中。

➤ 单击拖动（Click-drag）

将光标移动到门的一个端点的位置，然后沿着一个边点击拖动。在拖动时，从第一点到第二点会显示预览门。当释放鼠标时，在两个指定点之间沿着边缘会创建一个门。以这种方式创建的门会忽略所有工具面板中的属性。

在 3D 和 2D 视图中创建的门是一条细线，如图 3-24 所示。

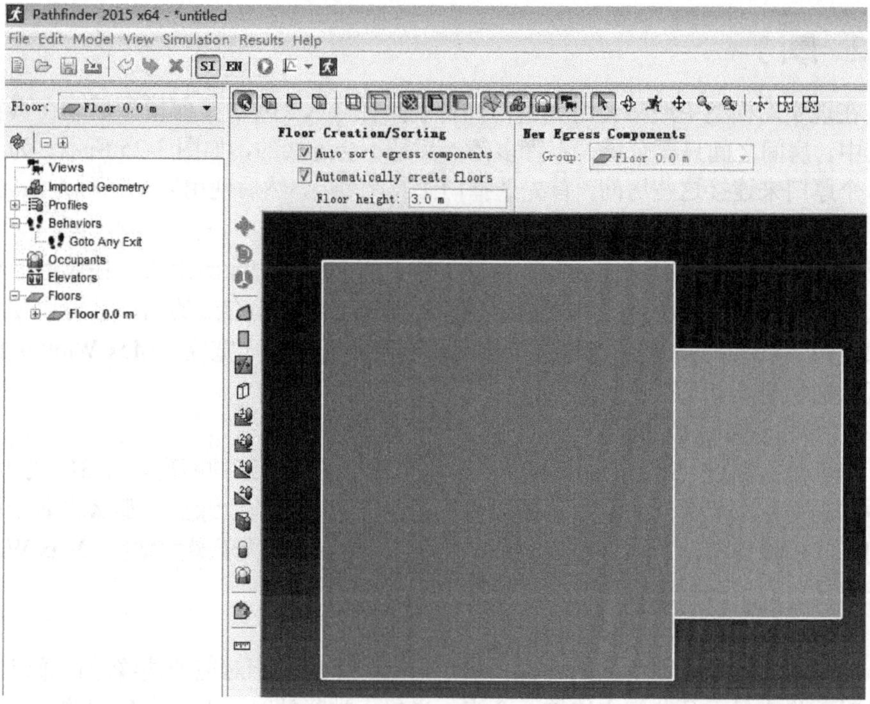


(a)

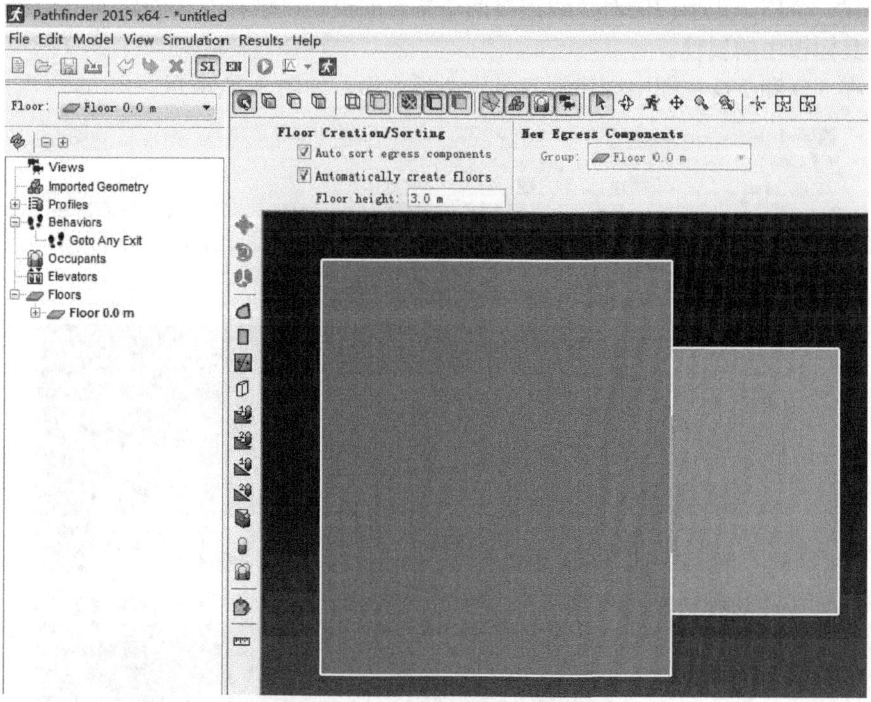


(b)

图 3-24 连接 2 个房间的薄门

## 3.4.2 厚门

在现实的模型中经常会用到厚门，特别是在导入 CAD 几何模型后。在真实的场景中，房间之间只要有墙，不管多薄，都是不会连接的，如图 3-25 所示。为了创建一个厚门来连接这些房间，首先选择门工具（ 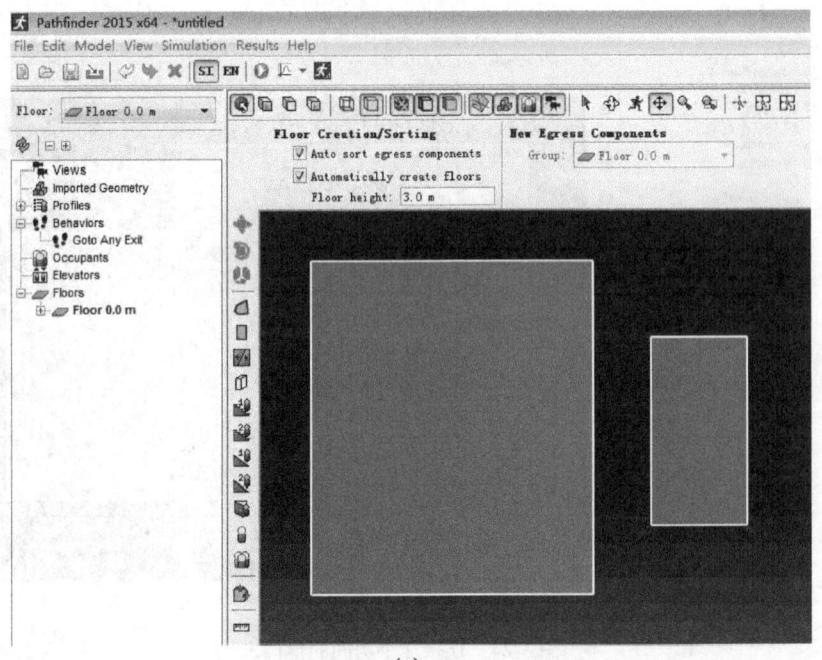 ），然后使用以下三种方法之一。

➢ 手动输入（Manual Entry）

确保最大深度（Max Depth）大于或等于两个房间边缘的距离。在属性面板中输入一个房间边缘上的点。如果指定坐标处可以创建一扇有效的门，就可以使用创建门按钮（Create Door）。点击这个按钮，一扇不超过最大宽度（Max Width）的门就可以被创建。

➢ 单击（Single Click）

确保最大深度（Max Depth）大于或等于两个房间边缘的距离。在 3D 或 2D 视图中移动光标至所需门的位置。如果光标是在一个有效的边缘上，那么将显示两个房间之间的预览门。门会在房间边缘的左边或右边，这取决于最大宽度（Max Width）是正还是负。单击来放置门。

➢ 单击拖动（Click-drag）

将光标移动到一个房间的边缘，然后沿第二个房间相对应的边缘单击拖动。在拖动时，将会显示预览门来连接两个点。当鼠标被释放时，在两个房间的边缘之间会创建一个门，矩形门的对角线连接两个指定的点。以这种方式创建的门会忽略所有工具面板中的属性。

在 3 D 和 2 D 视图中创建的门是一个长方形，如图 3-25 所示。

(a)

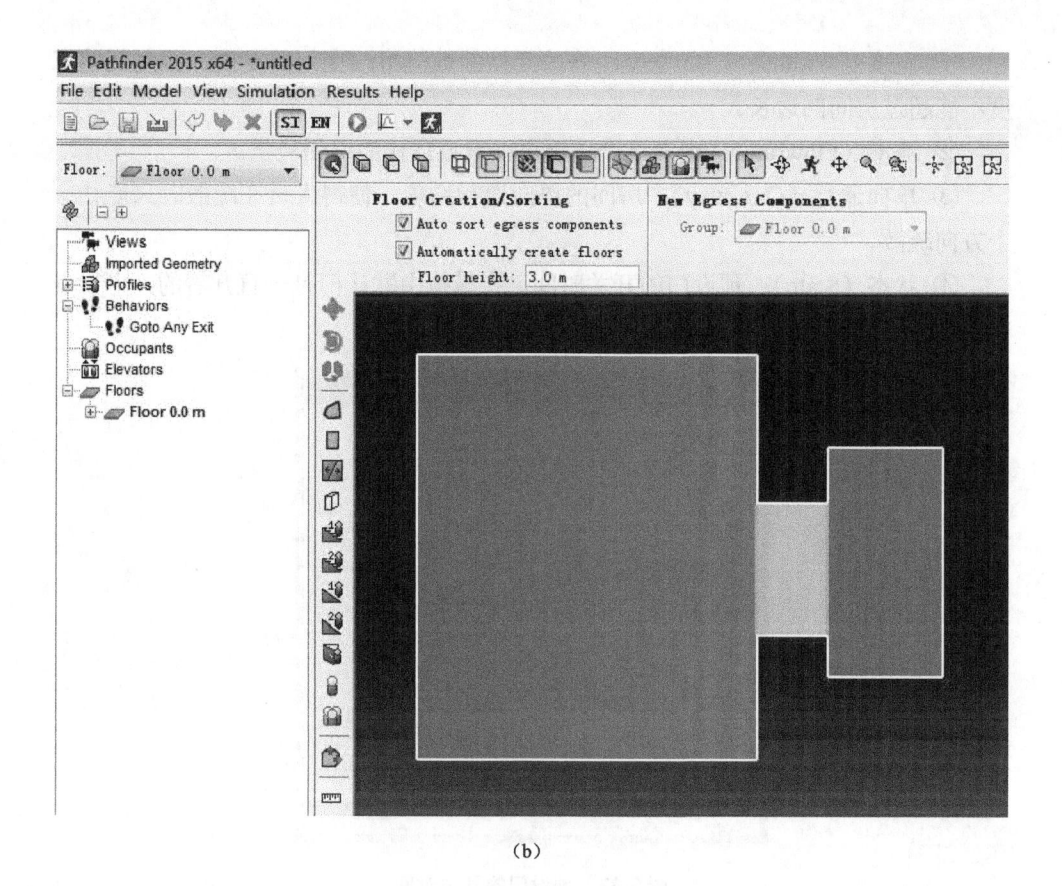

（b）

图 3-25　连接 2 个房间的厚门

当进行模拟时，厚门会有特殊的显示形式：厚门所在的区域就会被分割成两半，每半个区域会附着在它所相邻的房间上。用放置在区域中间的一个薄门代表厚门。注意，当在属性面板中显示该房间的面积时，那么连接到每个房间的这一半区域是不计算在内的，但在模拟时是包括的。

### 3.4.3　门的属性特征

如果要编辑门的属性特征，选中门。门的属性特征值将在特征面板中显示，如图 3-26 所示。

图 3-26　门的特征面板

① 宽度（Width）：门的宽度。修改此处的数值将改变门的宽度，但是门的宽度不能超过房间的边长。

② 流率（Flowrate）：选择这个选项可以重设默认的门的流量。

③ 单向通行（One-way）：房间的单向通行选项。使得人员在疏散时只能往一个方向疏散。

④ 状态（State）：预设门的开关时间。在模拟中默认门是一直开着的，可以点击链接进行设置。设置对话框如图3-27所示。

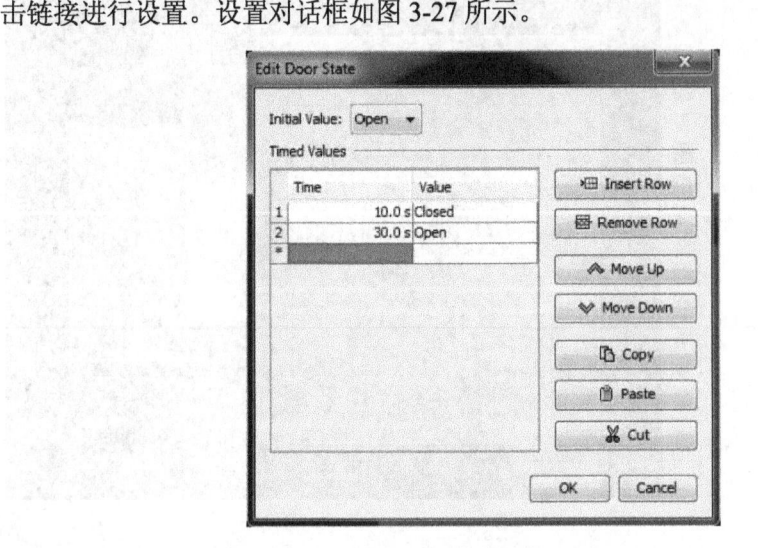

图3-27　预设门的开关时间

### 3.4.4　入门练习四

➡ **① 在房间厚墙上绘制宽度为1.5m，门槛深度为0.4m的门。**

🔑 **练习解答**

在左侧工具栏中选择 工具进行门的绘制。单击工具后，在上方属性栏中将宽度设置为150.0 cm，门槛深度设置为40cm。在绘制时需注意属性栏中宽度和门槛深度的单位为cm，应在输入前进行换算。拖动鼠标将显示黄色的厚门，将其放置在预设的位置（房间内的厚墙上），即可完成门的绘制，如图3-28所示。

在属性状态栏中，可对该门的名称、颜色、通行方向、开关状态等进行设置。

➡ **② 在房间薄墙上绘制宽度为2m的门。**

🔑 **练习解答**

在左侧工具栏中选择 工具进行门的绘制。单击工具后，在上方属性栏中将宽度设置为200cm。拖动鼠标并将其放置在预设的位置（房间内的薄墙上），即可完成门的绘制，如图3-29所示。

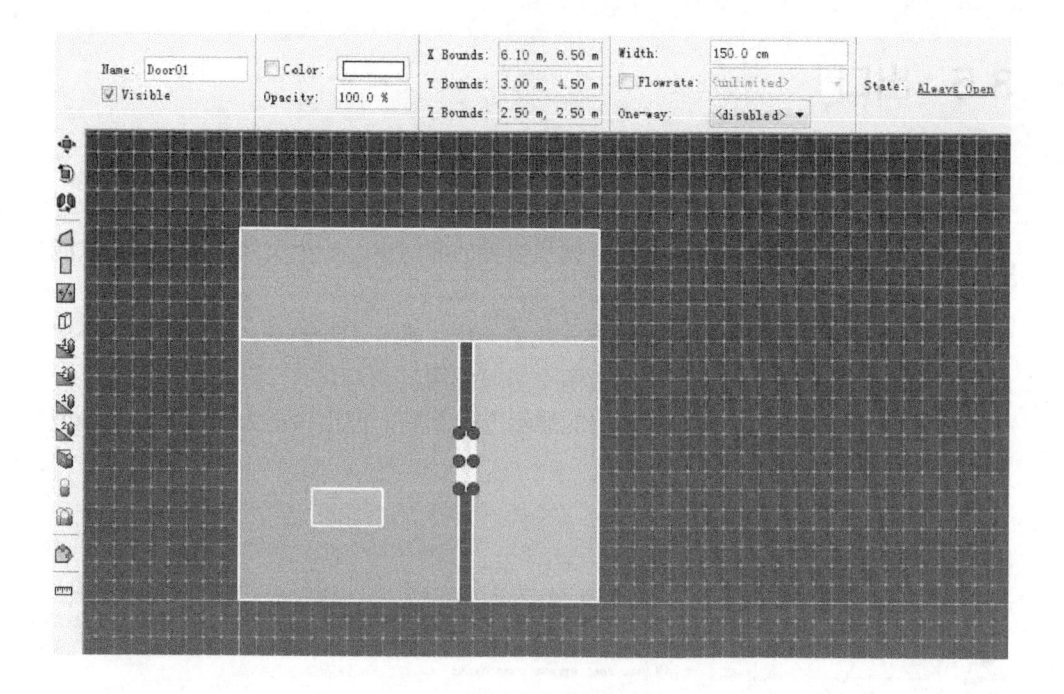

图 3-28　在厚墙上绘制门

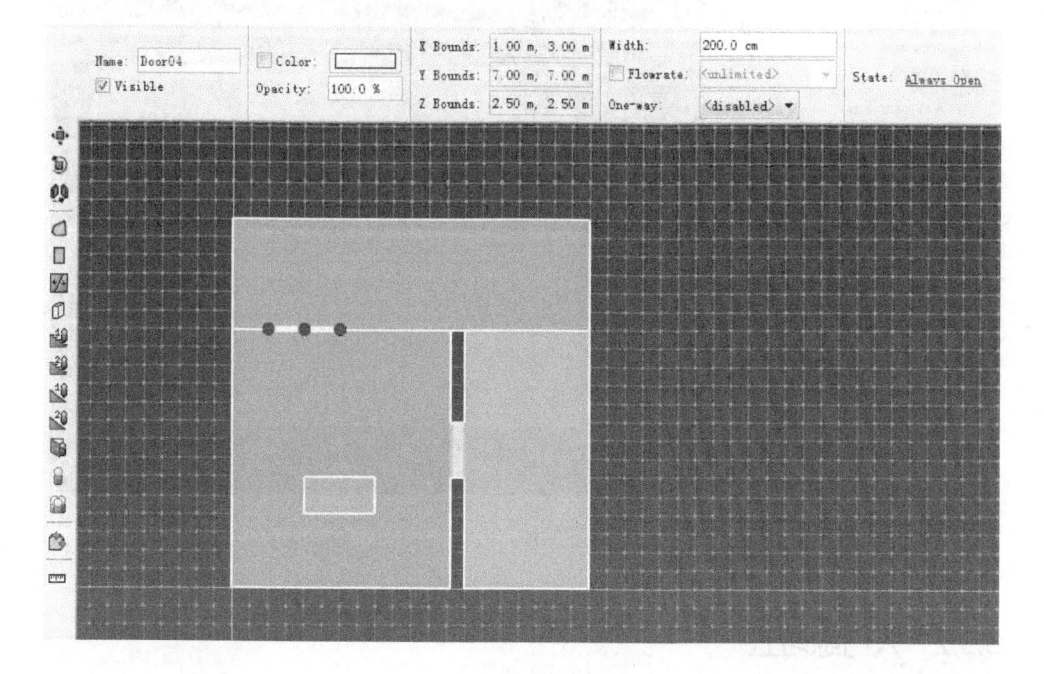

图 3-29　在薄墙上绘制门

在属性状态栏中，可对该门的名称、颜色、通行方向、开关状态等进行设置。

# 3.5 出口

## 3.5.1 出口的创建

在 Pathfinder 中，出口只存在于模型边界的薄门中。一个出口在它的一边只能有一个房间。

出口的创建方式和创建薄门的方式几乎一样。唯一不同的是，门必须在一个房间的边界处，而一个边界不能同时被两个房间使用。

如图 3-30 所示，出口门和薄门的显示方式相同，但出口门为连接外界与模型的门。

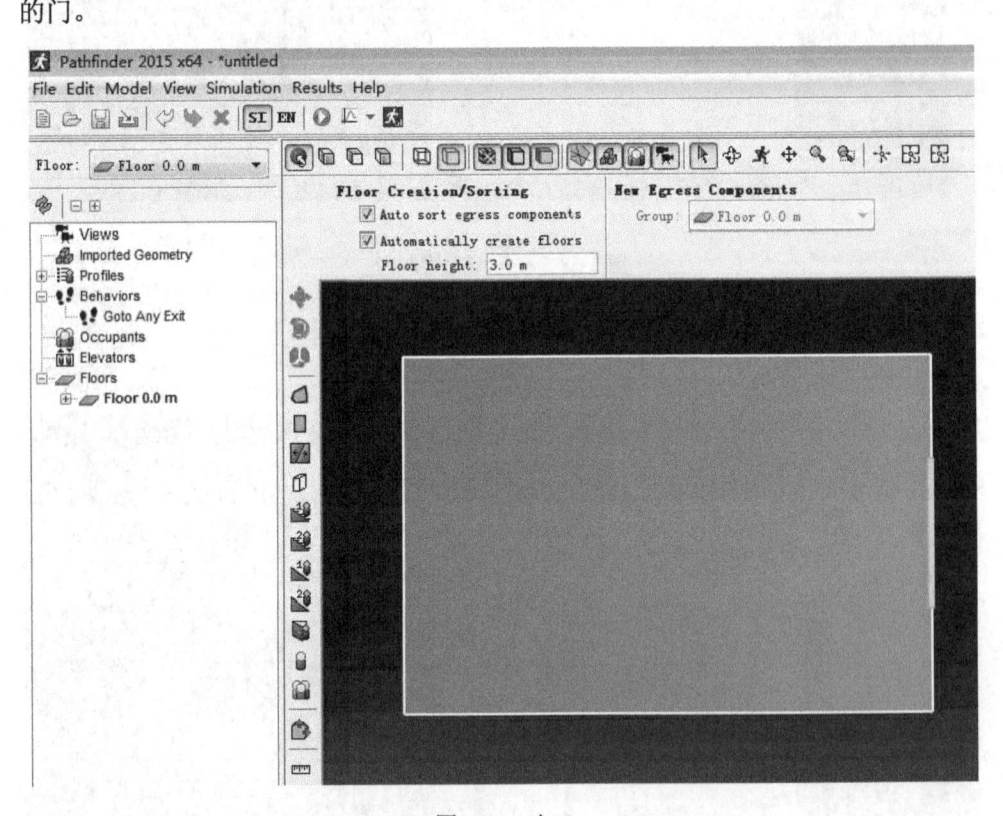

图 3-30 出口

## 3.5.2 入门练习五

➡️ 给房间绘制一个 **3m** 宽的出口。

🔑 **练习解答**
在左侧工具栏中选择 📦 工具进行出口的绘制。单击工具后，在上方属性栏中将宽度设置为 3.0 cm。拖动鼠标并将其放置在预设的位置（房间外墙处），即可完成出口的绘制，如图 3-31 所示。

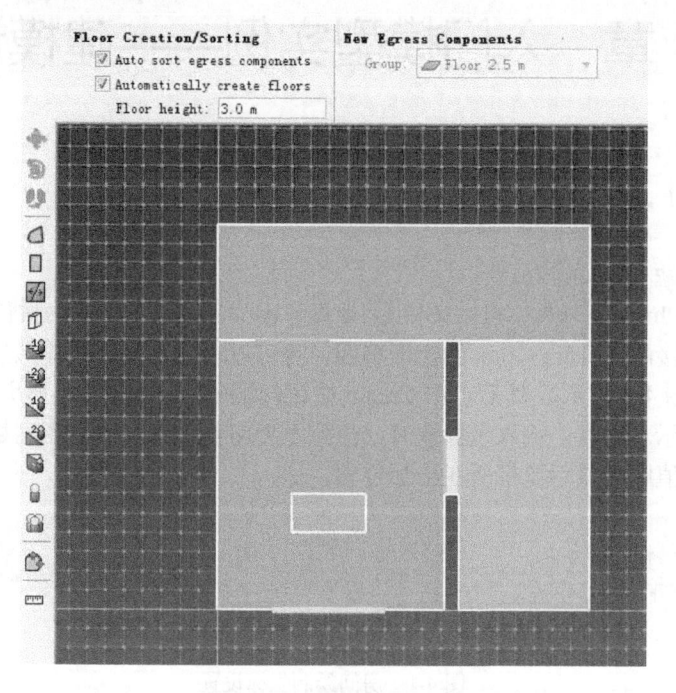

图 3-31　绘制房间的出口

由图可知，出口的颜色与门的颜色不同，且在属性状态栏中，可对该门的名称、颜色、通行方向、开关状态等进行设置。

# 第 4 章 入门模型实例——建模详解

## 4.1 单门简单房间模型

➡ **建模详解**

打开 Pathfinder 软件，点击按钮 使操作面显示出网格，点击按钮 ，可以在操作面上直接画出 15m×10m 的矩形房间，也可以在上部属性栏输入房间起点和终点坐标（如图 4-1 所示），然后点击 Create 按钮，面积为 150m² 的矩形房间创建完毕，如图 4-2 所示。注意：输入坐标点时，注意不要将鼠标移动到绘图网格操作面上，避免坐标数值即时显示鼠标所在坐标位置。

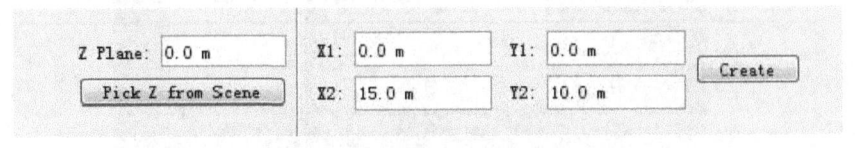

图 4-1 房间绘制坐标设置

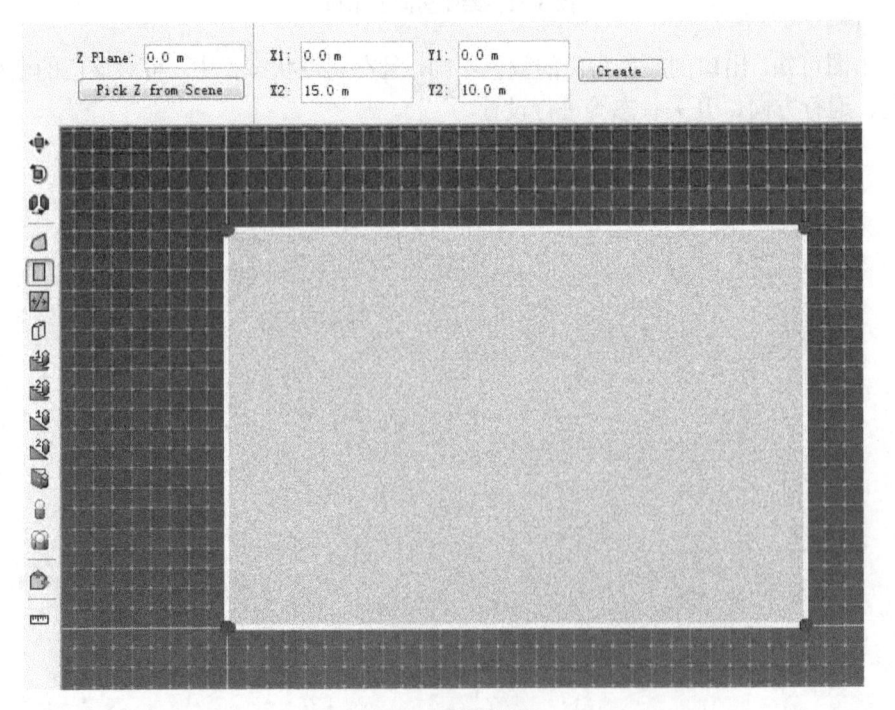

图 4-2 绘制房间

绘制房间后在左侧工具栏中选择 工具进行房间门的绘制。单击工具后，在上方属性栏中将宽度设置为200cm。拖动鼠标并将其放置在预设的位置，即可完成门的绘制，如图 4-3 所示。在属性状态栏中，可对该门的名称、颜色、通行方向、开关状态等进行设置。

单门简单房间模型即绘制完成。

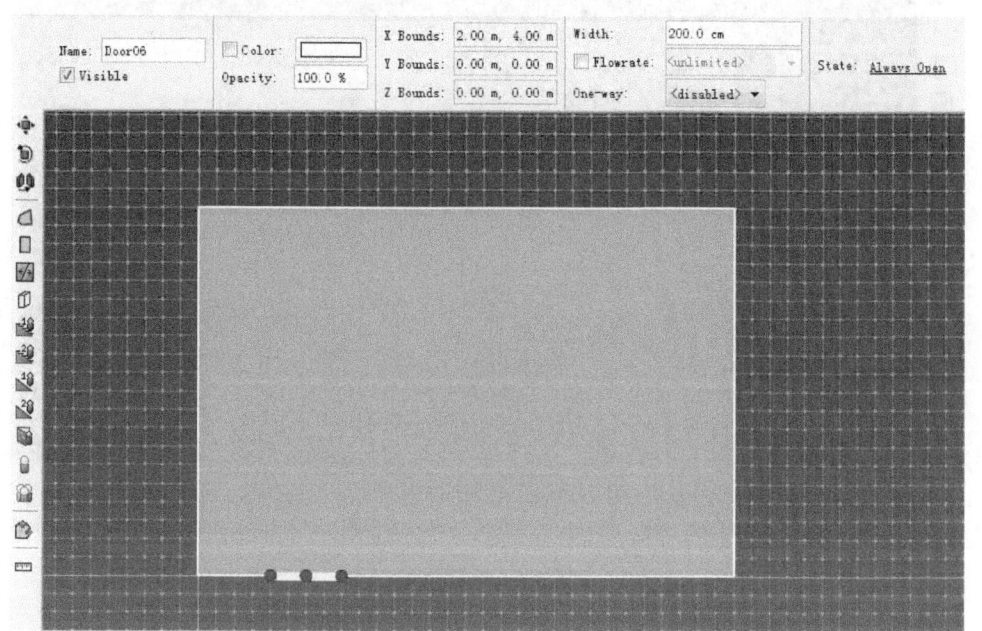

图 4-3　绘制门

## 4.2　双门套间房间模型

➡ 建模详解

在上述模型建模的基础上，绘制房间内的套间及套间的门。点击界面左侧工具栏中的 工具，在房间的右上角绘制套间。将界面上方的属性栏中的坐标设置为 $X1=11m$，$X2=15m$，$Y1=10m$，$Y2=6m$，单击 Create 选项，即可创建面积为 $16m^2$ 的套间，如图 4-4 所示。在此过程中也可单击套间初始位置点坐标，按住并拉动鼠标，在单套结束位置点坐标处停止单击鼠标，即可绘制想要面积的套间。

绘制房间后在左侧工具栏中选择 工具进行套间门的绘制。单击工具后，在上方属性栏中将宽度设置为150cm。拖动鼠标并将其放置在预设的位置，即可完成套间门的绘制，如图 4-5 所示。在属性状态栏中，可对该门的名称、颜色、通行方向、开关状态等进行设置。

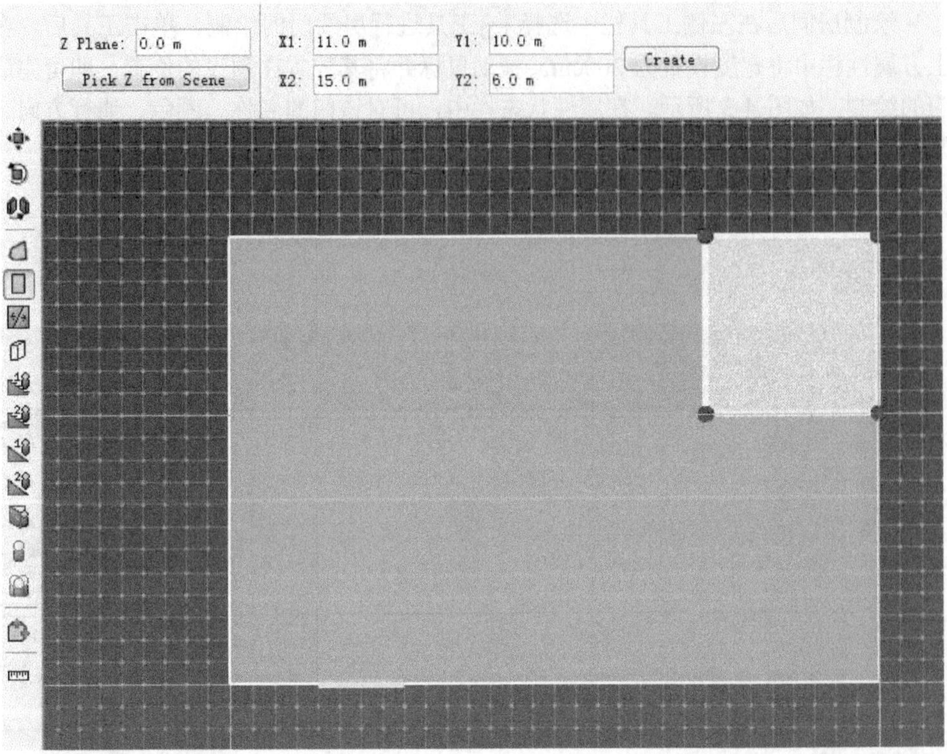

Z Plane: 0.0 m    X1: 11.0 m    Y1: 10.0 m
Pick Z from Scene    X2: 15.0 m    Y2: 6.0 m    Create

图 4-4 绘制套间

Name: Door08    Color:    X Bounds: 11.00 m, 11.00    Width: 150.0 cm    State: Always Open
☑ Visible    Opacity: 100.0 %    Y Bounds: 7.50 m, 9.00 m    ☐ Flowrate: ⟨unlimited⟩
Z Bounds: 0.00 m, 0.00 m    One-way: ⟨disabled⟩ ▼

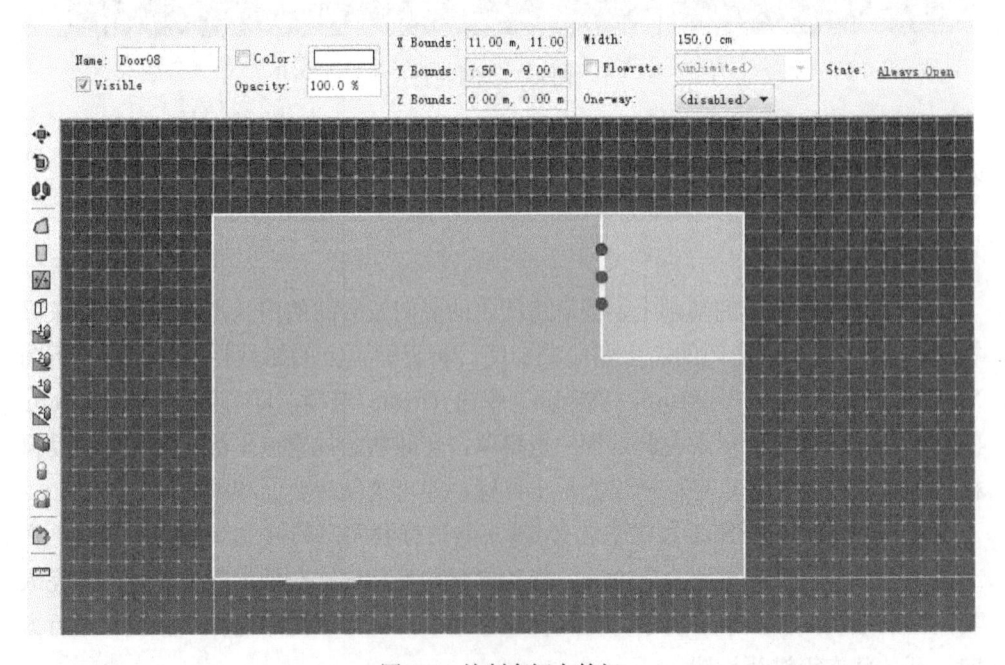

图 4-5 绘制套间上的门

双门套间房间模型即绘制完成。

## 4.3 起居室模型

### ➡ 建模详解

在上述模型建模的基础上，绘制起居室模型。需在房间内绘制沙发、茶几、电视柜、餐桌椅等家具。人员在逃生时不可直接穿越家具进行疏散活动，故 Pathfinder 软件将上述各类家具默认为了障碍物，家具的绘制方法与障碍物的绘制方法相同。

首先绘制沙发和茶几，在界面左侧工具栏中选择 ▊工具，利用坐标法绘制茶几，在上方属性栏中输入茶几的坐标：X（2.5m，4.5m）、Y（7m，8m）、Z（0m，0m），即可得到起居室中长 2m、宽 1m 的茶几，如图 4-6 所示。

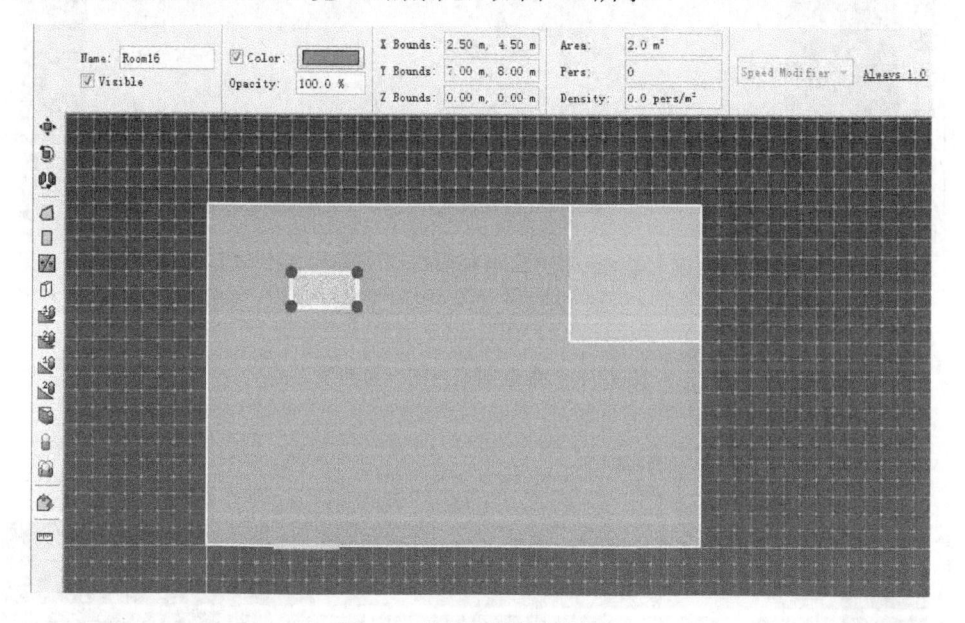

图 4-6 绘制起居室内的茶几

绘制起居室内的一组沙发（3 个），在界面左侧工具栏中选择 ▊工具，利用坐标法绘制沙发，在上方属性栏中输入三个沙发的坐标分别为：X（2.5m，4.5m）、Y（6m，6.5m）、Z（0m，0m）；X（1.5m，2m）、Y（7m，8m）、Z（0m，0m）；X（5m，5.5m）、Y（7m，8m）、Z（0m，0m）。即可得到起居室内环绕茶几的一组沙发，如图 4-7 所示。

其次绘制起居室内的电视柜。一般家庭的电视机受到线路的限制，均放置在靠墙的位置处，因此在绘制电视柜时，选择电视柜的位置为靠墙正对茶几。在界面左侧工具栏中选择 ▊工具，利用坐标法绘制电视柜，在上方属性栏中输入电视柜的坐标为：X（2 m，5m）、Y（9m，10m）、Z（0m，0m），即可得到起居室的电视柜，如图 4-8 所示。

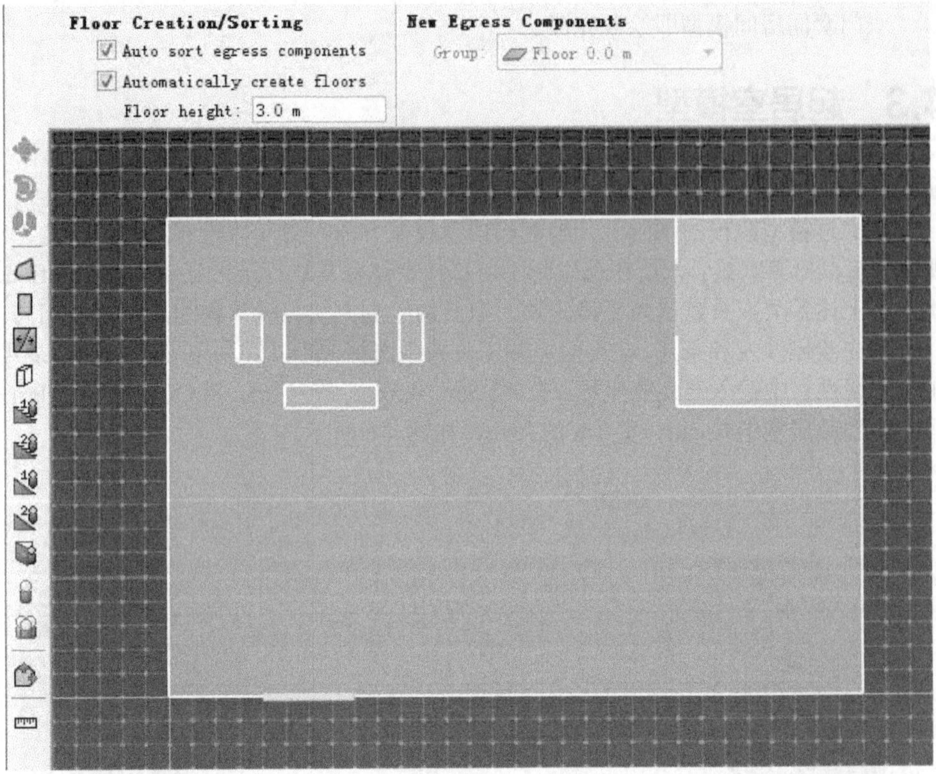

人员应急疏散仿真工程软件——Pathfinder 从入门到精通

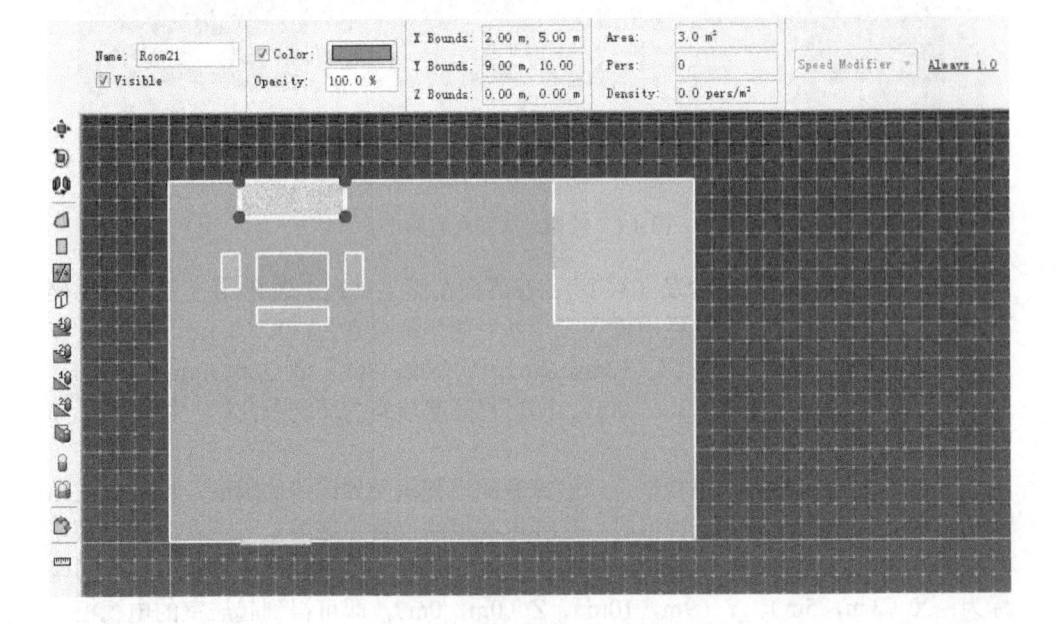

图 4-7 绘制起居室内的一组沙发

图 4-8 绘制起居室的电视柜

最后，采用同样的方法绘制起居室内的餐桌椅，一桌 6 椅的坐标分别如下所示。

餐桌：X（12 m，13.5m）、Y（2m，4.5m）、Z（0m，0m）；

餐椅 1：X（11 m，11.5m）、Y（3.5m，4m）、Z（0m，0m）；

餐椅 2：X（11 m，11.5m）、Y（2.5m，3m）、Z（0m，0m）；

餐椅 3：X（12.5 m，13m）、Y（1m，1.5m）、Z（0m，0m）；

餐椅 4：X（14m，14.5m）、Y（2.5m，3m）、Z（0m，0m）；

餐椅 5：X（14m，14.5m）、Y（3.5m，4m）、Z（0m，0m）；

餐椅 6：X（12.5 m，13m）、Y（5m，5.5m）、Z（0m，0m）。

最终得到绘制的起居室模型如图 4-9 所示。

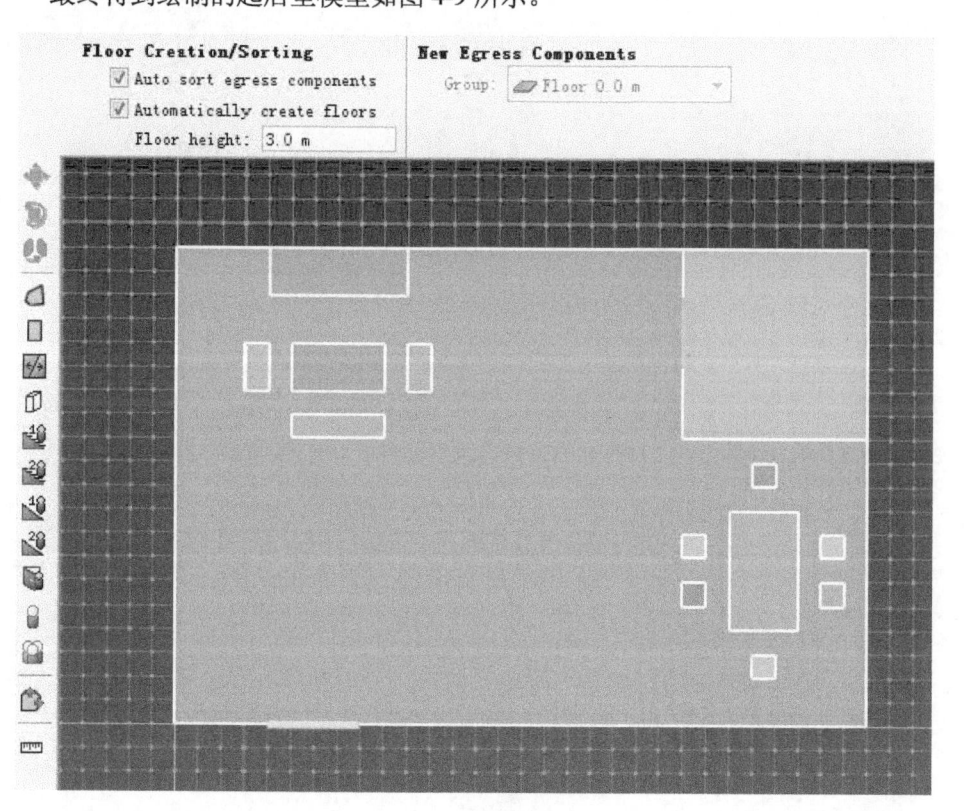

图 4-9　起居室模型

# 提高篇


- 第 5 章　运动空间绘制
- 第 6 章　创建人员
- 第 7 章　控制点操作
- 第 8 章　文件操作
- 第 9 章　模拟
- 第 10 章　提高模型实例——建模详解


Pathfinder

# 第 5 章 运动空间绘制

## 5.1 对象编辑

在 Pathfinder 中，大部分的对象可以有两种编辑方法。一种方法是改（Transform）对象，包括旋转、平移（移动）和镜像对象。另一种方法是通过拖动（Handles）方式灵活地处理（Manipulate）对象。对象可以复制，但是目前只有一种正确的方法可以完成它，就是通过改变工具。所有的几何对象都可以被改变或者被复制。在 3D 和 2D 视图里所有改变和复制选项都可以通过工具来使用。下面将介绍对象的移动、旋转、镜像。

### 5.1.1 移动

移动一个或者多个对象，在三维或者二维视图中选择这个对象并且点击移动工具（ ），对于移动工具的属性面板如图 5-1 所示。

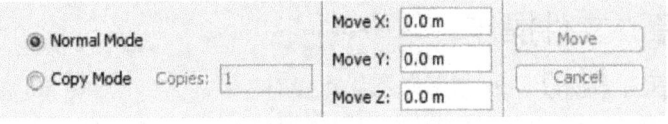

图 5-1  移动工具属性面板

对象可以被手动移动也可以通过图形进行移动。

➤ 手动（Manually）

选择 Normal Mode，在 X，Y，Z 表格里输入对象移动的距离。然后单击 Move。

➤ 图形移动（Graphically）

这种方法在二维视图中是最容易进行的。对用图形表示转化，在模型上单击两下。从第一点到第二点的这个向量定义了移动的位移。当用图形表示转化时，物体将只平行于相机的视图平面被移动。用图形进行移动的步骤如图 5-2 所示。

对象也可以用移动工具进行复制，要做到这一点，选择移动工具，并从属性面板中选择 Copy Mode，接下来的步骤和上面移动对象一样。另外，当定义偏移的时候，在键盘上按住 Ctrl 键。这将创建一个对象的副本，并被移动到偏移的距离。同样，通过在 Copies 字段中指定大于 1 的值来创建满足用户需求的对象数。这个排列由通过移动偏移先前的副本距离来创建。复制房间时，如果产生的副本与最近的副本相互重叠并优先于前面的副本，这意味着前面的副本将减去重叠的面积。一个对象组如图 5-3 所示。

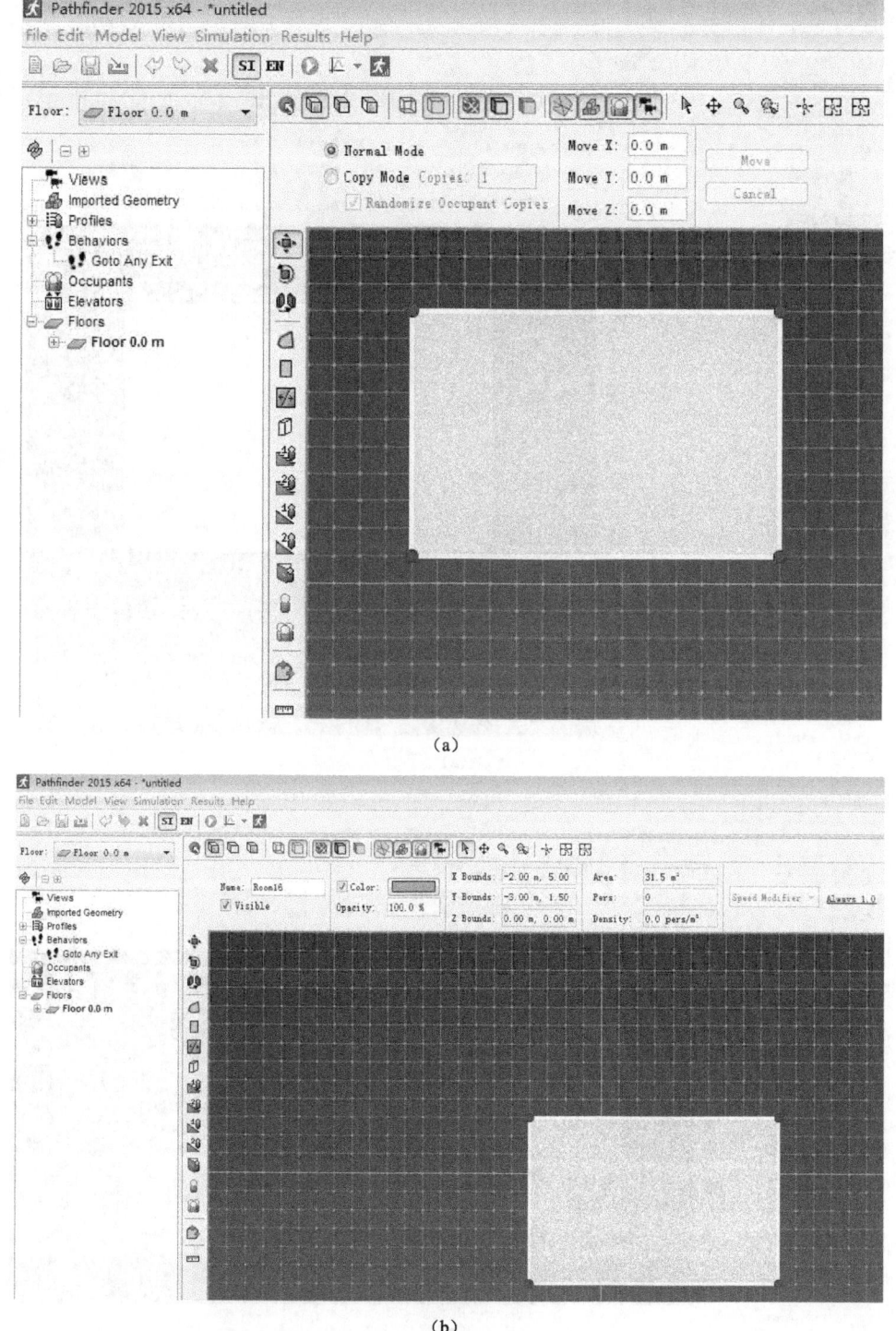

（a）

（b）

图 5-2　图形移动对象

人员应急疏散仿真工程软件——Pathfinder 从入门到精通

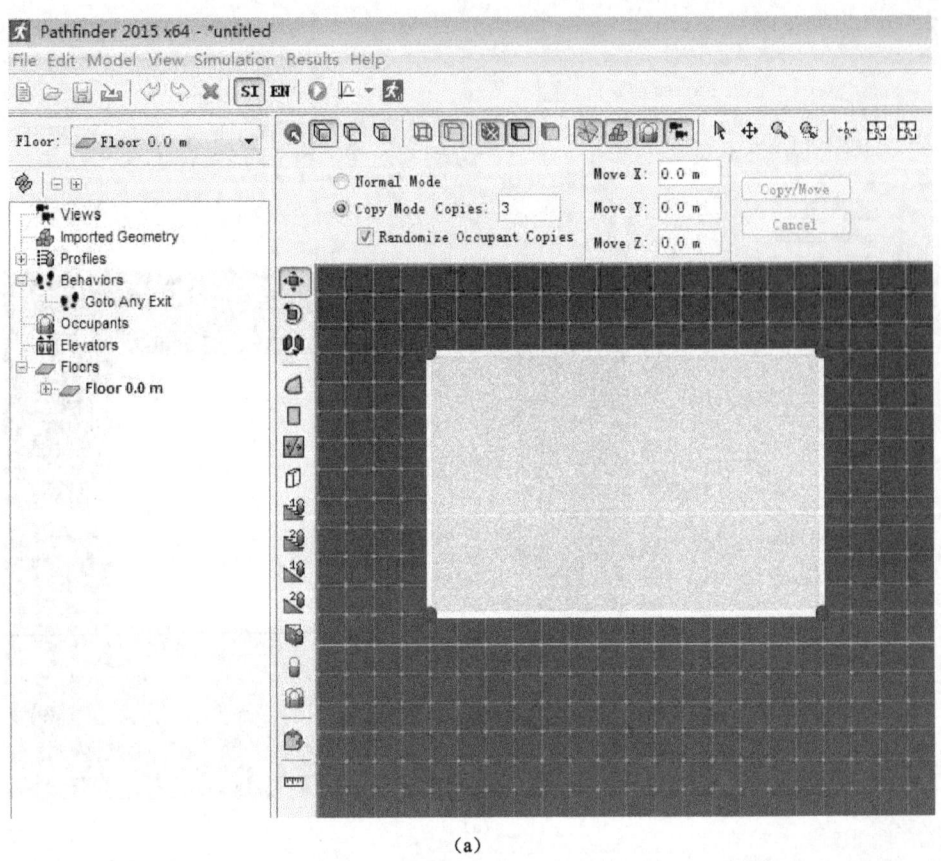

(a)

(b)

图 5-3　用移动工具创建的一个对象组

## 5.1.2 旋转

旋转一个或多个对象，在 2D 或 3D 视图中，选择对象并单击旋转工具（  ），旋转工具的属性面板如图 5-4 所示。

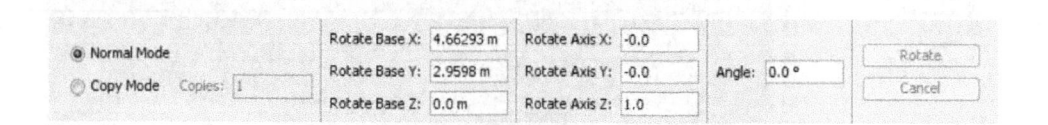

图 5-4 旋转工具属性面板

对象可以通过手动旋转也可通过图形来进行旋转：

➢ 手动（Manually）

选择正常模式（Normal Mode），输入旋转基点和旋转的角度，关于此轴旋转用右手定则，然后单击 Rotate。

➢ 用图形旋转（Graphically）

在一个 2D 视图中这是最容易进行的。旋转轴被自动设置为相机的一个法向量。旋转需要点击三次鼠标。第一次是指定旋转基点。第二次定义了一个从旋转基点延伸的参照向量。第三次定义了第二个从旋转基点延伸的向量。角度是这两个向量之间的夹角。用图形表示旋转如图 5-5 所示。

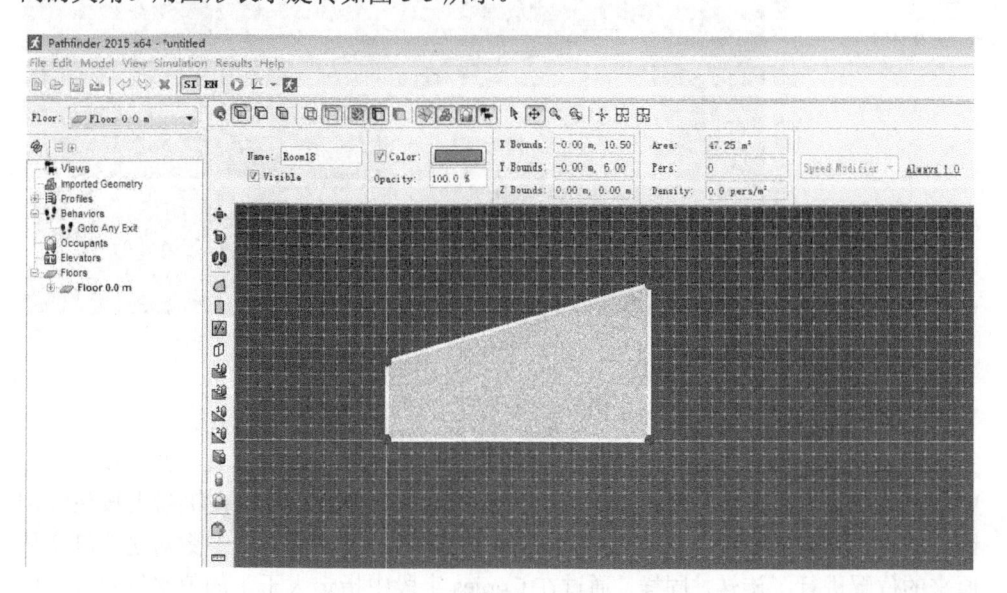

（a）

图 5-5

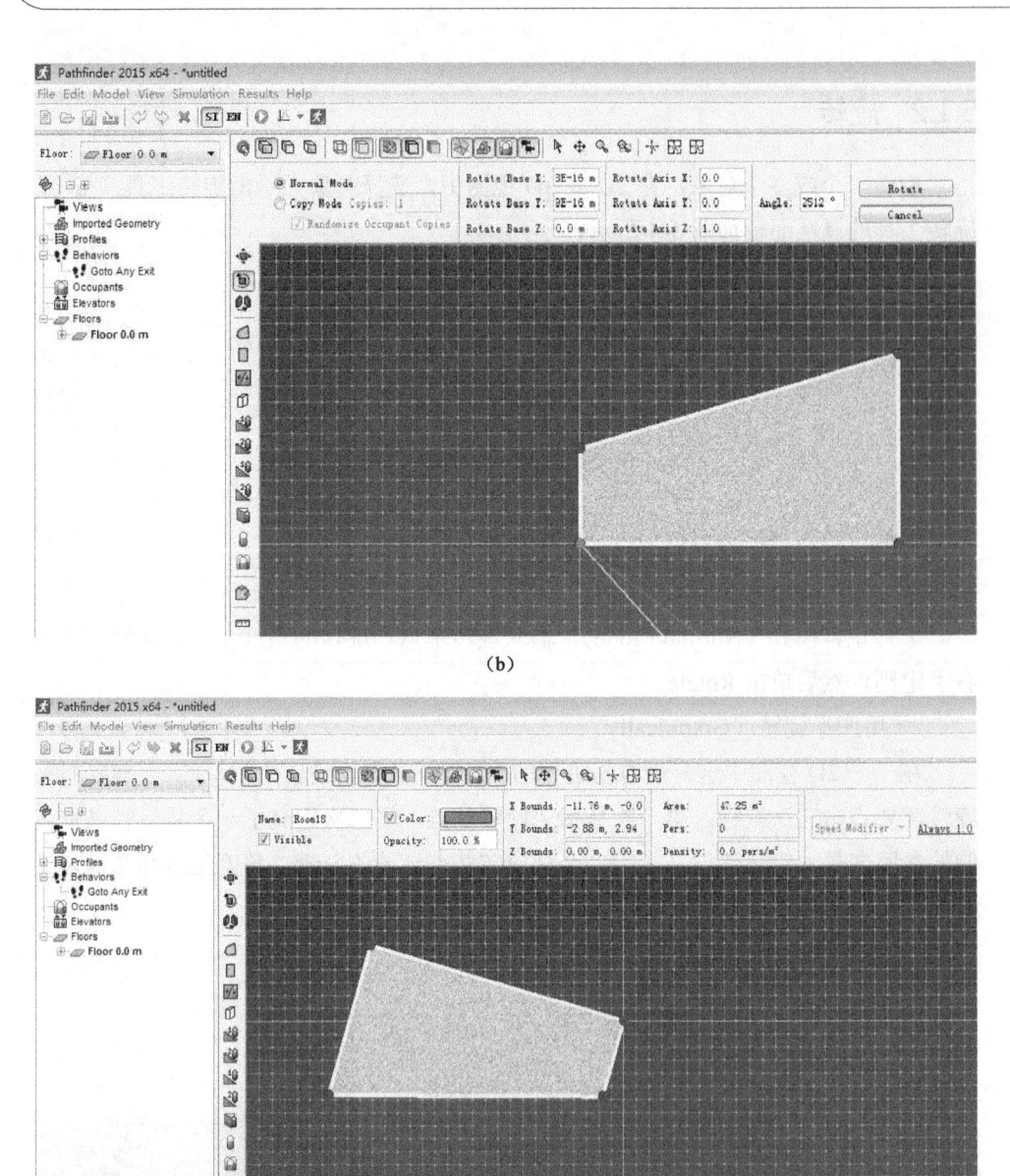

(b)

(c)

图 5-5　旋转一个对象

　　对象也能用旋转工具进行复制。要做到这一点，选择旋转工具，并从属性面板中选择 Copy Mode,接下来的步骤和上面旋转对象一样。另外，在键盘上按住 Ctrl 键，同时定义旋转属性。这将创建对象的一个副本，并使用旋转参数对这个副本从原来的位置进行了旋转。同样，通过在 Copies 字段中指定大于 1 的值来创建满足用户需求的对象数。这个排列由通过旋转角度旋转每一个先前的副本来创建。在复制房间时，如果产生的副本与最近的副本相互重叠并优先于前面的副本，这意味着前面的副本将减去重叠面积。这个对象组如图 5-6 所示。

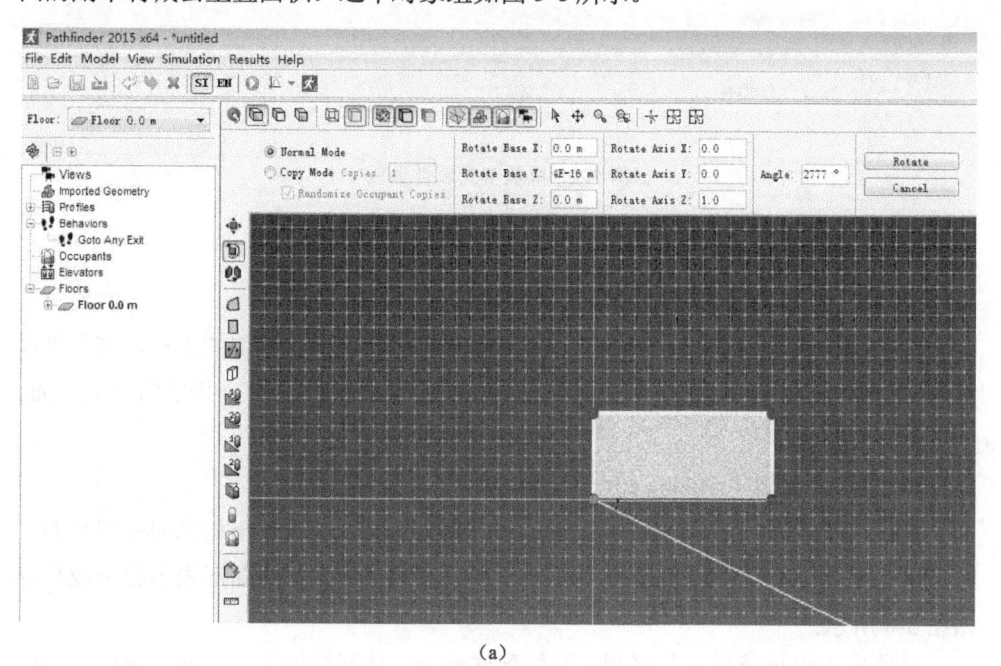

（a）

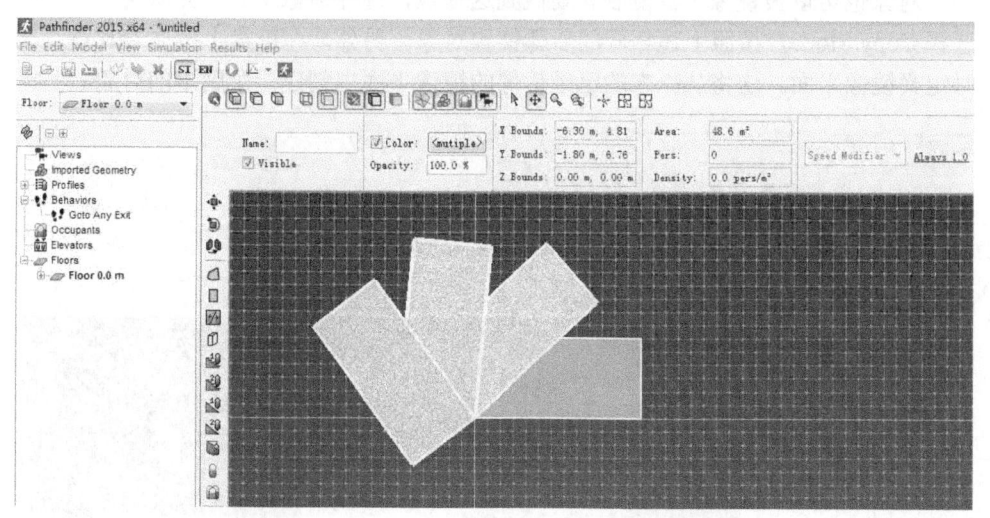

（b）

图 5-6　用旋转工具创建一个对象组

## 5.1.3　镜像

关于通过一个平面来镜像一个或多个对象，在 2D 或 3D 视图中，选择对象并点击镜像工具（ 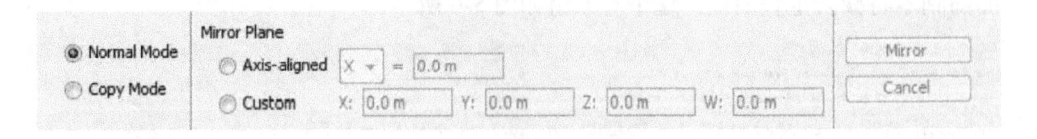 ），镜像工具的属性面板如图 5-7 所示。

图 5-7　镜像工具属性面板

对象可以通过手动镜像也可通过图形进行镜像：

➢ 手动（Manually）

选择常规模式（Normal Mode），并且输入关于那个平面镜像的坐标。这个可以是一个与轴对齐的平面或者是通过平面方程（$ax + by + cy + d = 0$）指定的普通平面。然后单击 Mirror。

➢ 用图像镜像（Graphically）

在一个 2D 视图中这是最容易进行的。镜像平面总是垂直于相机的视图平面。定义这个平面需要单击两次鼠标，在这个平面上定义两点。用图形表示的镜像步骤如图 5-8 所示。

对象也可以被镜像工具复制。要做到这一点，选择镜像工具，并从属性面板中选择 Copy Mode，按照上述相同的步骤镜像对象。另外，在键盘上按住 Ctrl 键，同时定义镜像平面。这将从原来的已经镜像的镜像平面中创建一个副本的对象。

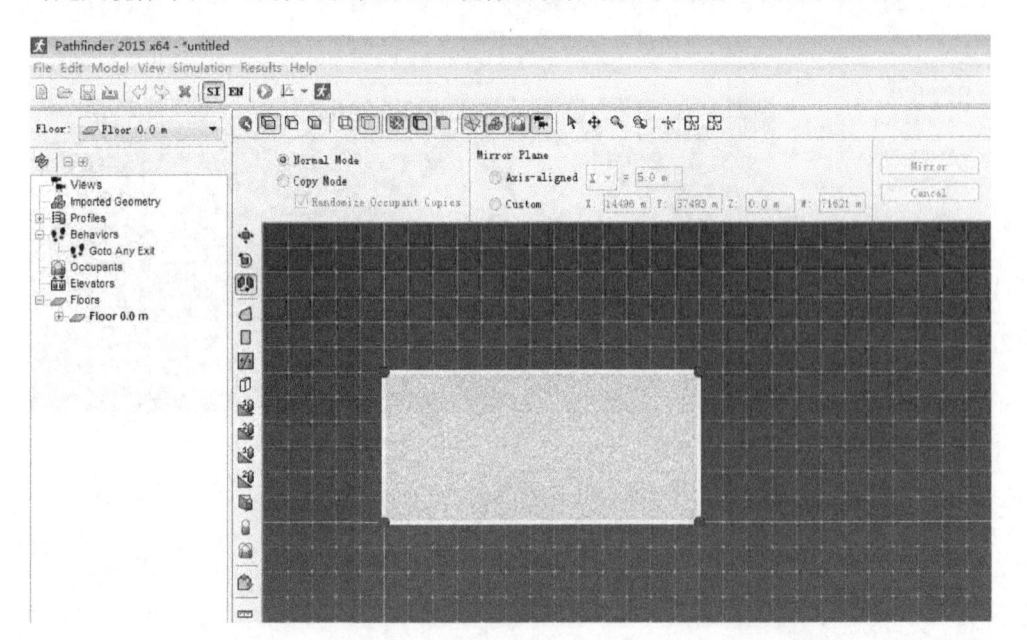

(a)

第 5 章　运动空间绘制　53

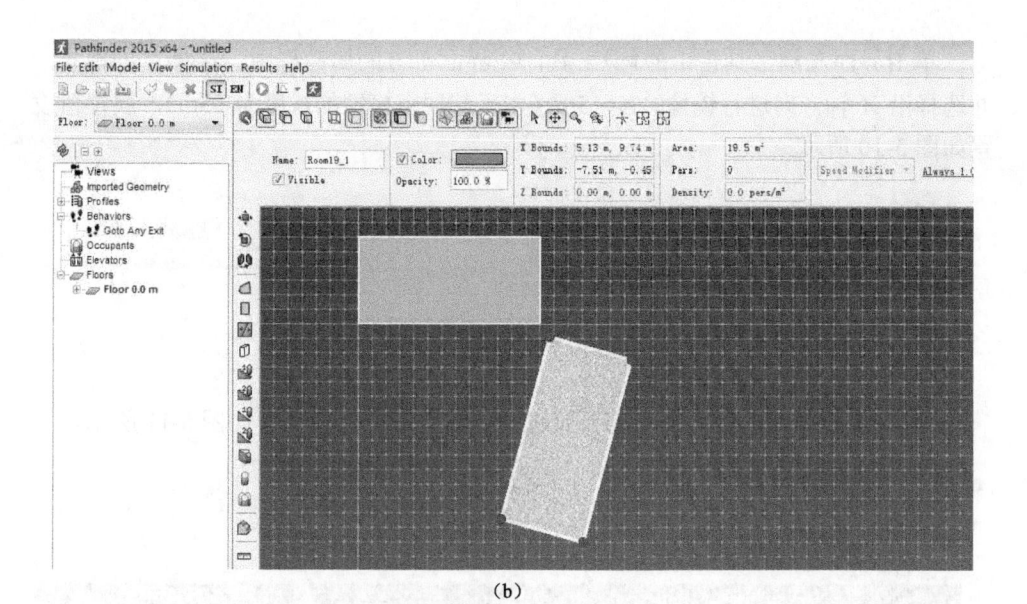

（b）

图 5-8　对象的镜像

## 5.1.4　提高练习一

➡ **将 4.3 节的起居室模型沿 X 轴镜像复制。**

🔑 **练习解答**

在上述 4.3 节绘制的起居室模型的基础上，点击 ⯅ 工具，拖动鼠标使得 0m 层的起居室模型全部被选中（模型变为黄色），如图 5-9 所示。

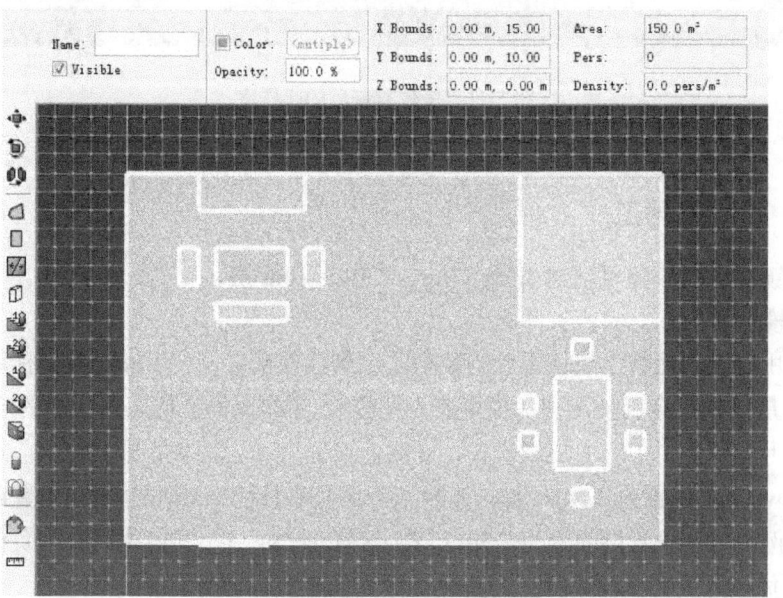

图 5-9　选中起居室模型

单击界面左侧工具栏中的 工具，在界面上方的属性栏中，选择复制模式，并选择沿 X 轴方向进行镜像，X=15m（由于起居室模型的长度为 15m），属性值设置如图 5-10 所示。

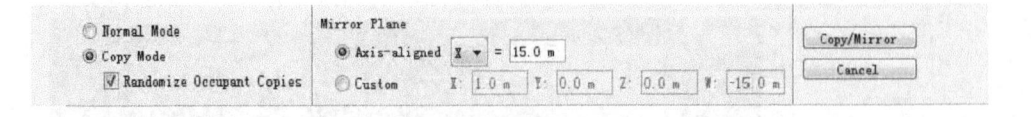

图 5-10　镜像属性值设置

点击 Copy/Mirror 键，即可得到镜像复制后的起居室模型，如图 5-11 所示。

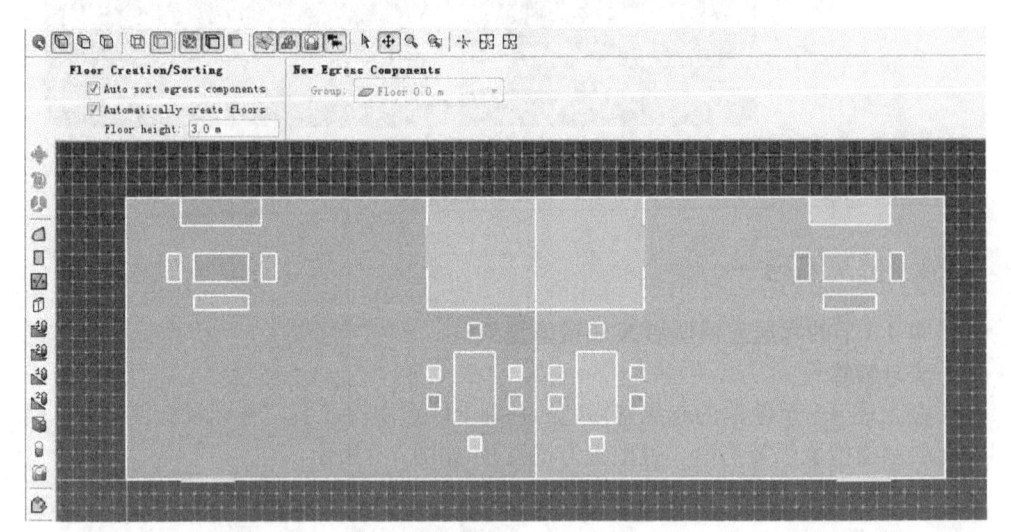

图 5-11　镜像复制后的起居室

## 5.1.5　提高练习二

➡ 将镜像后的模型复制到 2.5m、5m、7.5m、10m 层。

🔑 建模详解

利用复制功能将上述镜像后的模型复制到其他楼层，点击 工具，拖动鼠标使得 0m 层的模型全部被选中（模型变为黄色），单击界面左侧工具栏中的 工具，在界面上方属性栏中选中复制模式，复制值设置为 1，即为复制 1 份当前选中的模型。Move Z 值设置为 2.5m，即向 Z 轴正方向复制移动 2.5m（与最初设置的层高有关，本例中最初设置层间距为 2.5m）。若在 Move X、Y、Z 值中设置为负值，则为向 Z 轴负方向复制移动。复制属性栏设置值如图 5-12 所示。

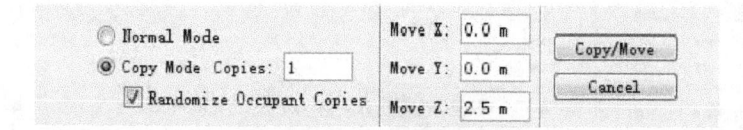

图 5-12  复制栏属性值设置

点击 Copy/Move 键即可进行模型的复制，此时，0m 层的起居室模型复制到 2.5m 层，可继续对 2.5m 层的模型进行复制。但为了简化模型绘制过程，Pathfinder 软件可通过增加复制份数值直接进行多层模型的复制。在本例中，将复制值设置为 4，Move Z 设置为 2.5m，即可沿 Z 轴方向将 0m 层的起居室模型复制至 2.5m、5m、7.5m 及 10m 层，且各楼层间的间隔为 2.5m。复制得到的模型如图 5-13 所示。

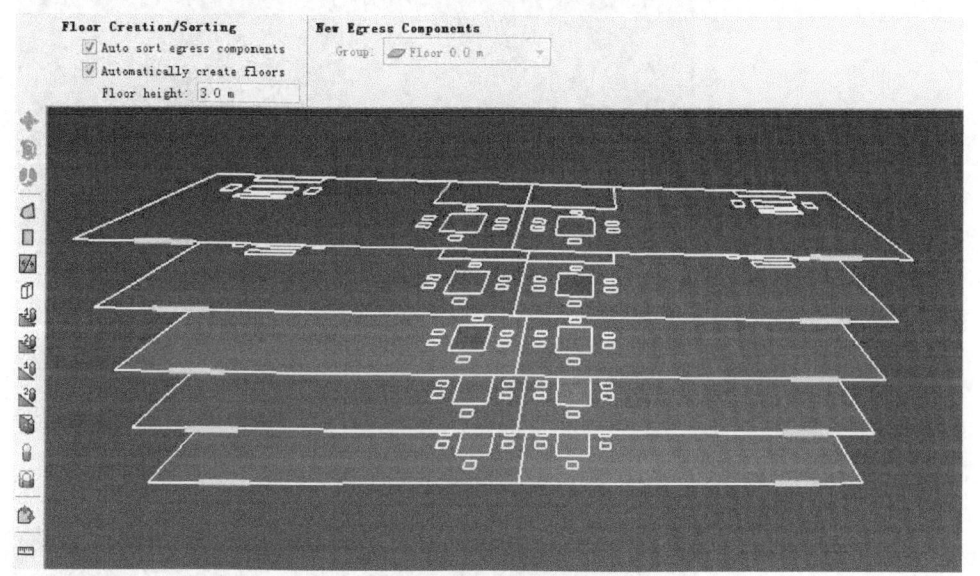

图 5-13  模型的复制

# 5.2  楼梯

在 Pathfinder 中，楼梯是直跑式的。有两个楼梯工具可以创建楼梯。一个工具是通过位于两个不同的 Z 高度坐标平面的房间的半平行边界来创建，另一个工具是通过从一个房间的边界延伸直到达到设定的标准，例如台阶数、楼梯高等，或者直到另一个房间来创建。

为了能成功地进行模拟，每个楼梯的尽头必须连接到房间的边缘，这就意味着在楼梯的顶部和底部下面必须有空的地方。这个要求在图 5-14 中有体现。空白地方的大小必须大于或等于人员行走楼梯的最大半径。

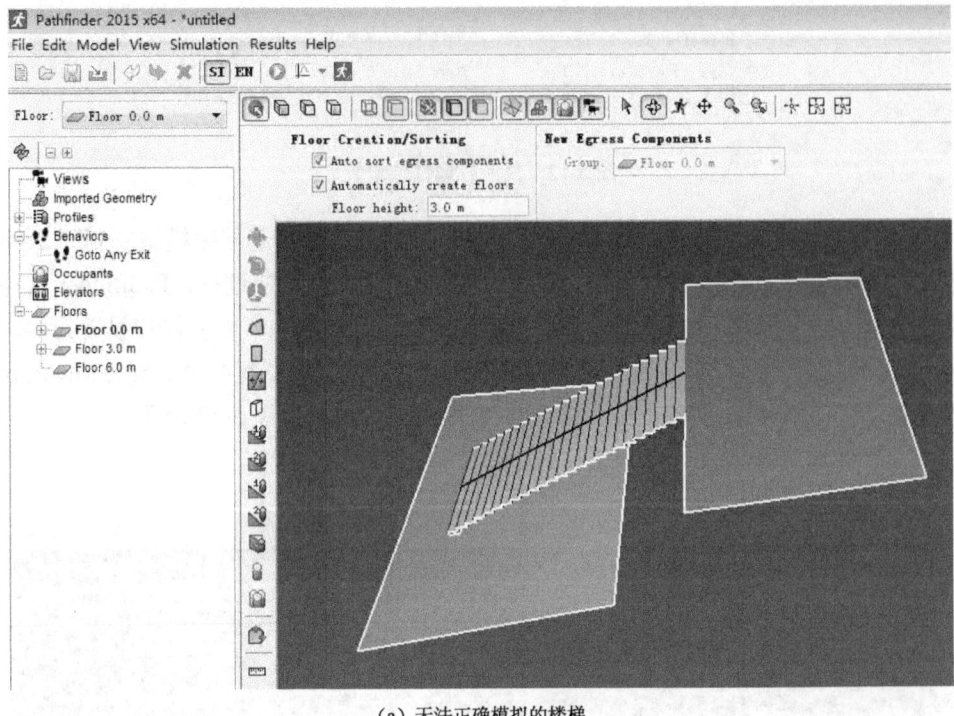

（a）无法正确模拟的楼梯

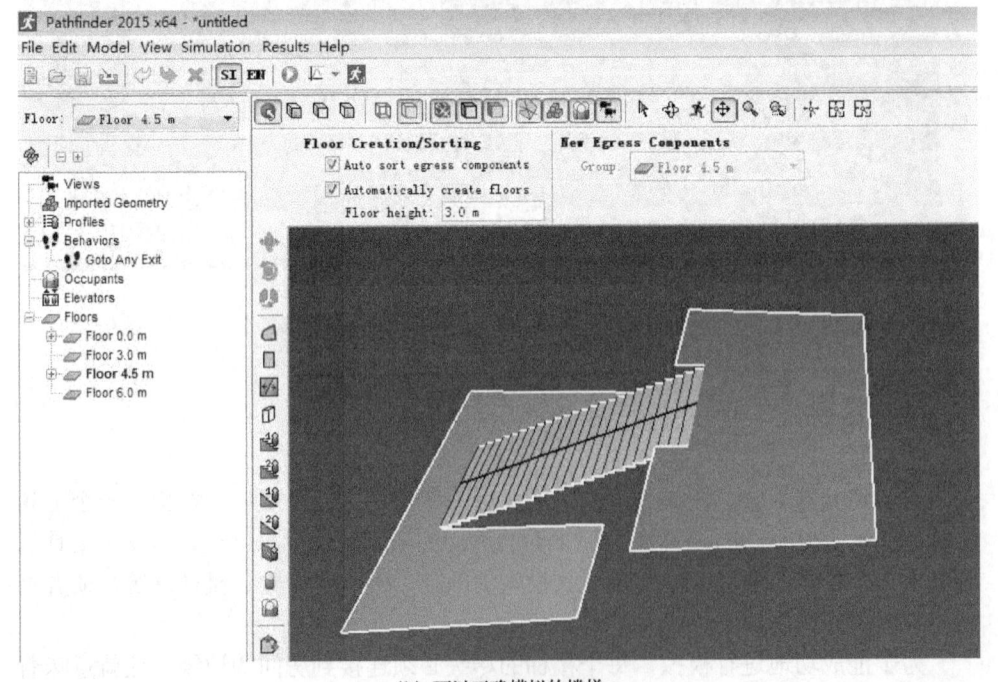

（b）可以正确模拟的楼梯

图 5-14　楼梯的几何形状要求

## 5.2.1 两边之间的楼梯

创建楼梯的一种方式是在两个预先存在的房间之间绘制。这种类型的楼梯的边缘会精确匹配房间的边缘，这就意味着楼梯踏板的斜度可能不符合实际的楼梯坡度。在 Pathfinder 中，楼梯的几何斜率在模拟过程中是不重要的，但是被指定的楼梯踏板的斜度是非常重要的。

为了在两个房间边缘之间创建楼梯，首先确保两个要连接的房间是可见的。如果两个房间在不同楼层，那么至少有一个房间要手动设置为可见的，这可以通过导航视图中的右键菜单来实现。接下来选择两点楼梯工具 ，图 5-15 显示了楼梯创建属性的属性面板。

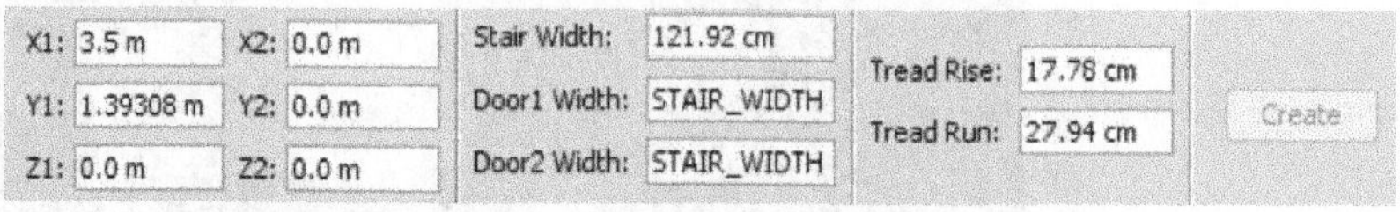

| X1: 3.5 m | X2: 0.0 m | Stair Width: | 121.92 cm | Tread Rise: | 17.78 cm | |
|---|---|---|---|---|---|---|
| Y1: 1.39308 m | Y2: 0.0 m | Door1 Width: | STAIR_WIDTH | Tread Run: | 27.94 cm | Create |
| Z1: 0.0 m | Z2: 0.0 m | Door2 Width: | STAIR_WIDTH | | | |

图 5-15　楼梯属性面板

楼梯可以通过下面三种方式之一来创建。

➤ 手动输入（Manual Entry）

设置所需的楼梯宽度，并且为楼梯的两个边缘输入一个坐标点。如果坐标点处能建立一个有效的楼梯的话，一个预览的楼梯会通过 2D 或 3D 视图显示出来，这时候 Create 按钮可以使用，单击 Create 按钮添加楼梯。

➤ 单击（Single Click）

设置所需的楼梯宽度。将光标移动到楼梯的一个边缘，就会出现一条类似于薄门的预览线。单击设置这条线，移动光标到楼梯的另一个边缘，一个预览楼梯会出现，点击另一个边缘就可以创建这个楼梯。

➤ 双击并拖动（Two-click with drag）

点击楼梯的一个边缘拖动直到合适的终点和宽度。松开鼠标，然后点击楼梯的另一个边缘放置楼梯。创建完成的楼梯如图 5-16 所示。

## 5.2.2 单边延伸楼梯

创建楼梯的另一种方法是使楼梯一个边缘开始延伸并且精确地匹配设定的坡度。当达到设定的标准或到达另一个房间时停止。图 5-17 显示了单点楼梯工具的属性面板，并提供了四种方式形成最终的楼梯。

➤ 步数（Step count）

楼梯会有这个数值的台阶。

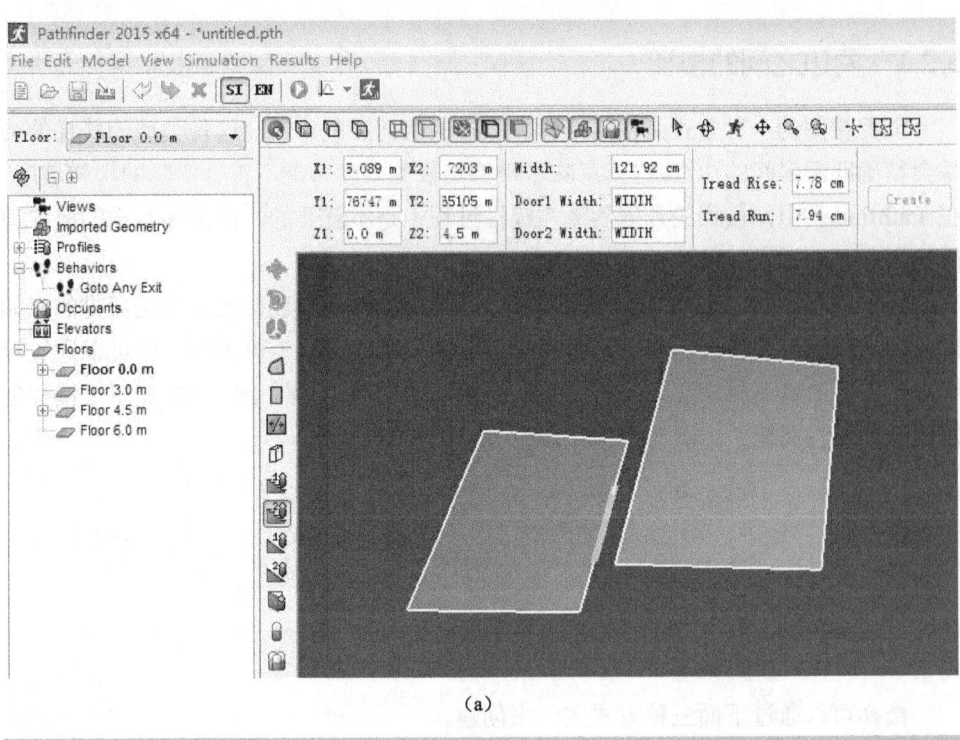

(a)

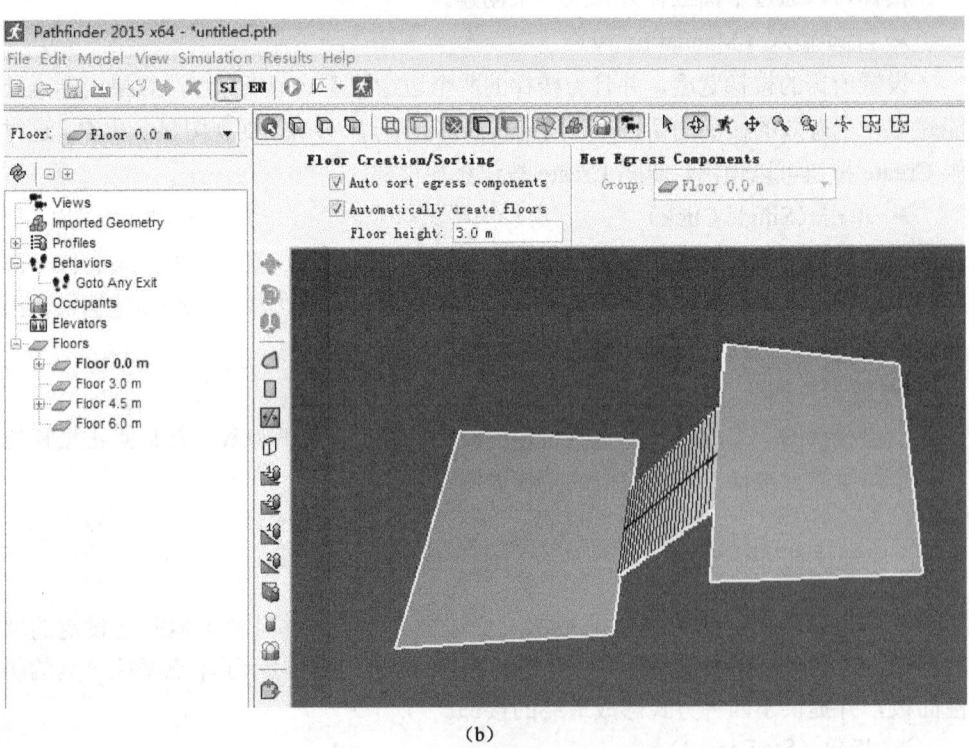

(b)

图 5-16　用两点创建楼梯工具画楼梯

> 总高（Total rise）

楼梯在 Z 方向会有这个数值的高度。

> 总趋势（Total run）

楼梯在 XY 平面上会有这个数值的长度。

> 总长（Total length）

楼梯的斜边会有这个数值的长度。

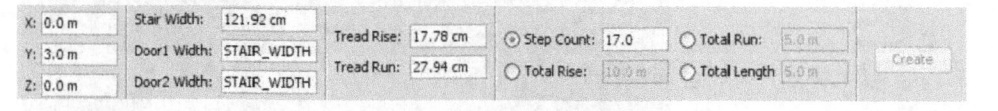

图 5-17　单点楼梯属性面板

如果用这种方式创建楼梯，选择单点创建楼梯工具，属性面板将会出现。如果这个楼梯踏板上升（Tread Rise）为正时，楼梯从起始边缘会向上延伸，而如果它是负的，楼梯会向下延伸。类似地，如果楼梯踏板趋势（Tread Run）为正，楼梯延伸将远离房间，如果为负，楼梯延伸将朝向房间。改变这些值的另一种方式是按住键盘上的 CTRL 键，使楼梯踏板上升为负值，并且按住 SHIFT 键使楼梯踏板趋势为负值。现在楼梯可以通过下面三种方式之一来创建。

> 手动输入（Manual Entry）

设置所需楼梯的宽度、踏板高度、踏板趋势和楼梯停止延伸的标准，在楼梯的一个边缘指定一个起点。如果在该位置可以创建一个有效的楼梯，将会显示预览楼梯，这时候 Create 按钮可以使用，单击 Create 按钮创建楼梯。

> 单击（Single Click）

设置所需楼梯的宽度、踏板高度、踏板趋势和楼梯停止延伸的标准，将光标移动到房间边界处的楼梯起点，之后就会显示预览楼梯，单击放置楼梯。

> 单击并拖动（Click-drag）

设置所需的踏步高度、踏步宽度和楼梯停止延伸的标准。沿着房间的边界单击拖动楼梯直到合适的终点和宽度，松开鼠标来创建楼梯。

以这种方式创建楼梯后，为了使另外一个房间与楼梯正确接合，另外一层楼或另外一个房间的 Z 坐标必须与楼梯顶部完全相同。在选择楼层或另外一个房间的 Z 坐标时，可以通过在 3D 或 2D 视图中单击顶部的楼梯来实现。使用点式楼梯工具来绘制楼梯如图 5-18 所示。

## 5.2.3　楼梯属性特征

楼梯的属性特征可以控制楼梯的形状以及在楼梯上进行疏散活动的人群的行动。当选中一个楼梯时，它的属性特征面板如图 5-19 所示。

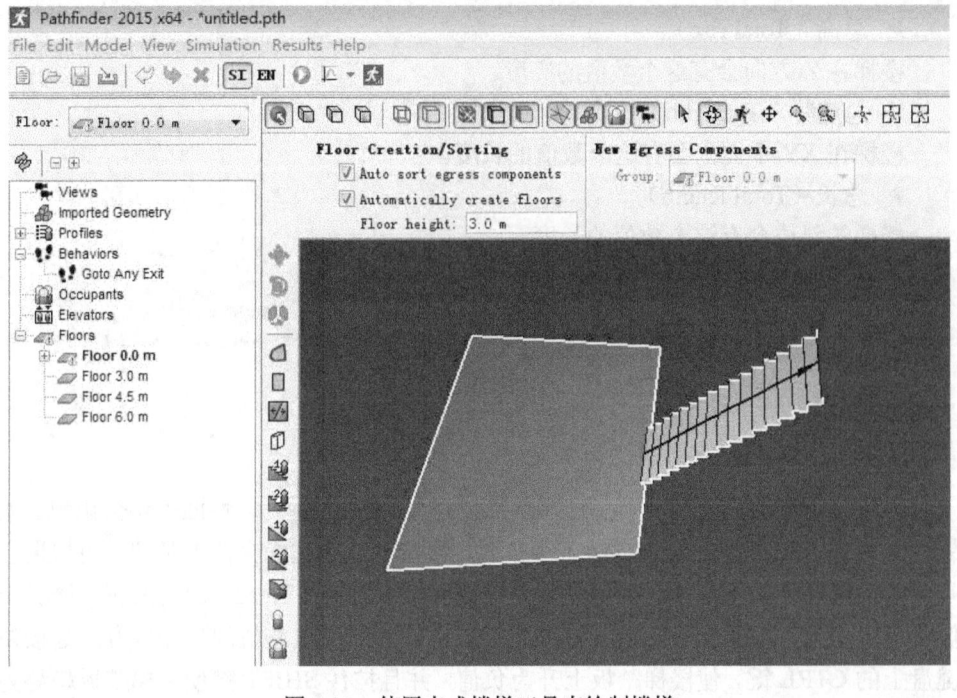

图 5-18　使用点式楼梯工具来绘制楼梯

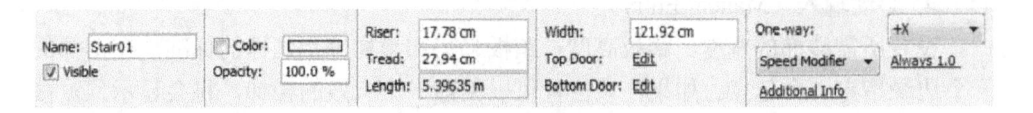

图 5-19　楼梯属性特征面板

➤ 上升和踏板（Riser and Tread）

在模拟中这些参数控制通过楼梯的人员的行走速度。使用单点楼梯工具创建初始形态的楼梯，上升和踏板之后可以改变但不会影响楼梯的形状。

➤ 长度（Length）

楼梯从底部到顶部边沿的总长度。

➤ 宽度（Width）

楼梯的宽度。

➤ 顶部门和底部门（Top Door and Bottom Door）

点击这个链接将出现如图 5-20 所示的对话框。

➤ 速度修正（Speed Modifier）

一种时间变量的因素，会影响到上楼梯人员的速度。

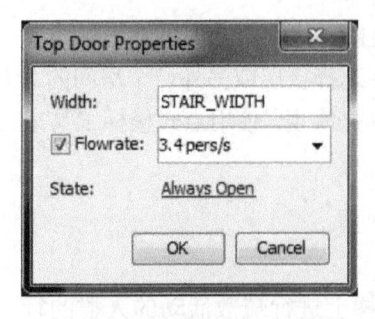

图 5-20　门的属性对话框

➤ 附加信息（Additional Info）

点击这个连接，将出现楼梯的附加信息，例如面积、上面的人员数量等。

## 5.2.4　提高练习三

➡ **创建连接 0m、2.5m、5m、7.5m、10m 的双边楼梯。**

🔑 **练习解答**

　　基于上述图 5-13 所绘制的模型，分别给各层添加双边楼梯。首先绘制连接楼梯所用的平面，点击界面左侧工具栏中的 ▉ 工具，在界面上方属性栏中输入连接平面的坐标位置为 X（1.5m，4.5m）、Y（–1.5m，0m）、Z（0m，0m），点击 Create 选项，即可得到位于 0m 层的楼梯连接平面。利用复制功能将该连接平面移动到各层，选中该平面使得其变黄，并点击界面左侧工具栏中的 ✥ 工具，在界面上方弹出的属性栏中输入复制 4 份，且为沿 Z 轴正向移动 2.5m，如图 5-21 所示。

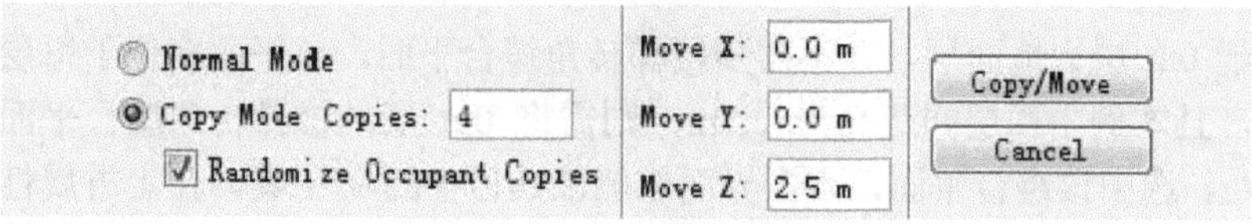

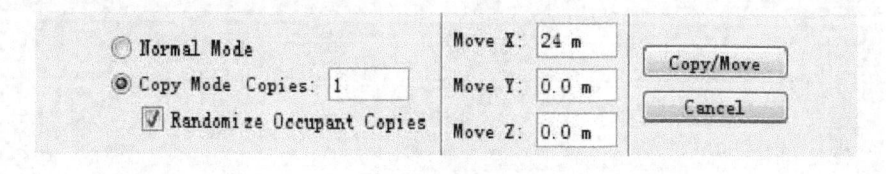

图 5-21　移动连接平面属性栏设置

　　同时需要在模型的另一侧绘制如上所述的楼梯连接平面，使用复制功能进行快速绘制。使用界面上方工具条中的 ▱ 工具，选中 0m 层的连接平面后，按住计算机键盘的 Ctrl 键，单击鼠标分别选中其他层的连接平面，选择完毕后松开 Ctrl 键，此时可以看到 0m、2.5m、5m、7.5m、10m 层的连接平面全部变为黄色，即全部被选中。此时点击界面左侧工具栏中的 ✥ 工具，在界面上方的属性栏中输入复制份数为 1 份，沿 X 轴复制，距离为 24m，如图 5-22 所示。

图 5-22　复制各层连接平面属性栏设置值

　　点击 Copy/Move 键，即可得到复制后的模型，如图 5-23 所示。

　　为了绘制连接各层的双边楼梯，简单地绘制上述楼梯研究平面是远远不够的，还需要绘制楼梯的转角缓台平面。与上述方法相同，但需注意楼梯转角缓台平面的坐标位置。选择绘图图层为 0m 层，单击界面左侧工具栏中的 ▉ 工具，设置界面上方属性栏的坐标值为 X（7m，8.5m）、Y（–1.5m，0m）、Z（0m，0m），点击 Create

选项，即可得到位于 0m 层的楼梯转角缓台平面。

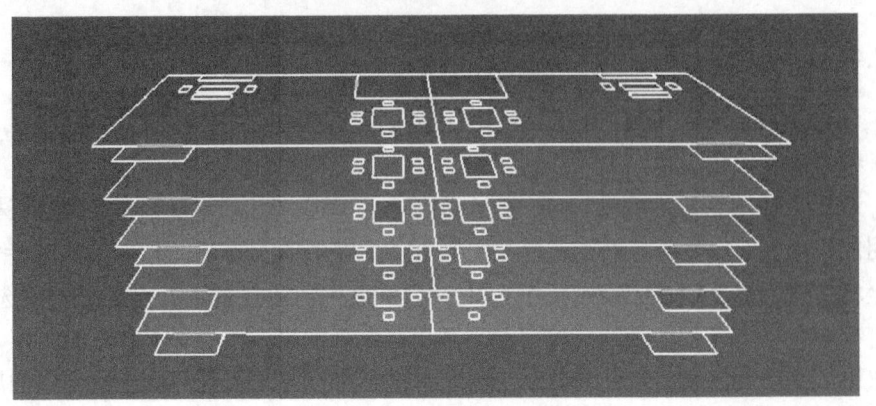

图 5-23　复制后的模型

由于 0m 层为地面层，并不需要楼梯转角缓台平面，该平面应位于每层楼板中间位置，且本例中楼层间距高为 2.5m，则需将 0m 层的楼梯转角缓台平面移动至 1.25m 处。选中该缓台平面，点击界面左侧工具栏中的 ✛ 工具，在上方属性栏中选择剪切（Normal Mode）选项，Move Z 值设置为 1.25m，点击 Move 选项，即可将缓台平面上移至 0m 层与 2.5m 层中间位置，而不保留 0m 层的初始缓台平面。单击界面上方的 ▱ 选项，观察模型的主视图，即可清晰地看到上一步所绘制的楼梯转角缓台平面，如图 5-24 所示。

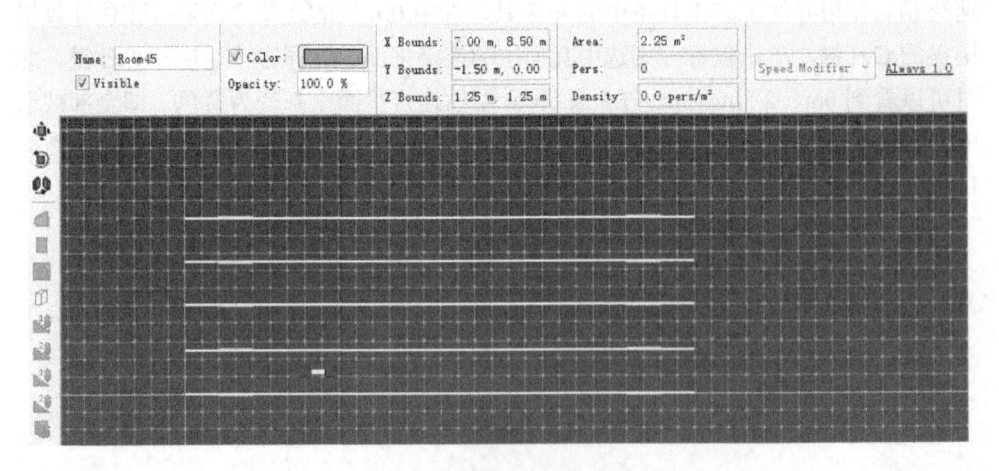

图 5-24　楼梯转角缓台平面

继续利用复制功能绘制 2.5m—5m 层、5m—7.5m 层、7.5m—10m 层的楼梯转角缓台平面。需要注意的是，因缓台平面间的距离仍是楼层间距，故在进行复制时 Move Z 选项仍旧设置为 2.5m。得到各层的楼梯转角缓台平面后，与上述整体移动方法相同，按住 Ctrl 键选择全部缓台平面，利用复制工具向 X 轴方向复制 14.5m，得到两侧的楼梯转角缓台平面，如图 5-25 所示。

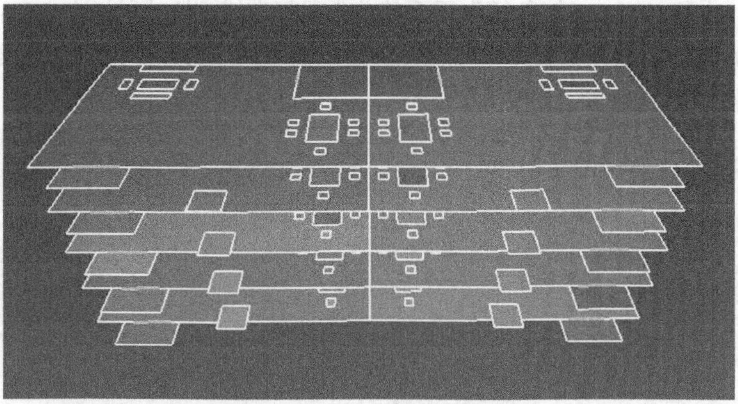

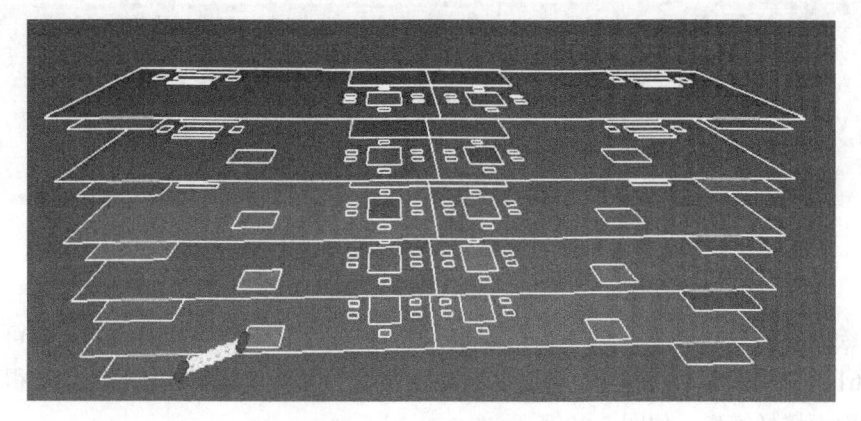

图 5-25　两侧楼梯转角缓台平面

绘制模型中各层的双边楼梯，点击界面左侧工具栏中的 ⛭ 工具，在界面上方的属性栏中设置楼梯的宽度为 75.0 cm，其余坐标位置不需要进行设置，如图 5-26 所示。

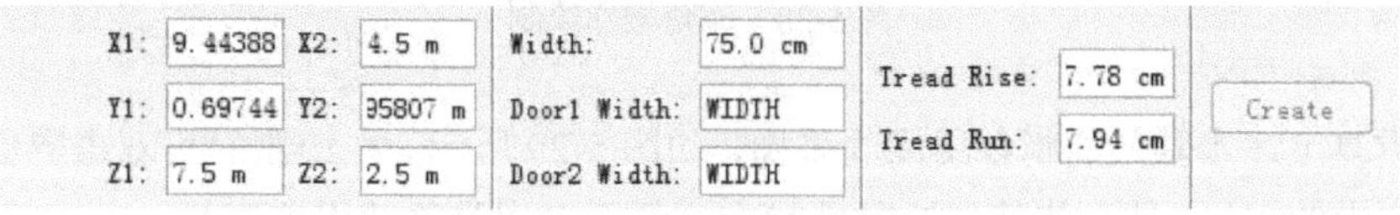

| | | | | | | | |
|---|---|---|---|---|---|---|---|
| X1: | 9.44388 | X2: | 4.5 m | Width: | 75.0 cm | Tread Rise: | 7.78 cm |
| Y1: | 0.69744 | Y2: | 95807 m | Door1 Width: | WIDTH | Tread Run: | 7.94 cm |
| Z1: | 7.5 m | Z2: | 2.5 m | Door2 Width: | WIDTH | | Create |

图 5-26　楼图属性栏设置值

设置宽度属性后，将鼠标移动至绘图区域，在楼梯连接平面处，将出现一个蓝色的控制点和黄色的楼梯预设位置线，在连接面控制点处（也可是预设楼梯宽度起点处）单击鼠标左键，拉动鼠标，此时软件将自动捕捉到楼梯连接平面。拉动鼠标向 0m—2.5m 转角缓台平面方向运动，此时将自动捕捉至连接处，再次单击鼠标左键，即可得到绘制的楼梯（此时呈黄色选中状态），如图 5-27 所示。

图 5-27　单侧楼梯绘制

再次在左侧工具栏中选中 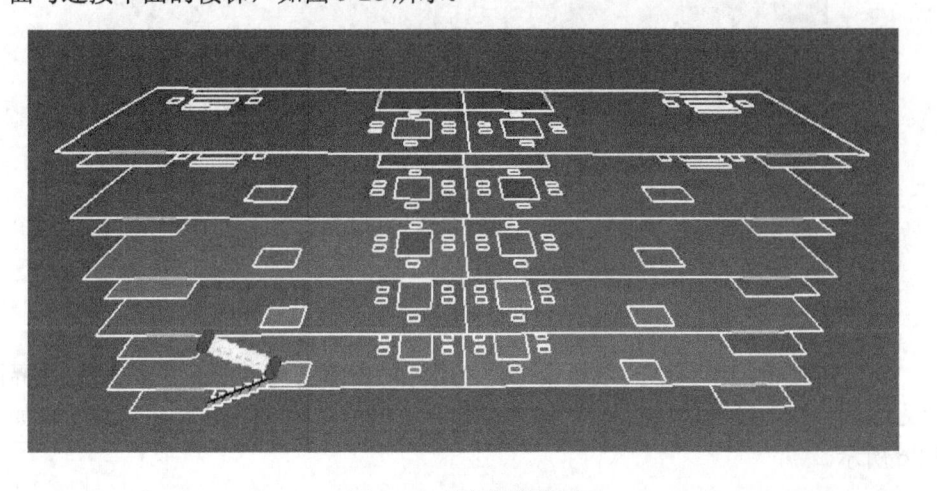 工具，将出现一个蓝色的控制点和黄色的楼梯预设位置线，在 0m—2.5m 转角缓台平面处单击鼠标左键，拉动鼠标向 2.5m 层连接平面处移动，此时将自动捕捉至连接处，再次单击鼠标左键，即可得到连接转角缓台平面与连接平面的楼梯，如图 5-28 所示。

图 5-28　转角楼梯绘制

重复上述步骤，绘制各层间的楼梯，如图 5-29 所示。在绘制时可双击界面左侧工具栏中的 工具，使其保持黏性状态，便于多次重复使用该工具。

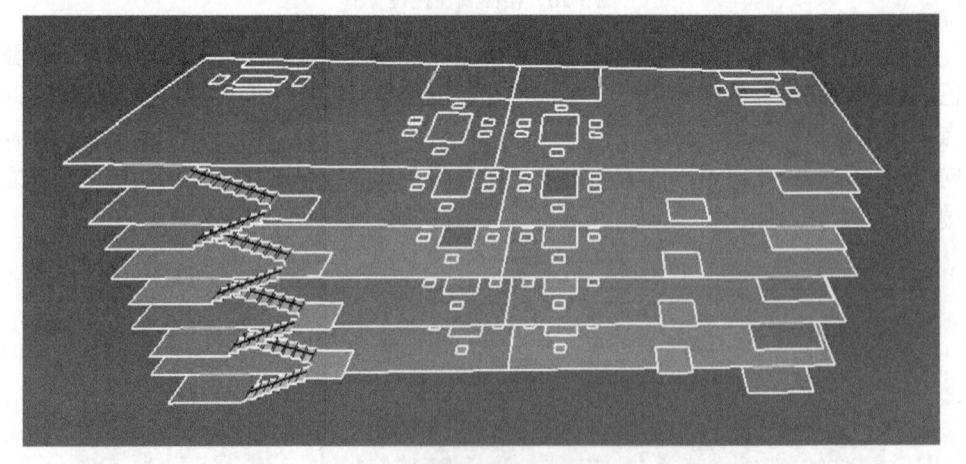

图 5-29　楼梯绘制

绘制模型单侧楼梯后，可以采用同样的方法进行另一侧楼梯的绘制，也可以按住 Ctrl 键选中所有的楼梯后，利用复制功能 进行另一侧楼梯的快捷绘制，得到最终的双面楼梯模型，如图 5-30 所示。

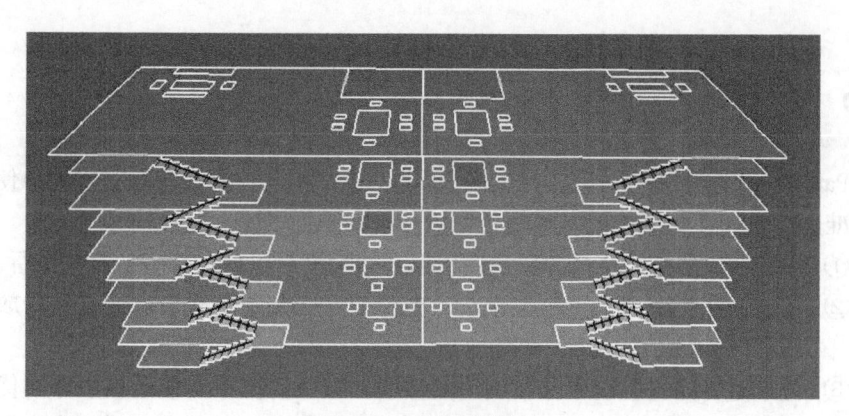

图 5-30　双边楼梯模型

## 5.3　斜坡

斜坡在如何创建和显示方面与楼梯几乎相同。像楼梯那样，它们在两端有两个门。它们也有非常相似的创建工具：两点创建坡道工具和单点创建坡道工具。坡道和台阶之间最主要的区别是，坡道不影响在上面行走的人员的行走速度。

## 5.4　自动扶梯

Pathfinder 为自动扶梯提供了一些支持，自动扶梯实际上就是楼梯的变体。通过以下步骤创建一个自动扶梯。

① 预先创建一个楼梯。

② 设置楼梯的属性特征。

③ 设置楼梯的单向通过性。

④ 对楼梯的速度进行修正（Speed Modifier），如图 5-31 所示。

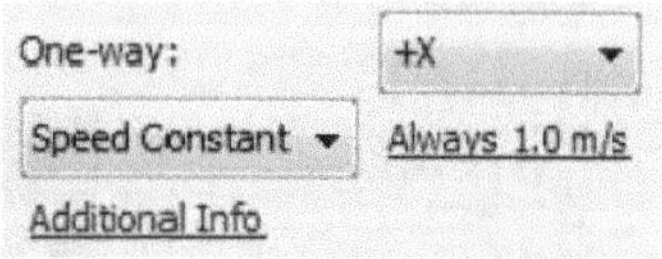

⑤ 编辑自动扶梯的速度和时间变量，其值可以设置为任意数值。

图 5-31　自动扶梯的速度修正

在模拟结果展示中，自动扶梯与普通楼梯并无区别。

在默认情况下，人员不在自动扶梯上行走，想要改变这一点，可以通过在人员特性里选择在自动扶梯上行走（Walk on Escalator）来进行设置。这样可以将人员的运动速度与自动扶梯的速度进行叠加。

## 5.5　自动坡道

Pathfinder 也为自动人行道提供了一些支持。这和创建自动扶梯相似，但不同的是，速度常数并不是在现有的楼梯上设置，而是在平坦的斜坡上设置。

## 5.6 电梯

**Pathfinder** 程序支持在出口操作模式中使用电梯,这种模式符合在火灾中使用电梯的准则。电梯在疏散中的基本操作可以归纳如下。

① 每个电梯都有一个释放层。在模拟开始阶段,电梯在释放层开始运行。

② 每个电梯至少有一个搭载楼层。电梯在这些楼层搭载需要运送到释放层的人员。

③ 电梯使用优先系统服务被调用的楼层。默认情况下,楼层被服务的优先级是从顶部至底部;但是,其他楼层可以被给予更高的优先级,从而模拟火灾楼层。

④ 当行驶到搭载楼层时,如果有一个楼层的优先级高于目前楼层呼叫电梯,电梯可以中途更改为向更高优先级接载楼层运行。

⑤ 一旦电梯已经接载了人员,在人员出电梯之前它将只前往释放楼层,而不前往任何其他楼层去接更多的人。

### 5.6.1 创建电梯

电梯可以在模型的其余部分创建完成后再进行创建。请执行以下步骤以创建电梯(请参阅图 5-32)。

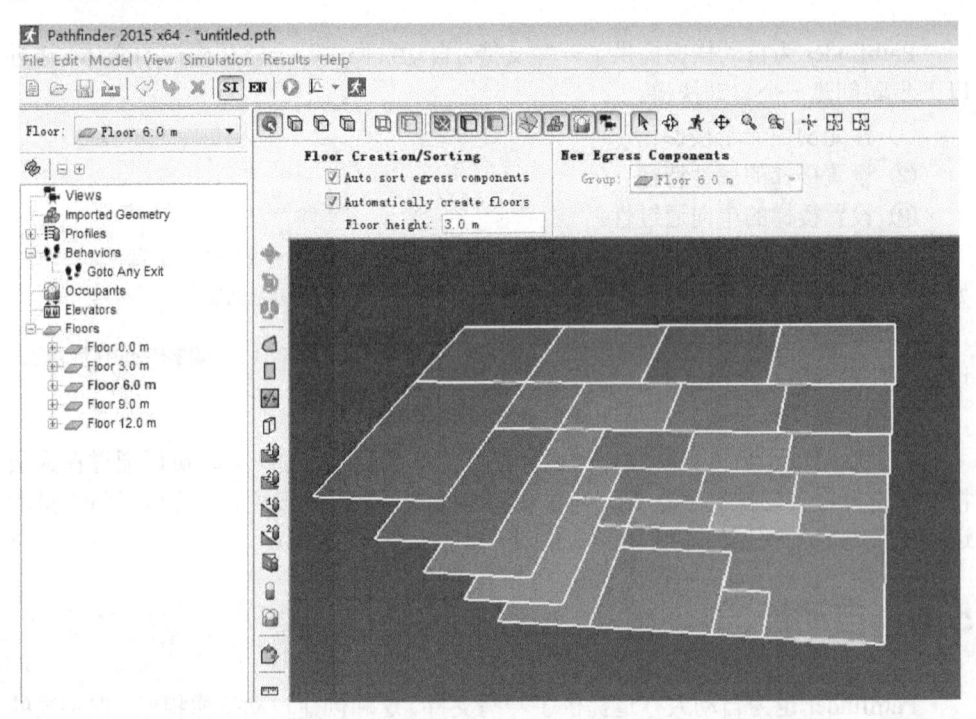

(a)

第 5 章　运动空间绘制　67

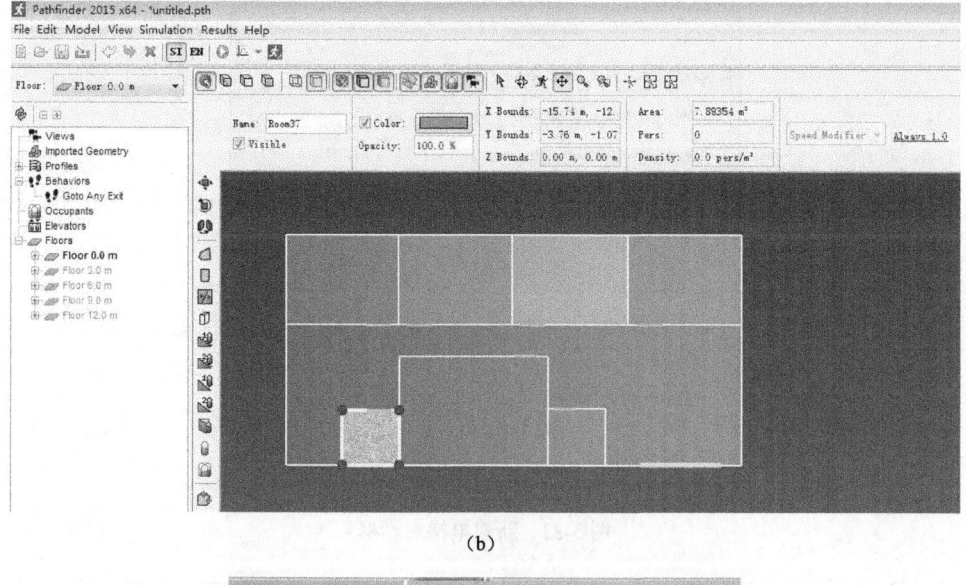

（b）

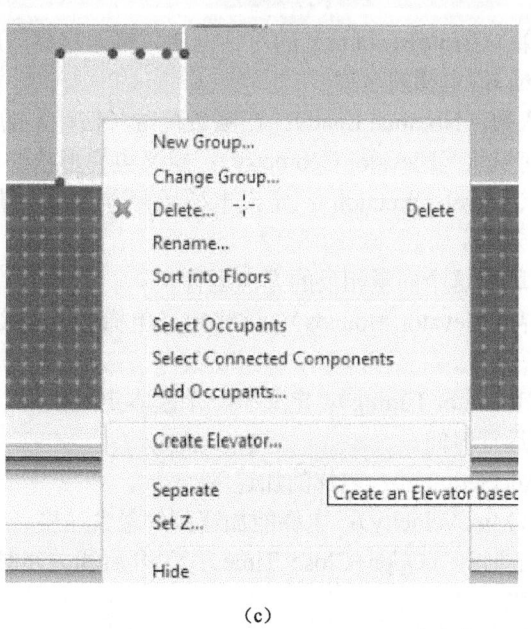

（c）

图 5-32　创建电梯

① 绘制一个房间，最好是在释放楼层，用于定义电梯的形状。

② 在基础房间的边界上绘制所有门，人员将在每个楼层通过这些门来进入和退出电梯。

③ 用鼠标右键单击该房间，并从右击菜单中，选择创建电梯（Create Elevator...）。此时将显示新建电梯对话框，如图 5-33 所示。

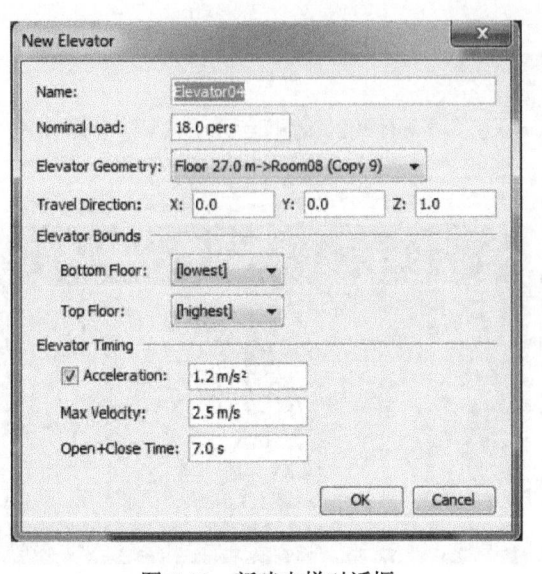

图 5-33　新建电梯对话框

④ 在新建电梯（Create Elevator）的对话框中，输入电梯的所有参数。

a．名称（Name）：电梯的名称。

b．额定负载人数（Nominal Load）：在满负荷时（估计）的人数。

c．电梯的几何形状（Elevator Geometry）：定义电梯形状的房间。

d．运行方向（Travel Direction）：定义电梯运行方向的矢量。此向量将被自动规范。

注：电梯可以朝着这个向量相反的方向运行。

e．电梯的边界（Elevator Bounds）：这将定义电梯可以连接到的最底层和最高楼层。

f．电梯时间（Elevator Timing）：定义了一个基本定时模型，用来计算从释放层到每个搭载楼层的运行时间。

g．加速度（Acceleration）：电梯的加速度。

h．最大速度（Max Velocity）：电梯能加速到的最大速度。

i．打开+关闭的时间（Open+Close Time）：门开启和关闭时间的总和。每个值将取作这个值的一半。

⑤ 点击 OK 键以创建电梯。

如果有必要话，Pathfinder 将自动减去现有几何空间中的部分，使空间用于电梯井孔。它也会删除电梯井孔中现有的房间、门、楼梯和坡道。在做出任一改变之前，Pathfinder 会询问是否要这样做。

## 5.6.2　电梯显示

一旦电梯被创建，如图 5-34 所示，它会以一个透明的电梯井连接一系列的房间和门的形式存在于模型中。在每一层都会有一个房间和配套的门与电梯相连。在 2D 或者 3D 视图中，每一个房间的形状都与建立电梯的基础房间的形状相同。在导航视图中，每一个房间都是在电梯底部显示的而不是在楼层的顶端节点。此外，每个房间的门也是在房间的底部显示的。默认情况下，每一个房间都是根据它所连接的楼层来命名的。如果电梯像在连接/不连接楼层中所讨论的那样完全没有和楼层连接，这个房间就叫做不连接水平面（Disconnected Level）。

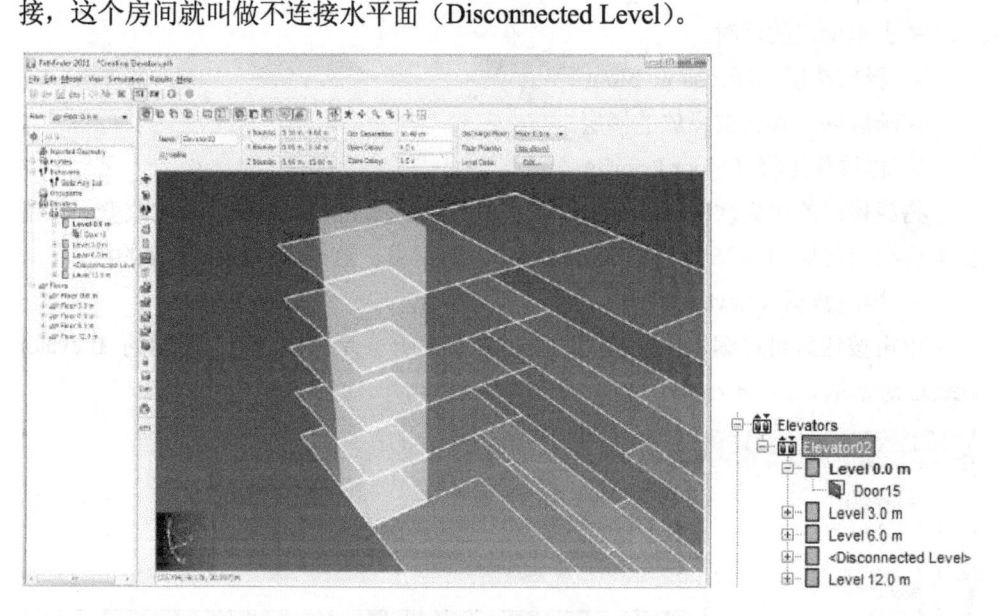

图 5-34　电梯的显示

额定负载是对于电梯满载时所装载的人数的评估。这个默认值是在 Steering 模式下，建立在对有多少默认尺寸（直径：45.58cm）的乘客正常装满电梯的评估之上的。增加或者减少这个额定负载值会导致在电梯里的人的尺寸被放大或缩小。这个比例系数（默认：1.0）由额定负载提供的相关密度决定。这样就可以在装载不同尺寸的人时对装载进行调整。在 Steering 模式下，电梯的几何图形面积将决定电梯装载量的多少。具体电梯装载量以实际使用的电梯参数为准。

### 5.6.3　电梯属性特征

一旦电梯建立，就可以在导航视图中通过选择电梯属性或者在 2D 或 3D 视图中按住 ALT 键并单击其中的一个房间来编辑电梯的属性。如图 5-35 所示，它的属性可以通过属性面板来编辑。

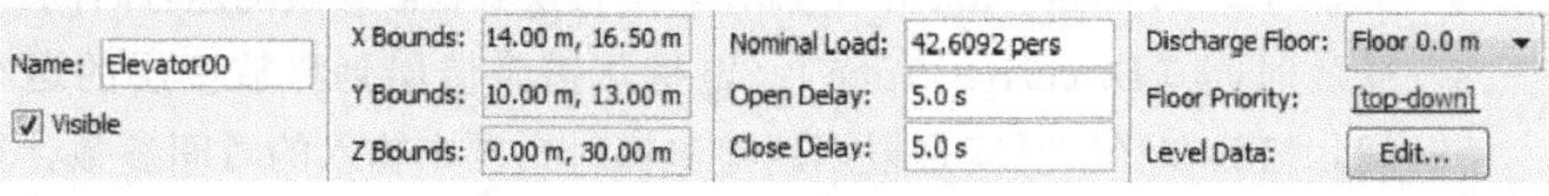

图 5-35　电梯属性特征面板

➢ 额定负载（Nominal Load）

在满负荷时（估计）的人数。

➢ 开门延时（Open Delay）

在搭载楼层中，电梯门保持打开状态的最短时间。

➢ 关门延时（Close Delay）

关上电梯门的延时。

➢ 释放楼层（Discharge Floor）

在疏散期间乘客被释放的楼层。

➢ 楼层优先级（Floor Priority）

搭载楼层的优先次序。默认情况下优先级是从上到下。但它可以被改变，点击文本后会出现如图 5-36 所示的 Floor Priority 对话框，这是允许模拟火灾的楼层。

➢ 楼层数据（Level Data）

单击按钮就可以编辑任意楼层的数据。会打开一个如图 5-37 所示的 Elevator Levels 对话框。

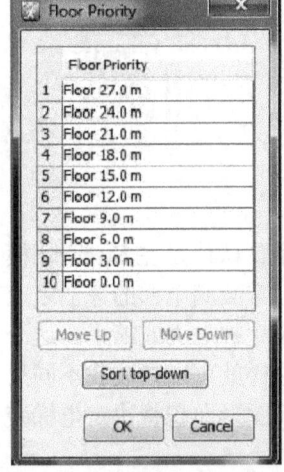

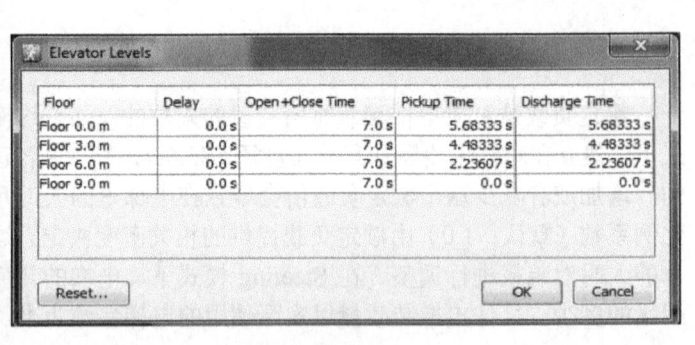

图 5-36 电梯优先对话框　　　　图 5-37 电梯水平对话框

◇ 延时（Delay）：模型中电梯在到达各个搭载楼层时的延迟时间。但在电梯最终到达释放楼层时，不会有时间延迟。

◇ 开关门时间（Open+Close Time）：在这一楼层开关门总共的时间。

◇ 搭载时间（Pickup Time）：电梯从释放楼层到搭载楼层的运行时间。

◇ 释放时间（Discharge Time）：电梯从搭载楼层到释放楼层的运行时间。搭载和释放时间是根据新建电梯对话框中输入的时间参数计算得来的。

### 5.6.4 电梯额定负载

电梯额定负载为满负荷时电梯内的人数，这个人数是根据人员的大小和电梯的大小在 Steering 模式下计算得到的。增大或减少电梯的额定负载将导致电梯内人员的大小出现偏差。在进行模拟仿真时需要认真对电梯额定负载进行设置。

### 5.6.5 连接/非连接楼层

当电梯被创建时，默认情况下沿着电梯井的每一个楼层都是与电梯门相连接的。但是，为了阻止人员在某些特殊楼层通过门进入/离开电梯，个别电梯门可以被禁用。为此，在导航视图或 3D/2D 视图中想要禁用电梯门，可右键单击电梯门并在右键菜单中选择禁用（Disable）。要重新启用它，就在导航视图中右键单击门并选择启用（Enable）。或者，右键单击一个电梯的水平面，选择禁用从而中断这个水平面上所有电梯门的连接，进而有效地防止电梯搭载人员。

### 5.6.6 召唤一组电梯

默认情况下，每个电梯都是独立运行的，但是电梯也可以被分为一组来进行召唤。在这种情况下，当一组中有一个电梯被召唤时，组内其他电梯也被召唤至搭载楼层。想要创建一组电梯，需要在最上方创建一个新的电梯组，并将其他的电梯加进组中，所有组内的电梯即为同一组，如图 5-38 所示。

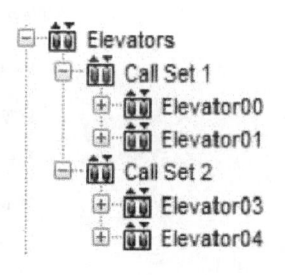

图 5-38 电梯组

### 5.6.7 提高练习四

➡ 创建连接 0m、2.5m、7.5m、10m 的轿厢为 2m×2m 的电梯。

🔑 练习解答

基于上述 5.2.4 节所绘制的模型，在模型左侧添加轿厢面积为 $4m^2$ 的电梯。首先绘制电梯所在位置的轿厢房间，电梯的起始楼层为 0m 层，将楼层选中为 0m 层，即在 0m 层作图。点击界面左侧工具栏中的 🔲 工具，在界面上方属性栏中输入该轿厢房间的坐标位置为 X（0m，2m）、Y（2.5m，4.5m）、Z（0m，0m），即可得到电梯坐标房间。在坐标房间内绘制一扇门作为电梯的门，点击界面左侧工具栏中的 🔖工具，在上方属性栏中设置门的宽度为 100cm，拖动鼠标至坐标房间的右侧墙中间位置，即可得到最终的电梯绘制基础房间，如图 5-39 所示。

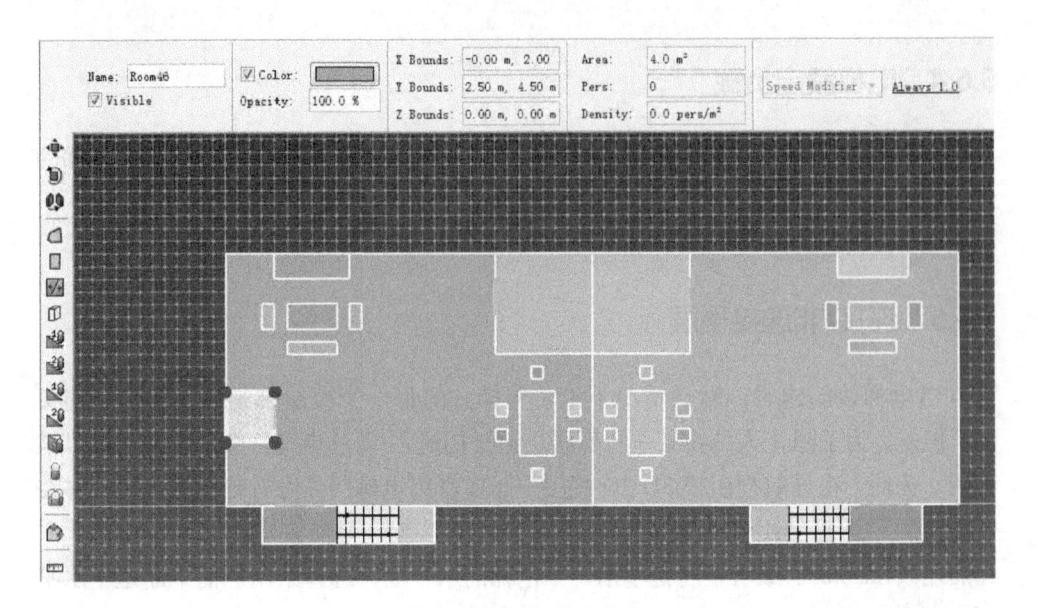

图 5-39　电梯坐标位置

选中电梯坐标位置房间，单击鼠标右键，在右键菜单中选择创建电梯选项（Create Elevator…），将出现如图 5-40 所示的对话框。

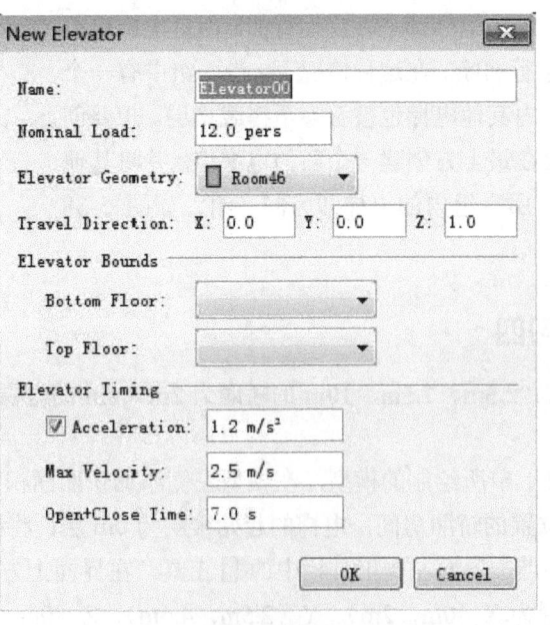

图 5-40　电梯设置对话框

根据需求设置电梯的名称、运行方向、加速度、最大速度、开关时间等特性值，并点击 OK 键，即可创建电梯，如图 5-41 所示。注：本例中采用软件默认值，不做任何修改。

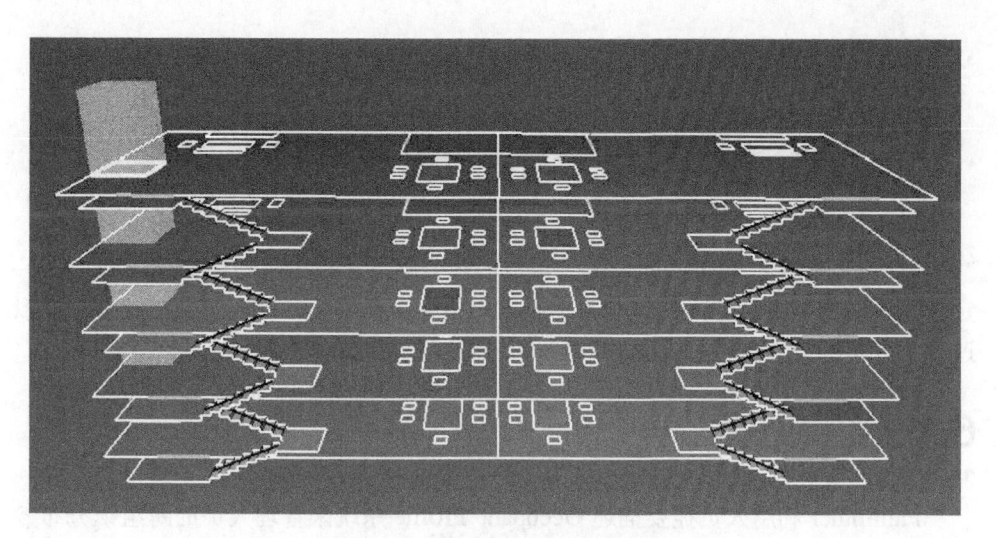

图 5-41　模型中连接各层的电梯

# 第6章 创建人员

Pathfinder 中，人员由两个部分组成：扼要描述和行为。扼要描述（Profiles）定义了人员的固有特征，如速度、半径、虚拟化身和颜色。行为定义了在整个模拟过程中人员的行为特征，例如移动到一个避难区、等待，然后出去。

## 6.1 扼要描述

Pathfinder 利用人员扼要描述 Occupant Profile 系统来管理人员的跨组织分布参数。这个系统可以帮助用户控制人员的速度、尺寸和可视化分布。要编辑人员扼要描述，用户可以使用 Edit Profiles 对话框，如图 6-1 所示。

打开 Edit Profiles 对话框：在 Model 菜单上，点击 Edit Profiles...。

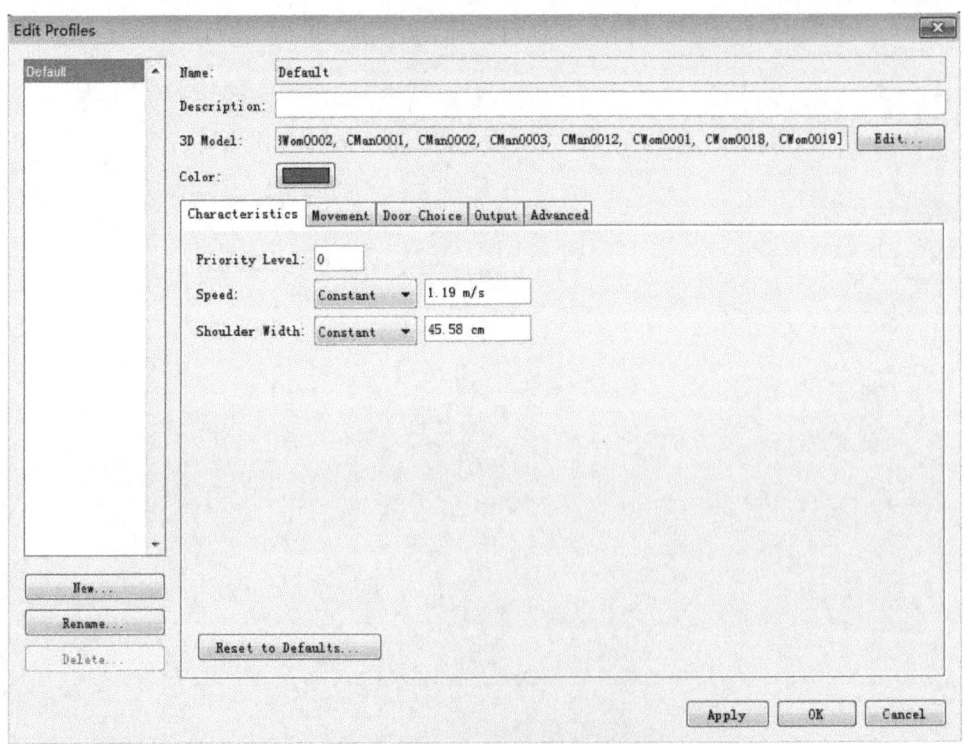

图 6-1　扼要描述编辑对话框

Description 提供了一个输入描述性的文本的地方，这个值不在 Edit Profiles 对话框外使用。

三维模型（3D Model）输入提供了一种使用特定的三维人体模型作为人员描述配置的方法。选择三维模型的方法是：在 3D Model 行中点击 Edit...，3D Models 对话框将会打开（如图 6-2 所示），若所要的 3D 模型已经存在，Pathfinder 将从 3D Model 对话框中选择一个模型，只需点击模型的图标就可以启用或禁用特定的模型。

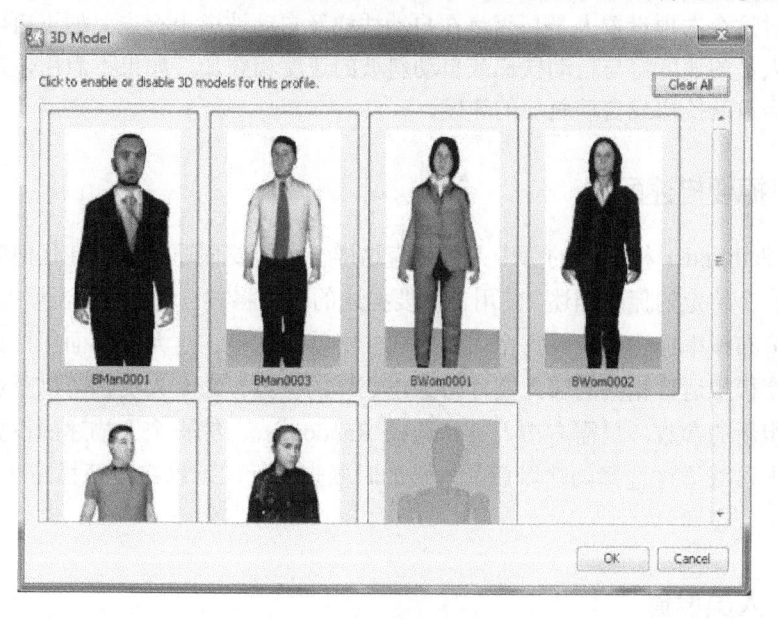

图 6-2　三维模型对话框

模型特征包含以下元素：

➢ 优先水平（Priority Level）

人员的优先度，数值越大表示优先程度越高。通过赋予人员的优先程度，可以在疏散中使优先度低的人员给优先度高的人员让路。这个功能可以切实地模拟当紧急事件发生时最先发现事件的人可以在人群中最先进行疏散的实际情况。优先值是相对的，例如当三个人员的优先顺序是 4、6 及 12 时，他们的行为将与他们的优先顺序是 0、1 及 2 的情况一致。

➢ 速度（Speed）

可以设置在疏散活动中的人员的运动速度。

➢ 肩宽（Shoulder Width）

模型中圆柱体的直径代表了人员的大小，为的是模拟过程中的碰撞测试和路线规划。通过肩宽设置可以在没有人员溢出的情况下控制模型中人员的数目。

运动（Movement）下拉菜单中提供了有关人员应用周围设备设施的参数。

➢ 使用楼梯（Use Stairs）

通过这个选项设置人员在疏散中是否使用楼梯。

➢ 忽视单向门（Ignore Oneway Door Restrictions）

通过这个选项设置人员是否会忽视疏散中作为单向门的特定开门方向。如果启用这个功能，人员在疏散中将会遵循门预设的单向通行方式，如果不启用这个功能，人员将在疏散中以随意的方式通过任何门。

➢ 在自动扶梯上行走（Walk on Escalators）

通过这个选项设置人员是否将在自动扶梯及自动坡道上行走。如果启用了这个功能，人员的速度将与自动扶梯或自动斜坡的速度相叠加，如果不启用，那人员的速度将为自动扶梯或自动斜坡的速度。

### 6.1.1　扼要描述配置

在 Pathfinder 模型中的每个人员都有这样一个扼要描述：可以在任何时间编辑参数为一个特定的扼要描述，使用该扼要描述的人员将被自动更新。当模拟运行时，人员的分布概率描述用于对每个人员生成一组特定的值。这允许界面保持灵活，但确保两个模拟运行相同的输入文件将给出同样的答案。每个人员都可以重新设定并使用一组新的参数，只需右击人员并选择 Randomize。编辑个人描述的设置可以通过添加人员或通过选择创建以后的人员的时候来进行，可以在扼要描述（Profile）面板上进行设置。

### 6.1.2　人员设置

当选中一个人员后，就会出现他们的特性面板，如图 6-3 所示。可以通过修改人员的特性面板中的数据来进行模型中人员的设置。

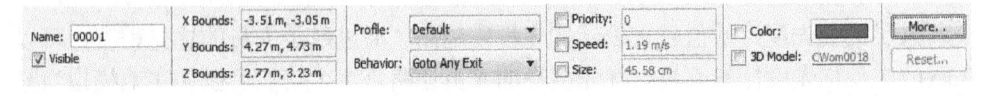

图 6-3　人员特性面板

当利用人员扼要描述数据时，只有常量可以作为人员的参数，比如一旦一个参数被设置了，改变那个参数的扼要描述也不能改变它自身的常量值。

在软件中可以通过右击鼠标的 Select Customized Occupants 菜单进行人员特性设置。

### 6.1.3　提高练习五

➡ **设置人群特征为速度 1.5m/s，身体宽度 50cm。**

🔑 **练习解答**

在界面左侧导航视图中，选中人员特征 📇 Profiles 选项，单击鼠标右键，在右

键菜单中选择添加人员特征选项（**Add a Profiles**），弹出
如图 6-4 所示的人员特征命名对话框。

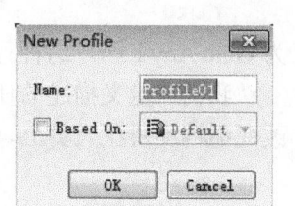

图 6-4　人员特征命名对话框

在上述人员特征命名对话框中，将这个人员特征命
名为 Profile01，点击 OK 键，将出现如图 6-5 所示的人员
特性编辑对话框，将其中的人员运动速度设置为 1.5m/s，
身体宽度设置为 50cm。

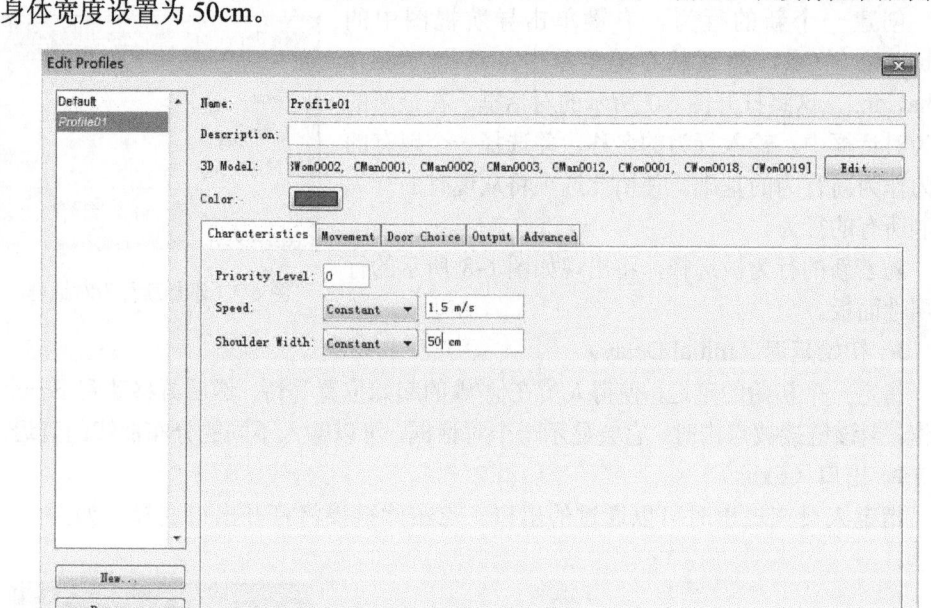

图 6-5　人员特征编辑对话框

点击 Apply 键后，再点击 OK 键，即完成本次人员特征
设置。可在界面左侧导航视图中找到刚刚设置的人员特征
Profile01，如图 6-6 所示。

## 6.2　行为

在 Pathfinder 中行为代表整个模拟过程中人员将采取的
一系列行动。对于每一个行为，有一个隐含的动作使人员向
出口移动。这隐含的动作在最后总是会发生。还可以加入额
外的中间动作，可以使人员等待或去到一个非出口的目的
地，例如一个房间或点。默认情况下，有一个行为模型，称

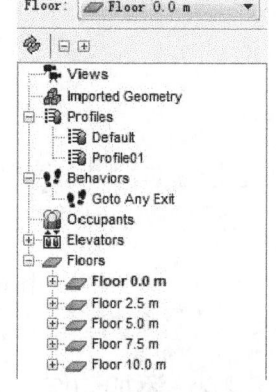

图 6-6　导航视图

为 Goto Any Exit。这种行为使人员按最快的路线从它的首发位置移动到任何出口。

我们所定义描述的任何数量的人员都可以与一个单一的行为相连。任何行为的改变都将反映在人员上。

## 6.2.1 创建新的行为

创建一个新的行为，右键单击导航视图中的 Behaviors 节点，然后从右键菜单中，单击 Add a Behavior...，这将打开图 6-7 所示的对话框。在最新的行为对话框中，输入行为的名称，并选择一个现有的行为作为新行为的基础。使用此选项将从现有的行为复制所有的行为。

随着新的行为被选择，将出现如图 6-8 所示的行为属性面板。

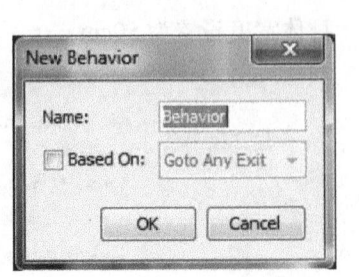

图 6-7 添加新行为对话框

➢ 初始延迟（Initial Delay）

指定一个初始的延迟，使得人员在他/她的起始位置等待，然后再移动到下一个动作。当该链接被点击时，它会显示一个对话框，可以输入不同的分布曲线的延迟。

➢ 出口（Exits）

指定人员在退出时可以通过的出口。点击此链接将打开出口选择，如图 6-9 所示。

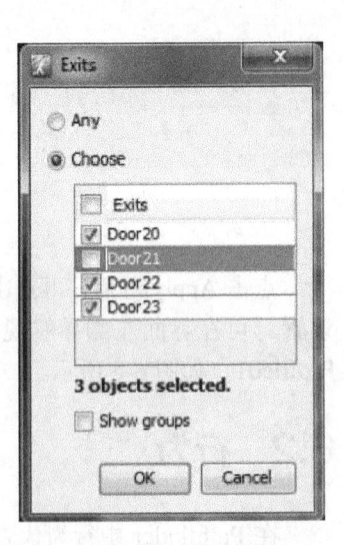

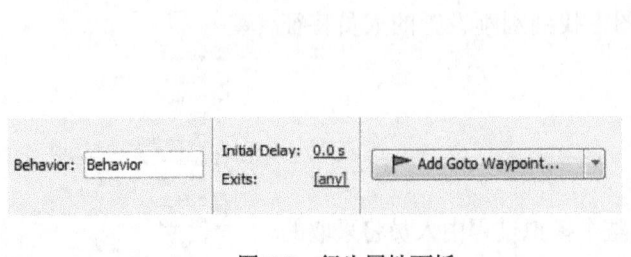

图 6-8 行为属性面板　　　　　　　图 6-9 出口选择对话框

## 6.2.2 添加动作

在任何行为中可以额外添加动作，比如去一个房间、一个航点、一个电梯，或者干脆原位等待。要添加一个动作，先选择一个行为或现有的行为，属性面板将显示一个能被添加一个动作的描述的下拉按钮，如图 6-10 所示。要添加当前显示的动作，只需按一下按钮。要添加不同的动作，单击按钮右侧的向下箭头，从行为动作列表中选择所需的操作。

一旦点击了所需的操作，依据行为，将在 3D/2D 视图上显示创建面板。下面的章节将讨论在创建面板中输入所需的参数，然后单击 Create，创建动作并添加到行为上。如果创建动作时已经选定了行为，那么新的动作将被追加到列表的末尾。相反，如果创建一个动作时选择了创建新动作，那么新的动作将直接插入到选择的动作之后。

动作总是按照导航视图中显示的顺序发生。例如，如图 6-11 所示，一个使用 Behavior1 的人员会先去任何电梯，然后去 Room00，然后等待 20s，然后去 Room09，并最终出去。动作可以在任何时间（除了最后逃出时）通过导航视图列表中的拖放动作进行重新排序。

图 6-10　添加动作控制面板

图 6-11　行为的动作顺序示例

### 6.2.3　去航点的动作

一个 Goto Waypoint 动作使得人员走向导航网上特定的某一点。一旦他到达此点一定半径范围内，他将进行他的行为列表中的下一个动作。

要添加某一动作，单击添加行为动作列表中的 Add Goto Waypoint...按钮。若添加航点，创建面板将如图 6-12 所示，人员必须前往这个位置。这必须是一个导航网上的点。Arrival Radius 定义了点周围的一个圆形区域。这些参数可以在创建面板上手动输入，或在 3D/2D 视图上点击导航网格上的一个点，或点击拖动到指定位置+到达半径。当点击或点击拖动时，释放鼠标按钮时动作就创建了。

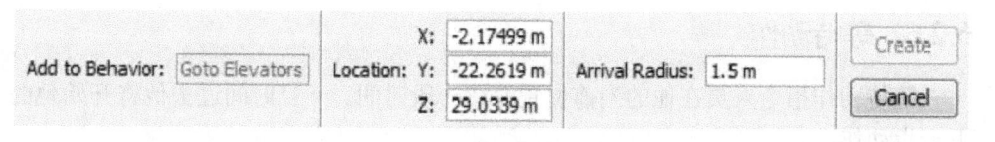

图 6-12　创建去航点动作的面板

## 6.2.4 去房间的动作

Goto Rooms 动作指定人员必须选择一个房间并去向那里，一旦他穿过门进入了该房间，他就被认为是在房间里，并且可以进行他的行为里的下一个动作。如果指定的动作有多个房间，人员会去一个他最快能到达的房间。

要添加一个 Goto Rooms 动作，单击行为动作列表中的 Add Goto Rooms...按钮，创建面板将如图 6-13 所示。既可以点击 Rooms 用对话框连接到一个指定的房间，也可以从 3D 或 2D 视图上左键点击所需的房间，在 3D/2D 视图中右键点击一下就可以结束房间的选择并创建动作，也可以点击 Create 选项。

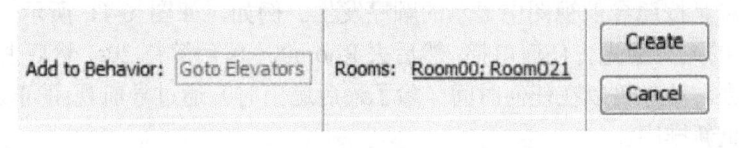

图 6-13　创建去房间动作的面板

## 6.2.5 通过电梯逃生的动作

通过电梯逃生的动作指定一个人员通过使用电梯进行逃生。当使用这一动作时，人员会到达操作者指定的电梯，呼叫电梯，等待电梯到达，进入电梯，并等待电梯到达他（她）将去的楼层。一旦电梯到达指定的楼层，他便会进入下一步动作。本指令只能用于不在应该到达的楼层的人员并且实际条件拥有电梯的情况下。如果有多个可选择的电梯，人员将会选择能最快达到指定楼层的一个电梯。

添加一个电梯逃生的动作，须在动作列表中单击 Add Goto Elevators...按钮，创建面板将如图 6-14 所示。在对话框内点击 Elevators 链接来指定所需的电梯或者在2D/3D 视图中左击所需的电梯，在 2D 或者 3D 视图中右击可以完成电梯的选择和动作的创建，或者直接点击 Create 创建。

图 6-14　创建通过电梯逃生动作的面板

## 6.2.6 等待动作

等待动作指令人员在他的当前位置等待一段时间。一旦时间过去他将开始他的下一步动作。

他的等待方式将取决于他最近的目的地。例如，如果他之前的目标是一个路标，他将试图保持接近路标的中心。如果先前的目的地是一个房间，它将努力朝着房间的一面墙，并远离所有的门。这样允许其他人员进入房间。如果他先前的目的地是一个电梯，他首先会朝着墙壁站着就像在一个房间里等待一样，虽然电梯在运行他依然站在那里没有动作。在所有情况下，执行等待命令的人员会避开其他人员逃生路线，除非他们的目的地与等待行为者最近的目的地重合。

添加一个等待动作，须在动作列表中单击 Add Wait 按钮，创建面板将如图 6-15 所示。Wait Time 指定他在当前位置所等待的时间。

图 6-15　创建等待动作的面板

## 6.2.7　提高练习六

➡ 创建先前往固定航点等待，再通过电梯逃生的行为。

🔑 练习解答

在界面左侧导航视图中，选中行为 👣 Behaviors 选项，单击鼠标右键，在右键菜单中选择添加行为选项（Add a Behavior...），弹出如图 6-16 所示的行为命名对话框。

在上述行为命名对话框中，将这个行为命名为 Behavior01，点击 OK 键，将在界面上方出现如图 6-17 所示的属性栏。

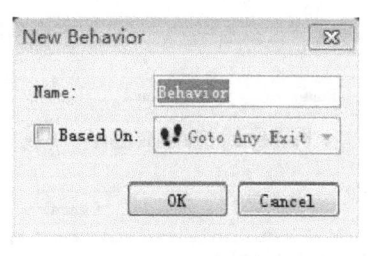

图 6-16　行为命名对话框

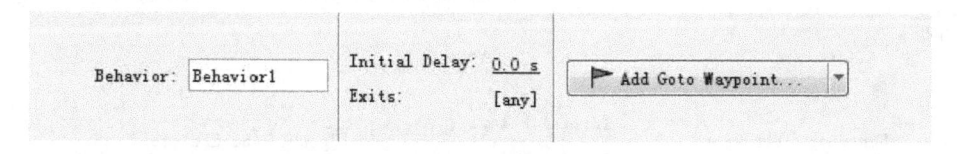

图 6-17　行为属性栏

点击属性栏中的添加固定航点选项（Add Goto Waypoint...），将出现如图 6-18 所示的属性栏。在该属性栏中，可以设置固定航点的位置和半径阈值。

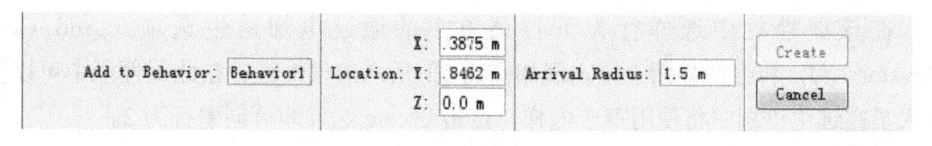

图 6-18　固定航点属性栏

在选定了固定航点位置后，模型中将出现一个圆形，且在圆心中心处具有一个圆形的控制点，如图 6-19 所示。本例中将固定航点位置设置在 2.5m 层的图中所在位置。

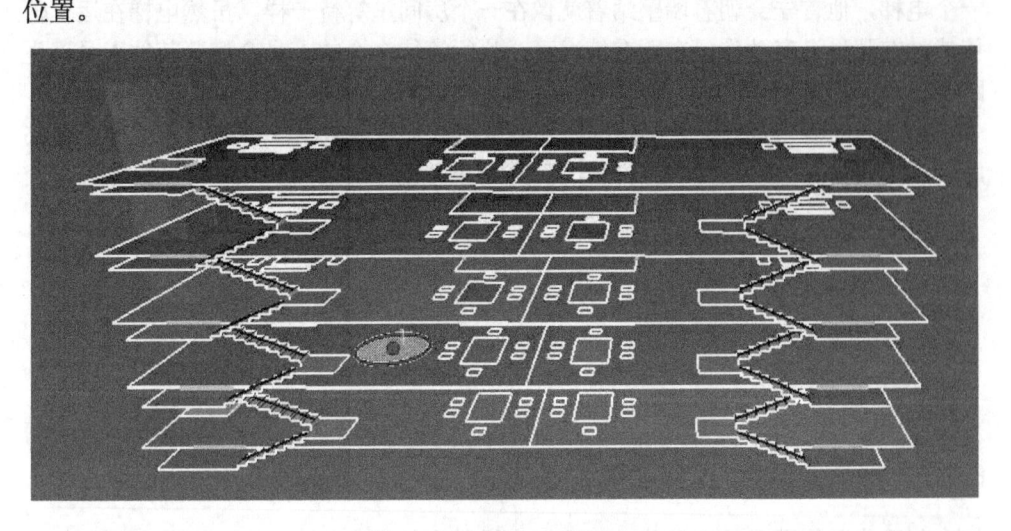

图 6-19　固定航点坐标位置

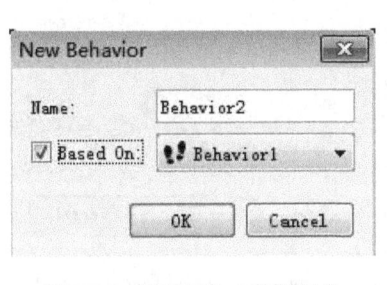

图 6-20　基于行为 1 的新行为

为了创建先前往固定航点，再坐电梯进行逃生的行为，需要再创建一个行为，该行为基于上述创建的前往固定航点的行为 Behavior1。与上述创建行为的步骤相同，将此行为命名为 Behavior2，勾选基于 Behavior1 选项前的待选框，并点击 OK 键，即构建了基于前往固定航点行为的新行为，如图 6-20 所示。

界面上方将出现行为 2 的属性栏，如图 6-21 所示。

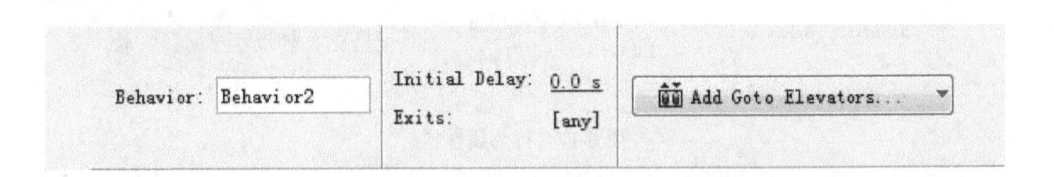

图 6-21　行为 2 的属性栏

在该属性栏中选择行为下拉菜单中的通过电梯逃生选项（Add Goto Elevators...），将会在界面上方出现如图 6-22 所示的属性栏。在此属性栏中可以设置人员在逃生过程中将使用哪个电梯，点击 Create 选项即可创建行为 2。

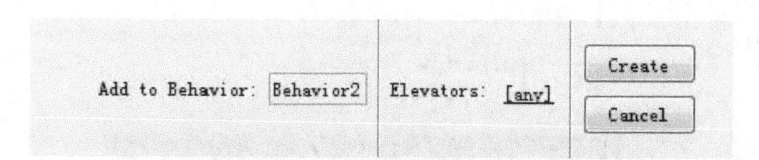

图 6-22　行为 2 的电梯选择

行为 2 创建后固定航点将变为红色，如图 6-23 所示。界面上方的属性栏中可以
选择行为的先后顺序，即先前往固定航点进行等待（行为 1）还是先使用电梯进行
逃生（行为 2）。可通过动作（Action）旁边的三角箭头进行调节，控制动作的先后
顺序。

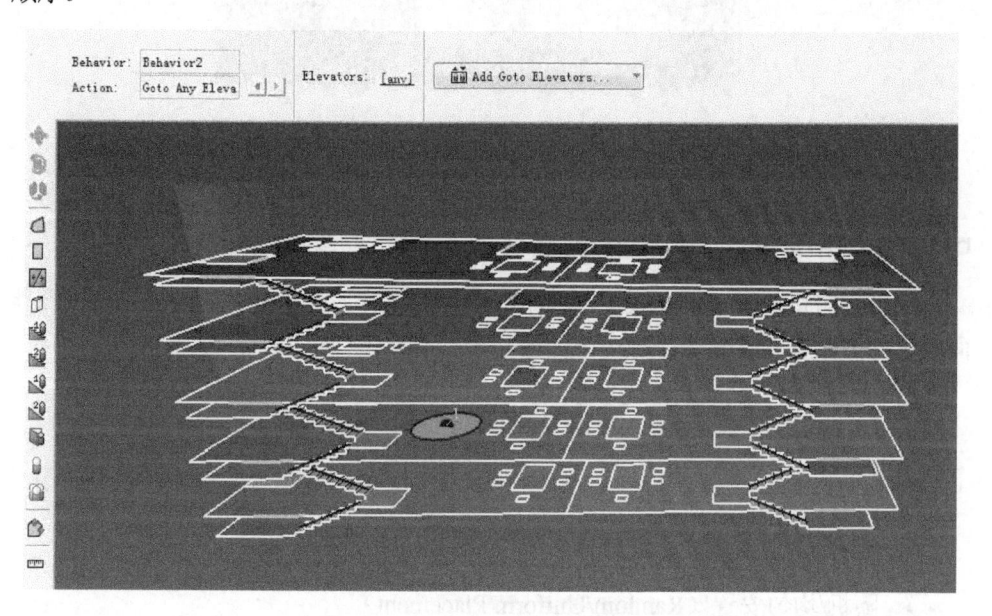

图 6-23　人员行为选择设置

# 6.3　添加人员

人员可以放置在单独的 3D 或 2D 视图中，分布在一个特定的房间的矩形区域内，
或分布在一个房间或多个房间的整个区域内。

## 6.3.1　人员安置

个别人员可以通过 Add Occupant 工具 添加到模型，人员只能被安置在预先
存在的房间和楼梯内，不能与其他人员或房间边界重叠。用鼠标左击想要的位置，
或者输入 X-Y-Z 坐标并点击位于属性面板中的 Create 按钮也可以放置一名人员，如
图 6-24 所示。

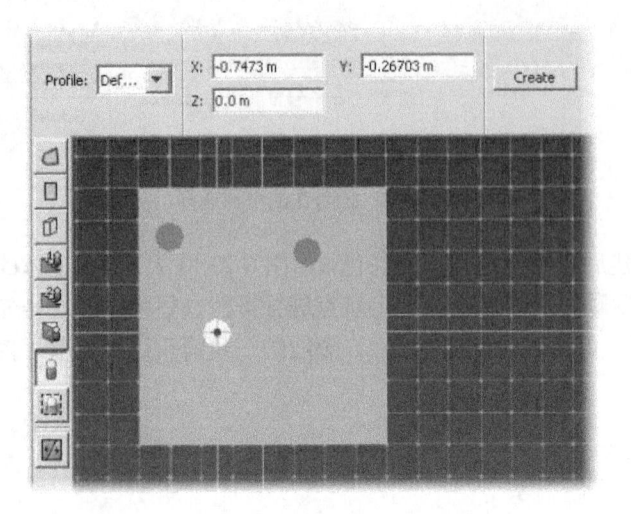

图 6-24　添加个别人员

## 6.3.2　人群安置

人群组可以通过 Add Occupant Group 工具 🔒 添加到模型中。人群将根据属性面板里的参数分布在整个区域内，如图 6-25 所示。

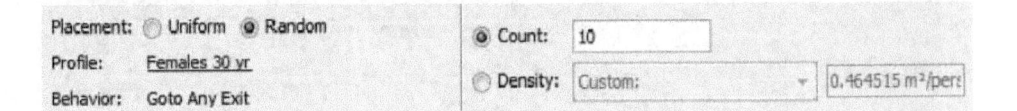

图 6-25　添加人群的控制面板

➤ 随机/均匀安置（Random/Uniform Placement）

随机安置（Random Placement）将人群随机安置在指定区域内，这样安置没有重叠的情况发生。如果所需的人群数量太大，为了实现这一目标，系统会提示是否通过重叠继续执行指令。均匀安置（Uniform Placement），是将人群以十六进制模式进行有序安置，这样可以做到发生重叠之前允许更大的密度。同样，如果密度太大，系统会提示是否通过重叠继续执行。

➤ 计数/密度（Count/Density）

这个选项用于指定是否安置一定数量的人群或安置足够的人员使指定地区足够达到一定的密度。软件本身提供了几个密度模板，并且在密度下拉菜单中选择 Custom 输入一个新数据。

➤ 属性特征（Profile）

该选项允许对人群属性进行分配，如指定 25%的添加人群应该是女性并且小于 30 岁，30%的孩子等。标签显示了目前分配设置，如果在模型中有多个属性设置，点击其中的数据对这些分配数据进行编辑，这将打开一个对话框，如图 6-26 所示。

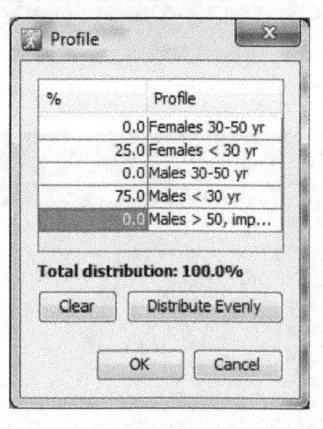

图 6-26　编辑人群属性特征面板

> ➤ 行为（Behavior）

像属性选项一样，该选项允许设置行为的分配。

当设置好人群特性后，点击拖动鼠标来填充想要放置人群的面积，即可在想要的位置上放置设置好的人群，如图 6-27 所示。

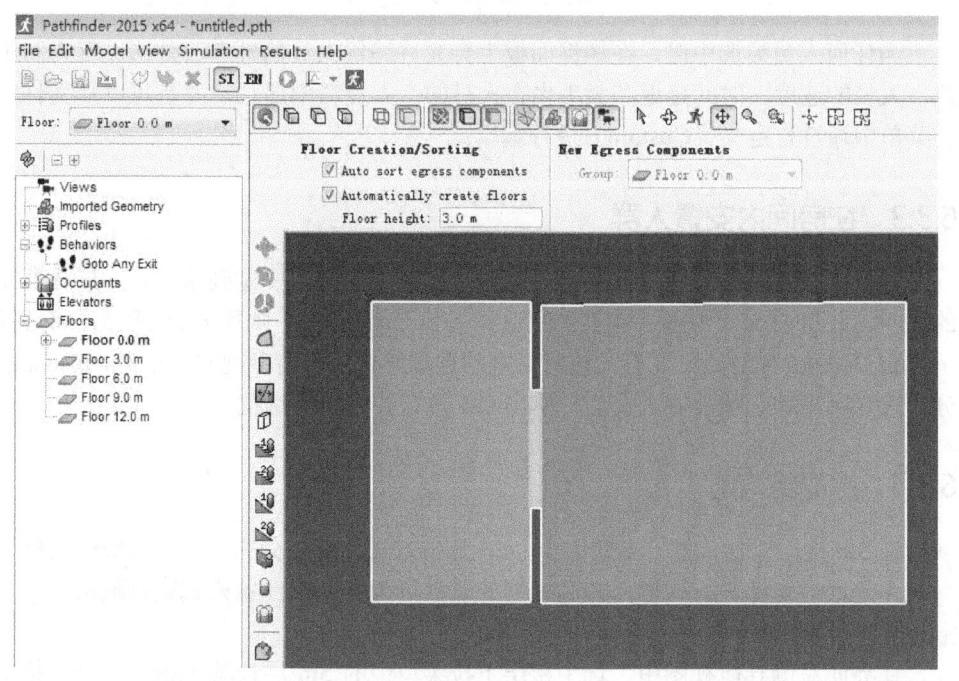

(a)

图 6-27

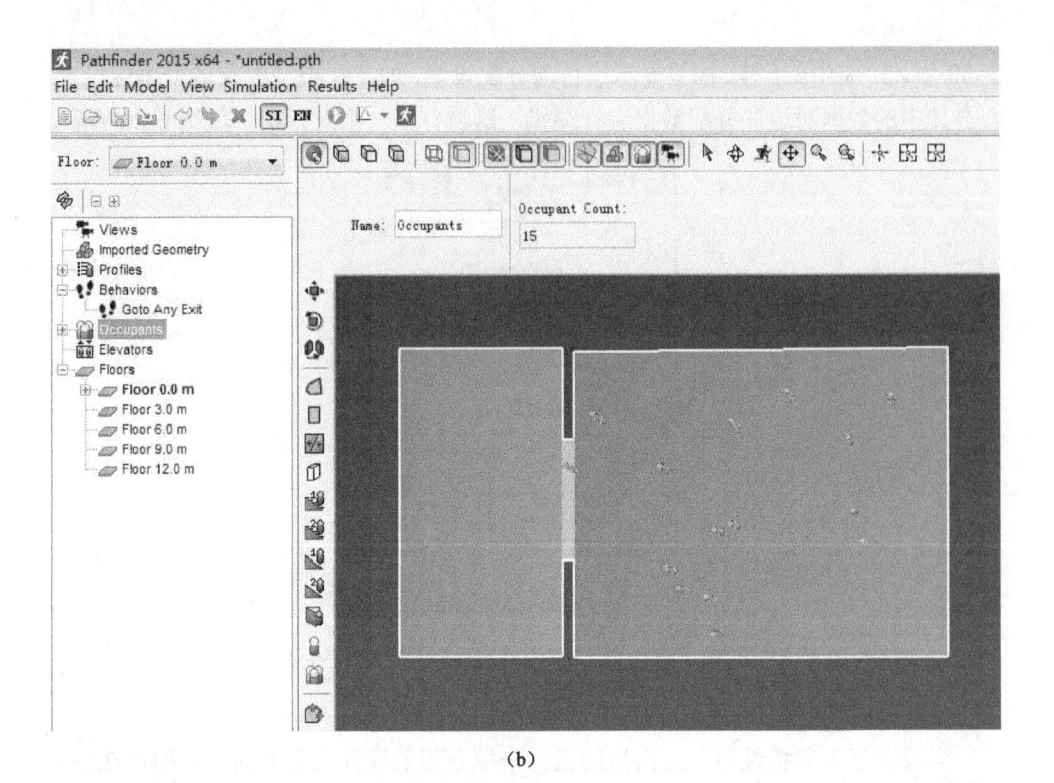

(b)

图 6-27 在指定位置内安置人群

当任何人员被选中时，在属性面板上会允许编辑人员的姓名、外形、行为和颜色。人员的速度、时间延迟和大小也在人员的个人资料中显示，并且可以从文件下拉菜单中通过自定义（Custom）进行编辑。

### 6.3.3 在房间内安置人群

除了在安置区分配人员，人员可以分布在整个房间。要做到这一点，选择所需的房间，并从 Model 中或右键菜单中选择 Add Occupants，如图 6-28 所示，将会弹出 Add Occupants 对话框。有关该对话框的选项的说明，请参阅 Group Placement 部分。选择所需的选项设置人员后，单击 OK 按钮并退出对话框。

### 6.3.4 提高练习七

在 5m 楼层添加人群，人数为 30 人，分布方式为随机分布，30%人群的疏散行为是通过电梯进行疏散，70%人群的疏散行为是通过任意方式进行疏散。

练习解答

在界面左侧导航视图中，选中楼层下拉菜单中的 5m 层选项 Floor 5.0m，模型中的 5m 层将呈现选中状况（整层变为黄色），如图 6-29 所示。

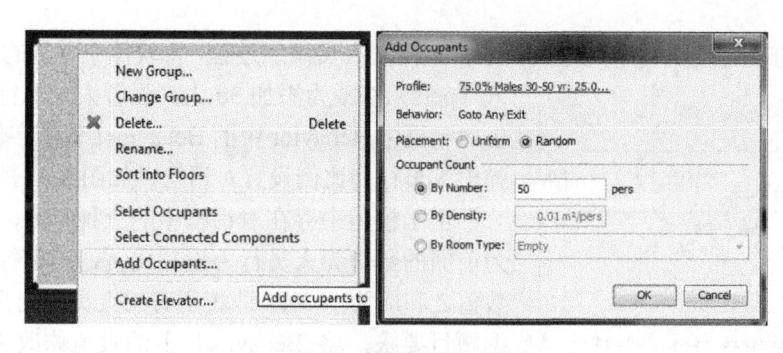

图 6-28　在房间内安置人群

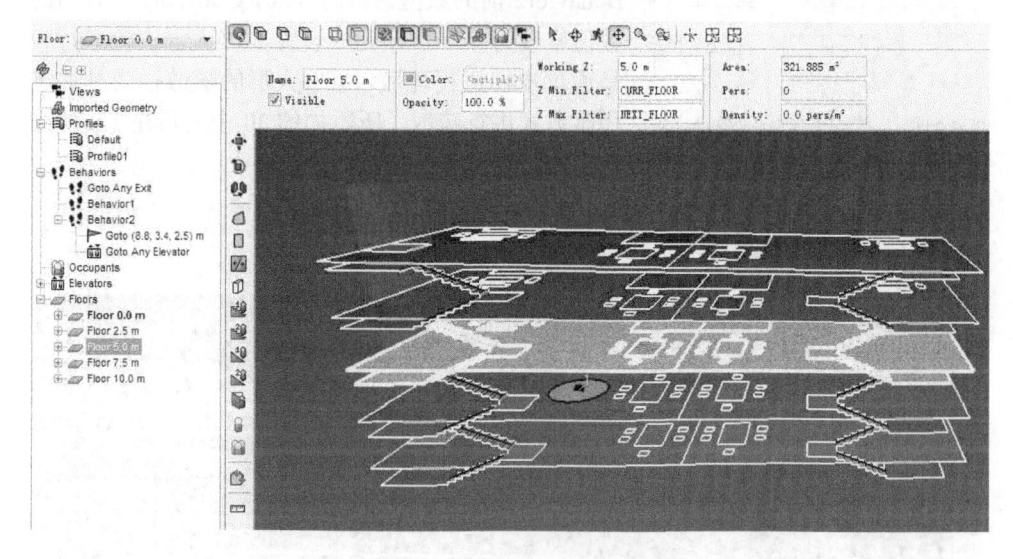

图 6-29　在导航视图中选中楼层

单击鼠标右键，选择右键菜单中的 Add Occupant...选项，将弹出人员添加对话框，如图 6-30 所示。

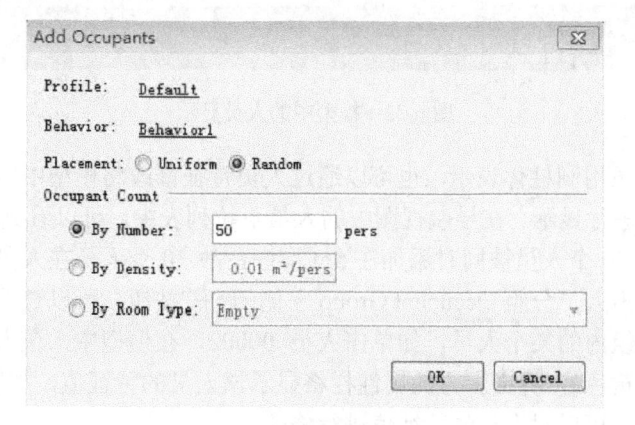

图 6-30　人员添加对话框

此时软件默认简单通过人员数目来控制人员添加过程，将软件中默认的添加 50 人（pers）修改为添加 30 人。设置人员的行为，点击对话框中 Behavior 中的 Behavior1 蓝色字体选项，弹出人员行为比例设置对话框，如图 6-31 所示。

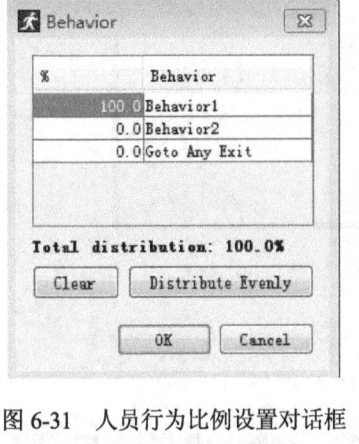

图 6-31　人员行为比例设置对话框

由于模型中存在对话框中的三种行为，三种行为前面的数值为人员行为设置比例，三个行为前的数值之和应为 100%，即将所有的人员分配行为。根据题目要求，将 Behavior1 前的数值修改为 0.0，Behavior2 前的数值修改为 30.0，Goto Any Exit 前的数值修改为 70.0，即完成设置 30% 人群的疏散行为是通过电梯进行疏散，70% 人群的疏散行为是通过任意方式进行疏散。所添加的 30 个人员在 5m 层随机分布，如图 6-32 所示。

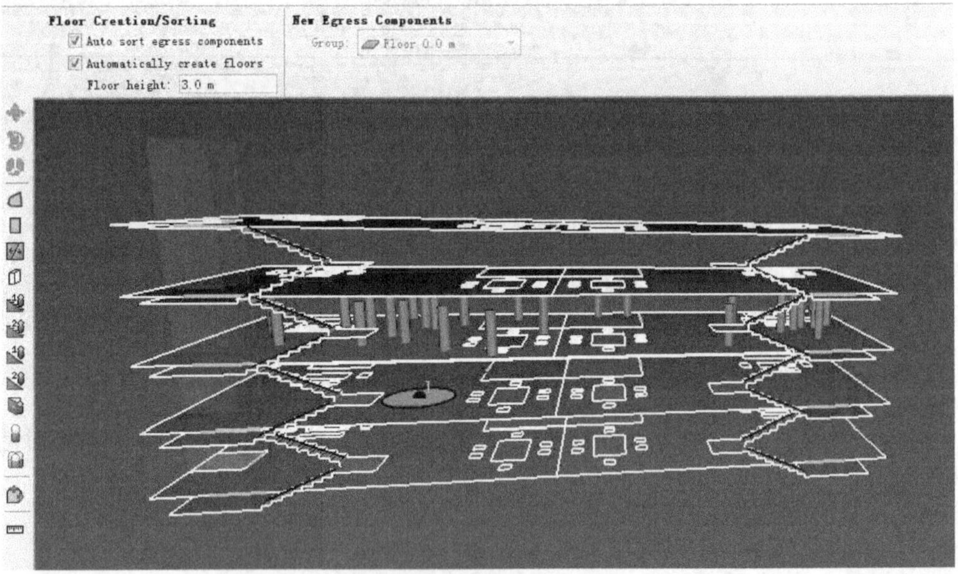

图 6-32　模型中的人员显示

此时的人员用圆柱体表示，也可以通过人员特征修改将模型中的人员用人体模型、碟形体等进行显示。在导航视图中的人员下拉列表中，可以看到刚刚添加的 30 个人员。由于 30 个人员被同时添加在 5m 层中，故 30 个人员在人员下拉列表中为一个分组，点击人员分组 Occupant Group 左侧的"+"按钮，可以查看所有组内人员的状态。单击组内的某个人员，如单击人员 00002，在模型中，该人员将呈被选中状态（颜色呈黄色），界面上方的属性栏将显示该人员的特征值，如图 6-33 所示。在该属性栏中，可以对人员的特征值进行修改。

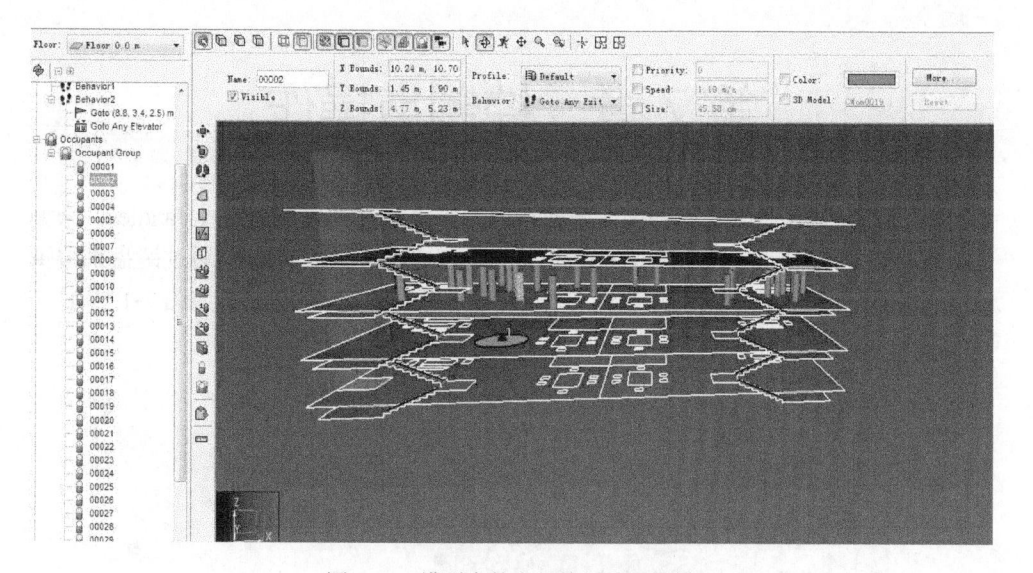

图 6-33 模型中的人员特征值属性栏

# 6.4 重新对人员的行为及特性进行描述

一旦人员被创建，它们的外形和行为的分布可以被重新描述。从 the Navigation View 中选择一组或几组的人员，右键单击他们，从右键单击菜单中选择 Properties，或者双击人员组。会出现 Edit Group Distributions 对话框，如图 6-34 所示。如果在模型中有多个外形存在，可以点击 Profile 的链接编辑分布，和在 Group Placement 中讨论的一样。如果在模型中有多个行为存在，可以点击 Behavior 的链接编辑它的分布。

注意：改变外形和行为的分布将不会改变这一组人员的数量。被改变的只是这些外形和行为被分配给的人员，从而使得人员尽可能近地匹配指定的分布。

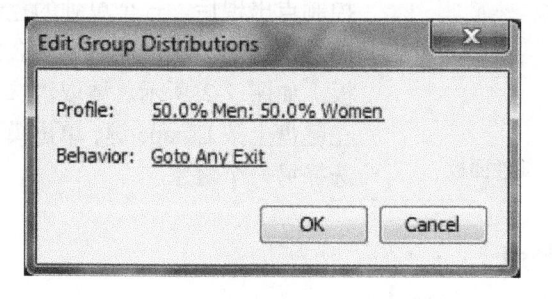

图 6-34 人群分组对话框

# 第7章 控制点操作

一些对象，包括人员、房间、楼梯和门，可以通过操作控制点（Handles）来编辑。对象上的控制点（Handles）既可以用选择工具进行拖动，也能通过键盘来编辑附加的对象。控制点只出现在选定的对象上，并用蓝色小点表示，如图 7-1 所示。

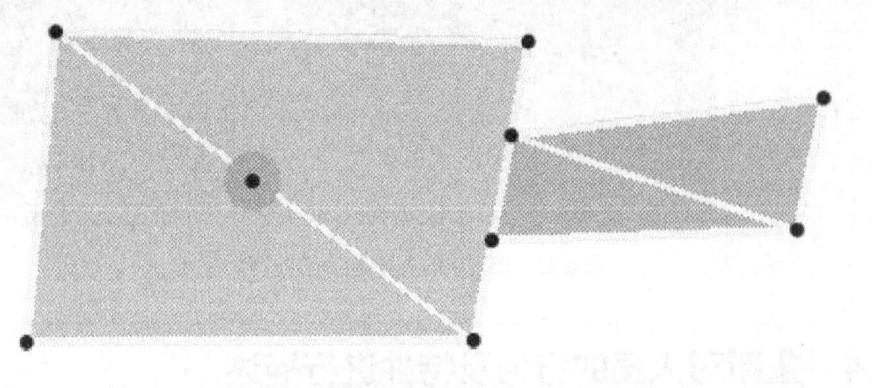

图 7-1　操作控制点

## 7.1 编辑控制点

### 7.1.1 选择和取消控制点

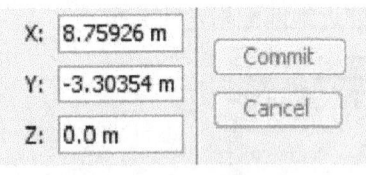

图 7-2　控制点属性面板

要选择一个对象的控制点，必须先选择对象本身。一旦对象被选中，蓝色控制点才会出现。接下来选择 Select/Edit 工具 ▶。当控制点出现后，一个单独的控制点，可以通过单击它来选择。选择控制点后会出现控制点属性面板，如图 7-2 所示。要取消选择的控制点，可以在键盘上按 Escape 键、单击模型中的其他地方或选择另一个对象。

### 7.1.2 编辑控制点

控制点有两种编辑方法：可以用键盘输入精确值进行编辑，也可以进行图形化的编辑。

➢ 用键盘编辑（Editing with the keyboard）

先选择控制点，接下来在属性面板中的 X、Y、Z 字段中输入所需的位置，然后选择 Commit 按钮。控制点将尝试使用本指南中各自的控制点的对象的相应部分所描述控制点的内部约束修改基础对象。

➢ 图形化的编辑（Editing graphically）

在图形化编辑之前控制点不一定被选中。要编辑图形，确保 Select/Edit 工具被选中，然后在所需拖动的控制点上点击鼠标左键并把控制点拖动到所需的位置。松开鼠标左键，此时即可编辑对象。拖动鼠标，将显示正在编辑的对象的实时预览。

## 7.2 用控制点来操作对象

### 7.2.1 房间控制点

当房间被选中时，在房间边界的每一个顶点上都会出现手柄。移动的基础顶点控制点来重塑房间。如果显示顶点，控制点可以移动到顶点所在平面内的任何位置。两个非平行平面之间存在着共享的顶点，控制点只可以沿着它相连的边缘移动。

### 7.2.2 薄门控制点

当薄的门被选择时，三个控制点如图 7-3（a）所示。通过门端部的控制点，可以使门沿着它相连的边缘移动。通过中间控制点，移动控制点到另一个房间的边缘来使门变厚，如图 7-3（b）所示。

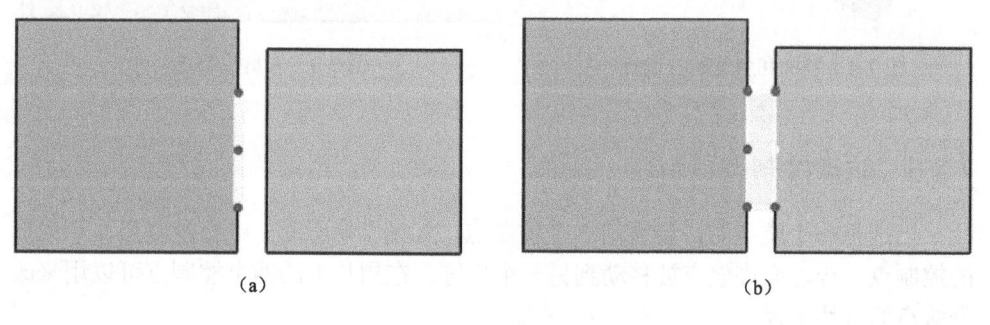

(a)　　　　　　　　　　　　　(b)

图 7-3　薄门控制点

### 7.2.3 厚门控制点

当厚的门被选中，如图 7-3（b）所示，将显示 6 个控制点。通过门四个角上的四个控制点让门沿着每个控制点所在的边缘移动。每个中间控制点，可以通过拖动另一个中间控制点，使门被制作成薄的门。如果门莫名其妙地与房间分离（如房间的修改），中间控制点也可以使门重新与一个房间连接。

## 7.2.4 台阶和斜坡控制点

当一个台阶或斜坡被选中时，6 个控制点会显示出来，如图 7-4 所示。 四个角落的每个控制点使台阶/斜坡沿着与控制点联系在一起的边缘移动。中间控制点使台阶/斜坡与另外一个房间可以重新连接。如果连接一个台阶/斜坡的房间的几何尺寸发生改变，使台阶/斜坡不再和房间相接触，这时中间的控制点就能够用于重新连接。中间控制点在这里能够用来重新连接房间。

## 7.2.5 人员控制点

人员被选中，只能有一个控制点，如图 7-5 所示。这种控制点的唯一目的是移动人员到另一个位置。相比改变工具，使用这种方式来移动人员有一个好处，当使用人员安置工具来添加人员时，这种方式能够自动对齐到一个存在的房间或台阶。

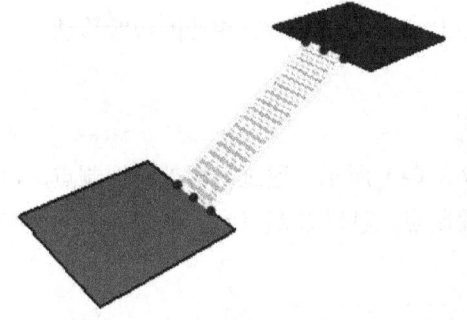

图 7-4  楼梯和斜坡的控制点

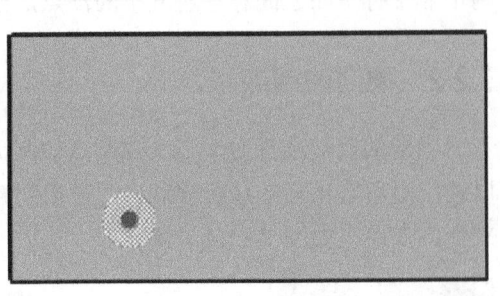

图 7-5  人员控制点

## 7.2.6 航点控制点

当选择一个航点时，会显示 5 个控制点，如图 7-6 所示。中心控制点，和人员的控制点一样，允许航点被移动到另一个位置。在周长上的四个控制点可以用来改变航点的抵达半径。

## 7.2.7 提高练习八

➡ 通过控制点调节厚门，将模型中的厚门变为薄门。

🔑 练习解答

基于上述 3.5.1 中所创建的模型，利用控制点将模型中的厚门变为薄门。在界面上方的工具栏中单击 ↖ 选项，移动鼠标单击选中模型中的厚门，厚门将呈现黄色的被选中状态，且在厚门上将显示 6 个蓝色的控制点，如图 7-7 所示。

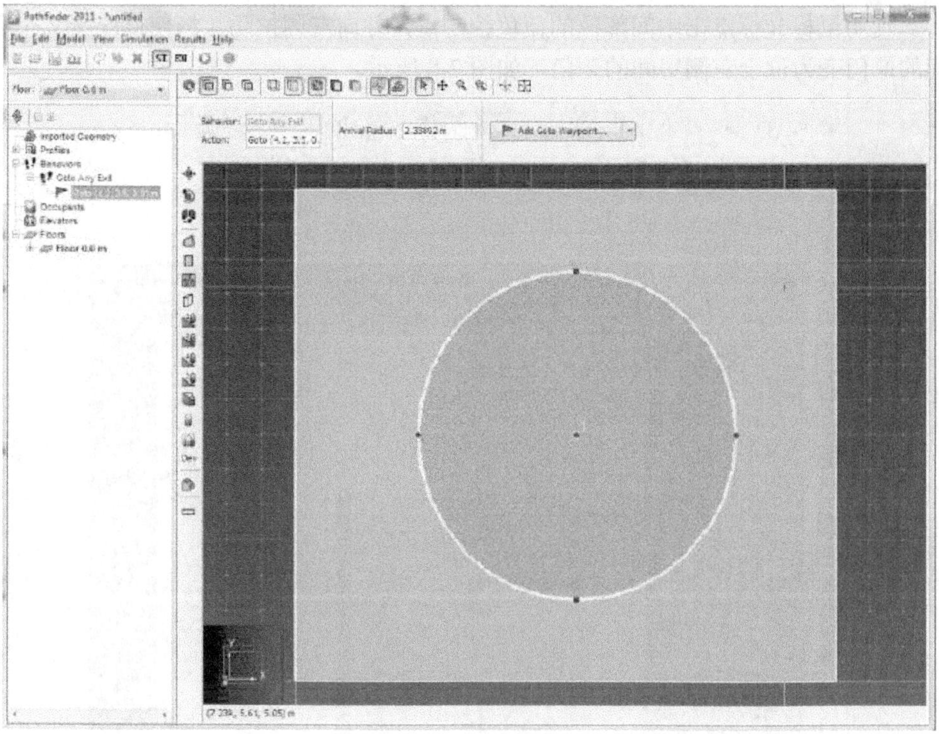

第 7 章　控制点操作　93

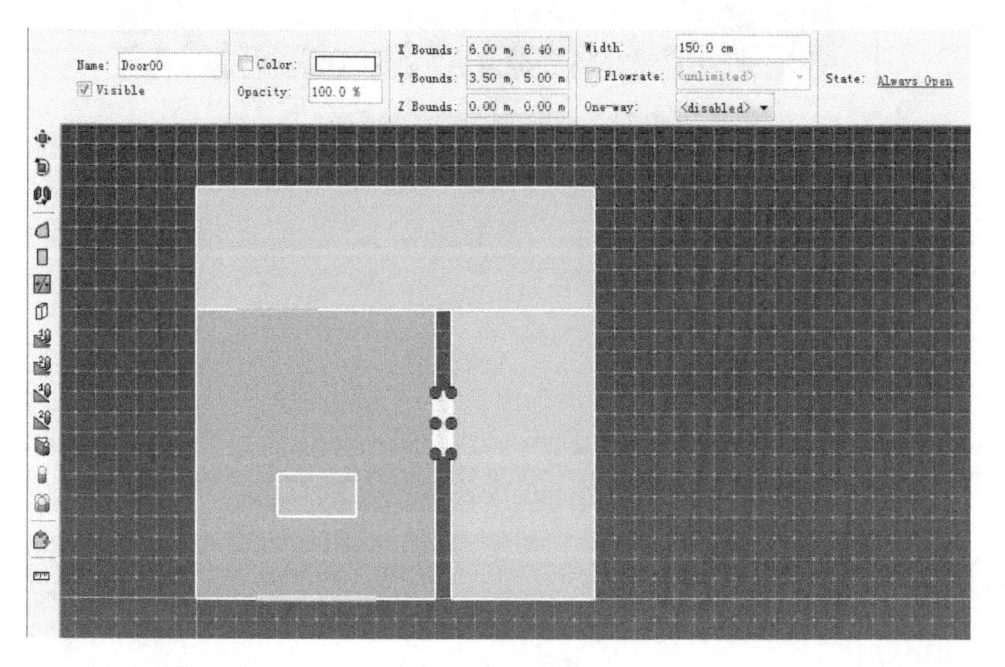

图 7-6　航点控制点

图 7-7　厚门控制点

使用鼠标光标点击中间部位的蓝色控制点，并向左侧拉动，将使得连接 2 个房间的厚门变为位于左侧房间的薄门，如图 7-8 所示。

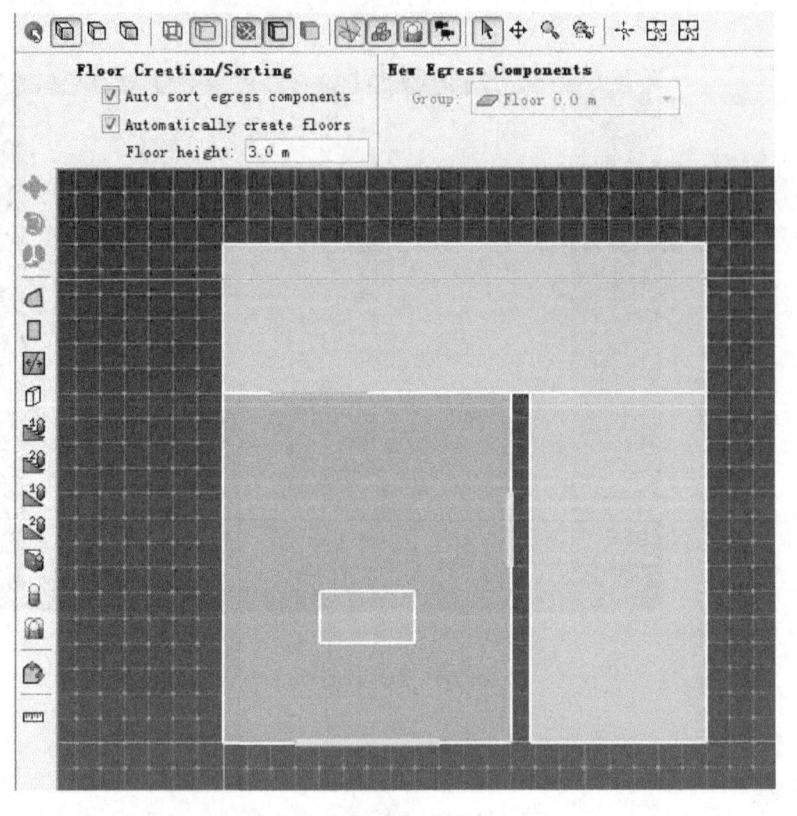

图 7-8　利用控制点改变门的厚度

# 第8章 文件操作

## 8.1 导入文件

Pathfinder 能够导入图像和几何文件，从而帮助画图和自动提取房间。它支持多种图像格式，如 DXF、DWG、FDS 和 PyroSim 文件。

### 8.1.1 导入图像

在 Model 菜单中点击 Add a Background Image 可以导入背景图像，点击时，会出现一个对话框，提示一个图像文件。目前支持的图像格式有 GIF、JPG、PNG。

选择一个文件之后，出现一个新的对话框，如图 8-1 所示。此对话框允许指定图像属性，所以可以应用适当的缩放、旋转、偏移。要指定缩放的图像，选择两个点，A 和 B，并指定它们之间的距离。要指定旋转的图像，可以输入一个角度，指定从 A 到 B 的向量与向量（1，0，0）之间的角度。如图显示，A→B 向量应与 X 轴呈 90°。完成后，图像将自动转动。最后，在图像上指定一个固定点，以指示该点在 3D 图中所处的位置。

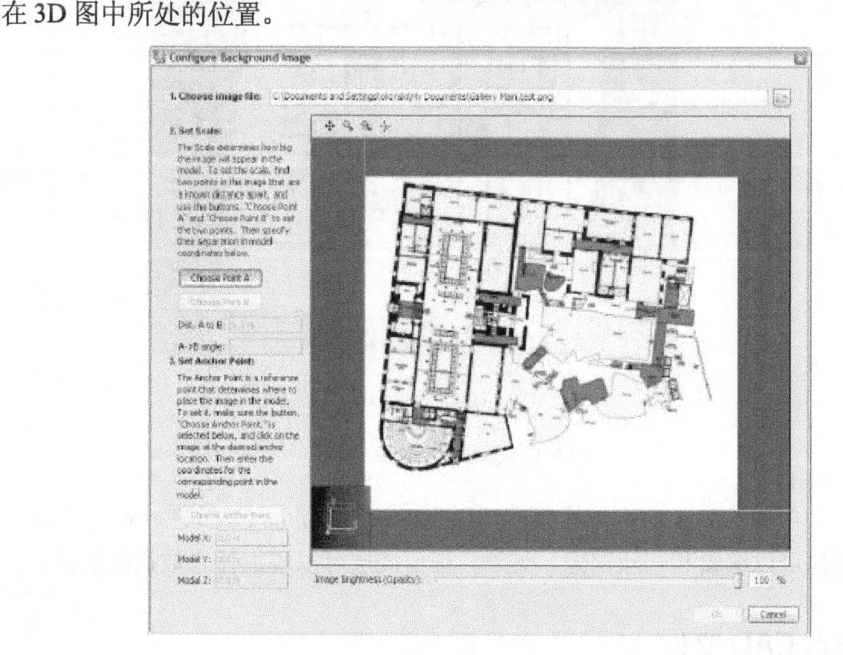

(a)

图 8-1

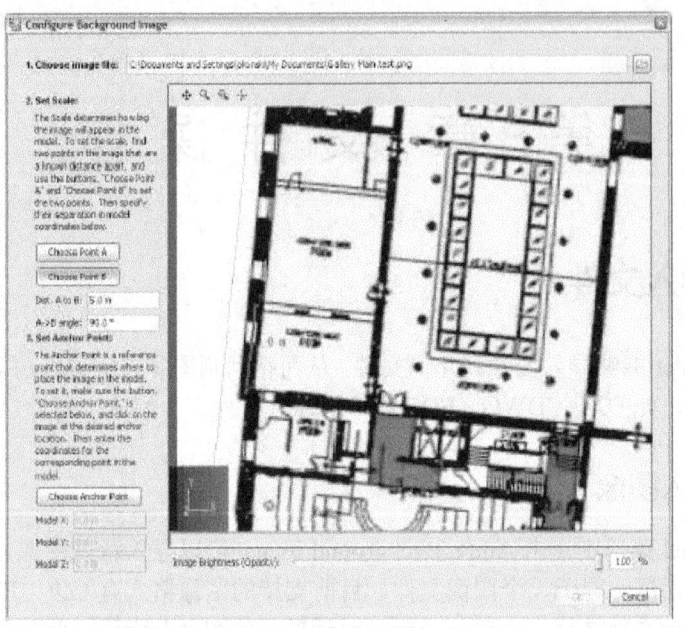

(b)

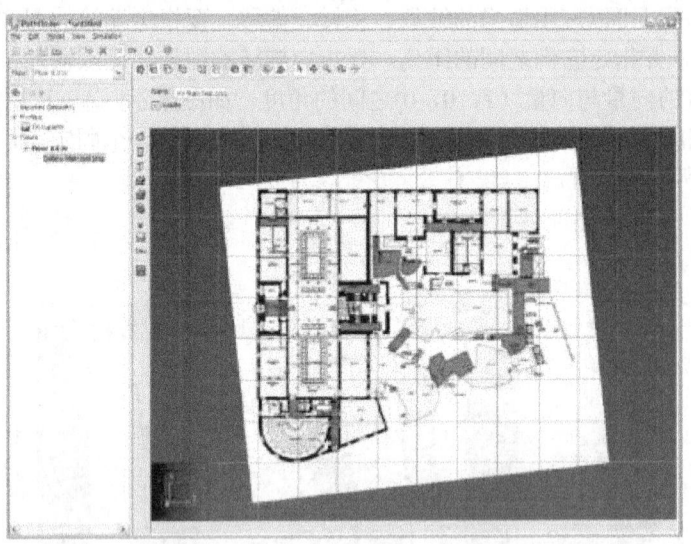

(c)

图 8-1　导入背景图像

在导航视图中，导入的图像被添加到 Imported Geometry->Background Images 组中。从那里可以编辑和删除图像。另外，任何楼层可以添加任意数量的图像。

## 8.1.2　导入 CAD 文件

Pathfinder 也能导入在 AutoCAD 中保存的 DXF 格式的文件。

为了导入文件到模型中，在文件（File）菜单下选择导入（Import）选项，然后选择想要导入的文件。当选择了一个文件后，一个向导式的对话框将出现，如图8-2所示。

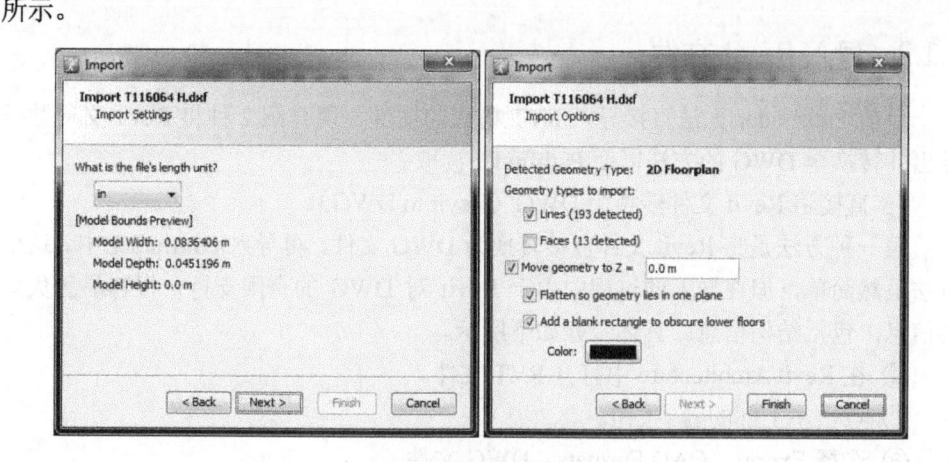

图 8-2　导入文件对话框

➢ 单元（Units）

第一个提示会要求用户选择创建 CAD 文件的基本单位。如果该图被保存在最近的文件格式中，则提示将默认为存储单元类型。对话框显示基于所选择的单位作为指导选择单位的模型的宽度、深度和高度。选择下一个选项提示。

➢ 选项（Options）

选项提示允许用户选择多种信息进行输入，在这之前，Pathfinder 将会提示导入的 CAD 文件是包含 2D 模型还是 3D 模型，并将基于检测到的类型选择默认的数值进行匹配。

✧ 线（Line）：在文件中检查导入的线。

✧ 面（Faces）：在文件中检查导入的面。

✧ 移动几何图形到 Z 轴（Move geometry to Z）：导入几何图形后将几何图形的 Z 轴移动到想要的指定的位置。

✧ 将几何图形放置于一个平面上（Flatten so geometry lies in one plane）：导入几何图形后，将 Z 轴的长度进行改变，将几何图形放置在一个平面上。

✧ 添加一个空白的矩形来模糊化低楼层（Add a blank rectangle to obscure lower floors）：如果选中，一个指定颜色实心矩形会被添加进模型中。这对掩盖底层的几何图形很有用。默认情况下，这个导入的矩形在楼层提取时将被自动忽略。

点击完成（Finish）来导入文件。所有导入的元素将在导航视图里的导入几何体（Imported Geometry）选项中显示。这个分组结构将包含模型水平、层水平和层面上的所有实体。如果导入的 CAD 文件中的实体既包含线又包含面，那么 Pathfinder 会将其分割为 2 个实体：1 个线实体、1 个面实体。

### 8.1.3　导入 Revit 文件

目前 Pathfinder 无法直接导入 RVT 格式的文件，现介绍 2 种将 Revit 文件数据导出并转换至 DWG 的方法以便 Pathfinder 读取。

➤ 直接将 Revit 文件转换为 DWG（Revit to DWG）

第一种方法是将 Revit 文件直接转换为 DWG 文件，再导入 Pathfinder 中。这个方法虽然简单，但在导入的过程中由于 Revit 对 DWG 的有限支持，很容易丢失材料信息，包括结构信息。具体步骤如下所示。

① 在 Revit Architecture 中打开 RVT 文件。

② 点击左上部的 ·按钮。

③ 选择 Exoprt—CAD Formats—DWG 文件。

④ 在输出对话框中点击<In session view/sheet set>。

⑤ 在显示列中，选择<views in the model>。

⑥ 点击 Check none 按钮，然后在显示列中点击 3D View 按钮（也许其他视图也会被选中，但是 DWG 只会包含选中视图中的可视内容）。

⑦ 点击 Next 按钮，为 DWG 文件设置一个名称。

⑧ 点击 OK 按钮创建 DWG 文件。

⑨ 导入 Pathfinder 中。

➤ Revit 文件先转为 FBX 再转为 CAD 文件最后转为 DWG（Revit to FBX　to CAD to DWG）

此方法不会漏掉材料和结构信息，但需要 CAD 和 Revit 软件共同进行转换且无法实现完美转换。方法如下所示。

① 在 Revit Architecture 中打开 RVT 文件。

② 点击左上部的 ·按钮。

③ 选择 Export—FBX。

④ 设置一个文件名称并点击 Save 进行保存。

⑤ 打开 AutoCAD。

⑥ 在 Insert 下拉中选择导入（Import）。

⑦ 选择刚刚创建的 FBX 文件。

⑧ 出现 FBX Import Options 对话框，按需要进行设置。

⑨ 点击 OK 按钮完成导入步骤。

⑩ 将文件保存为 DWG 格式。

⑪ 将 DWG 导入 Pathfinder。

### 8.1.4 导入 PyroSim 和 FDS 文件

PyroSim 和 FDS 文件都可以导入到 Pathfinder 中。要导入这些类型的文件，先选择 File 菜单下的 import...。然后选择要导入的 FDS 或 PSM 文件。导入的几何体会添加到 Imported Geometry 中。

如果导入的文件有孔，这些孔洞将自动从固体障碍物中分离并删除。如果文件包含网格，网格将相互交叠，就像 FDS 中一样，剩下最小的 Z 面的网格将被导入。如果文件包含打开的通风口，通风口将从所在的网格面中分离并删除。

## 8.2  使用导入的数据

可导入的每种类型的文件都可以创建导航几何模型，不同的类型可以以各种方式合作，创建所需的房间、楼梯和门。所有导入种类的共同点是能够设置某些可视内容，例如每个几何部件的颜色与不透明度。导入的几何图形呈现出 3D 效果，因此数据呈现得更为清晰和快捷。

### 8.2.1  使用图像文件

使用背景图像需要用户在背景图像上画出所有的房间、门、楼梯。因为画出的导航几何图形会覆盖背景图像，所以如果能够使导航几何图形透明就更好了。这可以通过从 View 菜单中选择 Walkable Area Transparency...来实现。接着会出现一个编辑导航几何图形的对话框，如图 8-3 所示，按房间和门的顶部绘制背景图像。

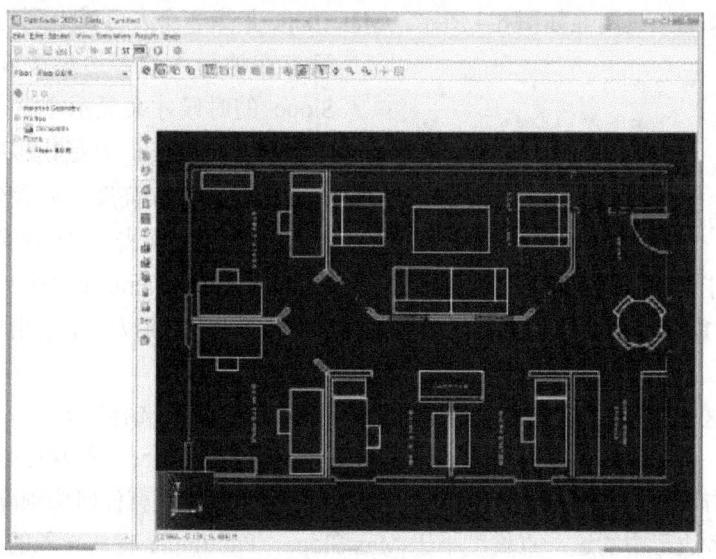

（a）

图 8-3

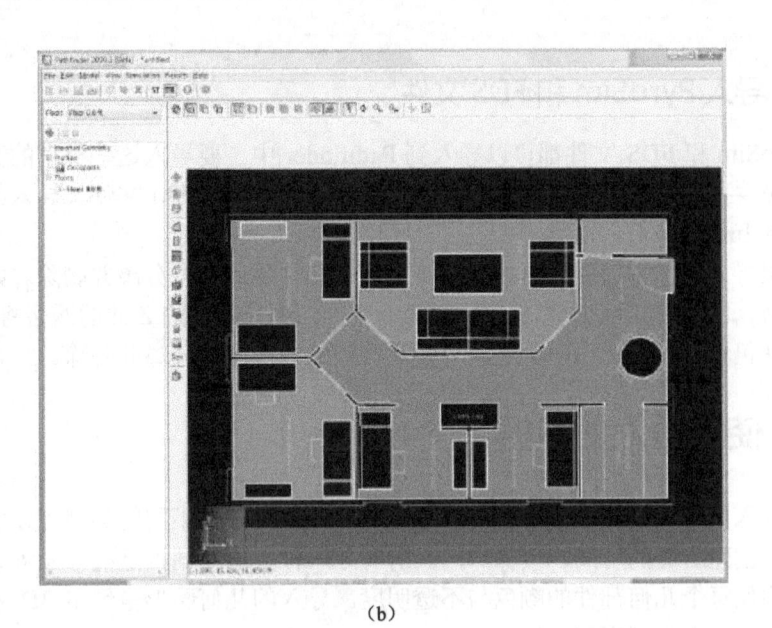

（b）

图 8-3　使用导入图像绘制房间和门

## 8.2.2　使用导入的 3D 的 DXF、PyroSim 和 FDS 文件

由于 3D 的 CAD、PyroSim 和 FDS 文件导入三维数据，它们能为准确提取导航区提供最有用的信息。导航区可以从 3D 或 2D 视图中用 Extract floors（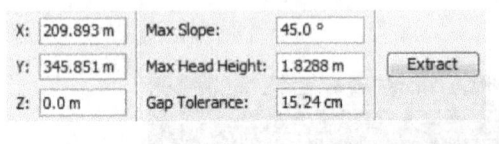）提取楼层工具提取楼层房间。

此工具的工具属性如图 8-4 所示。Max Slope 是指一个人可以走到的最高等级。只有在被导入的多边形坡度小于 Max Slope 的时候才会显示在这个结果中。Max Head Height 是指模拟中包括的所有人员中的最大高度。此参数用于从所得的房间中减去头顶障碍物。Gap Tolerance 控制了导入数据的缺陷问题。如果墙比 Gap Tolerance 缝隙公差更近，Pathfinder 就会在那个区域增加额外的较薄的墙，隔开房间以防结果出现在非目标区域。

图 8-4　房间提取工具面板

使用这个工具提取一个房间，首先从 2D 或 3D 视图中选择工具。一旦选择了合适的参数，要么在属性面板中输入所需的房间地板上的一个位置数据或者在 3D/2D 视图中点击这个点。如果这一点在 Max Head Height 以下没有任何头顶障碍物存在，而且这个多边形中的这一点坡度小于 Max Slope，Pathfinder 将从导入的几何多边形中的这一点退出，直到找到房间的边界。它还将从生成的房间中减去 Max Head Height 内的架空障碍物。一个提取房间的例子如图 8-5 所示。

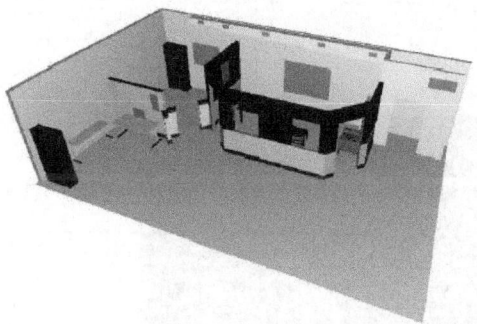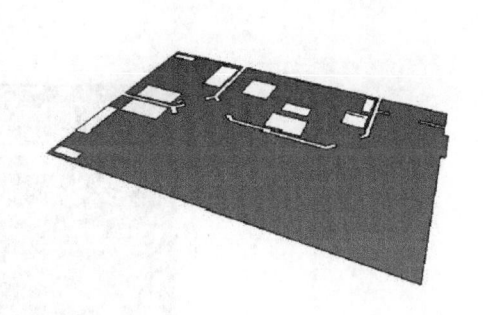

图 8-5　从 PyroSim 文件中提取一个房间

### 8.2.3　使用 2D 的 DXF 文件

2D 的 DXF 文件可以以两种方式工作：它可以用来作为一个绘制房间的引导，就像背景图像有捕捉一样，利用捕捉来绘制，或者它可以与 3D 导入的几何结构一样自动提取房间。

自动从 2D DXF 文件中提取空间的工作原理类似于从 3D 的 DXF 文件中提取。在 3D 提取中，我们会使用到 Extract floors 工具（）。此外，用户必须用工具点击模型中的一个点，一个房间就会被自动提取。与 3D 提取的主要区别是，点击的提取点不能在任何导入的 3D 数据图像的面上，因为这些被标记的面是用来提取楼层的，提取点必须在空的空间上（或者在导入的 2D 楼面布置图中背景图的矩形上）。这个点的周围应该是导入的 2D 线。这些线会形成提取出的房间的边界。出于这个原因，任何与房间的边界无关的线，如标志、标记等，应该在点击提取点之前删除或隐藏。要想手动从提取楼层中分离导入几何体，可选中该几何体，并从属性面板中取消选中 Include in room extraction。确定了需要分离的导入几何体，分离工具会自动删除隐藏的物体和需要手动删除的部分。

点击所需的点后，从 Top View 观看模型，周围的 2D 线将沿 Z 轴投射到此楼层正在使用的 Z 平面上。这些投影线用来定义点击点周围的房间，如果周围的线没能形成一个如图 8-6（a）所示的封闭的边界线，由此产生的房间将超出线外与外部的线形成如图 8-6（b）所示的房间。在这种情况下，可以采用 Thin Wall 工具，将这种房间的外部部分从内部部分分开，给房间加薄墙。一旦分离，外部部分可被删除。

当提取工具找到一个房间之后，这个房间就会放置在现用楼层的 Z 平面上。

### 8.2.4　填充缺失部分

使用 3D 或 2D 空间提取工具提取的房间模型无法提取到门和楼梯，门和楼梯必须手动添加。

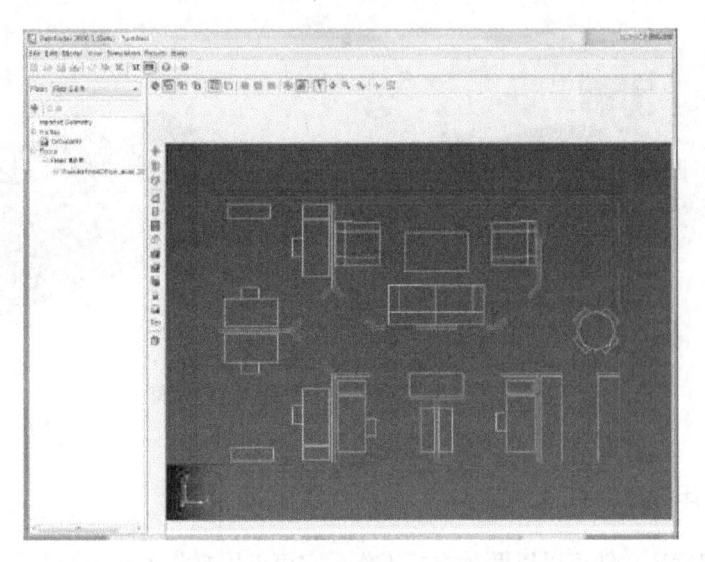

（a）

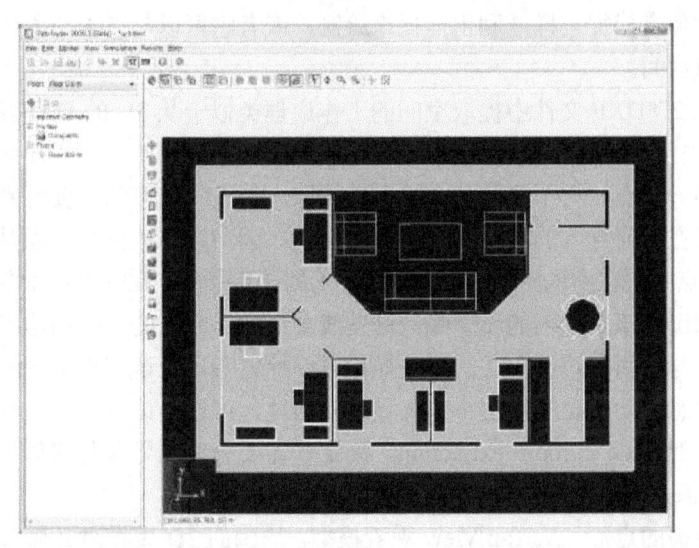

（b）

图 8-6　从 2D DXF 文件提取房间的结果

　　门工具的一个功能可以很好地对手动添加过程提供帮助。这个功能可以自动发现房间上看起来像门口的位置并且可以在这个位置创建一个厚门。使用这个功能，需先选择门工具。如图 8-7 所示，在工具的属性面板上，Max Width 是指搜寻门口的最大宽度，Max Depth 是指门的最大厚度。为了寻找潜在的门，这些数字可能需要比正常创建的门要大。输入适当的参数之后，将光标移动到所需的门口，就会显示出门的预览效果。如果不是这样，在属性面板中调整搜索参数，然后再试一次。如果门出现的位置正确，单击鼠标左键。房间门口的区域将从房间中消去，并在此位置创建厚门。

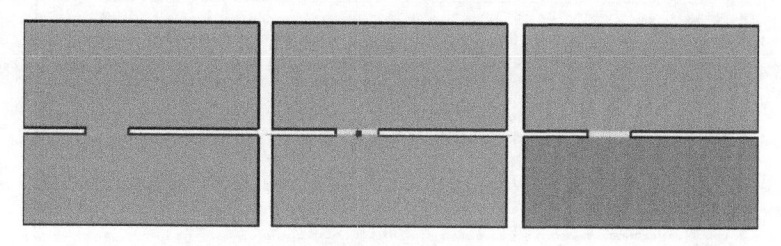

图 8-7　使用工具创建门

# 8.3　可视化特征设置

在 2D 及 3D 导入的几何图形中，都存在着可视化特征设置。所有的几何对象都有颜色且是实体的。从 DWG、PSM 或者 FDS 文件中导入的面或许会随机的有应用于它们的材料，可以在材料特性面板中设置高级显示属性比如纹理图像。如果某个面有应用材料，在 2D 或 3D 视图下选择显示材料（Show Materials）选项，这个材料的展示设置会覆盖该物体原有的颜色和透明度，将会出现如图 8-8 所示的可视化特征面板。

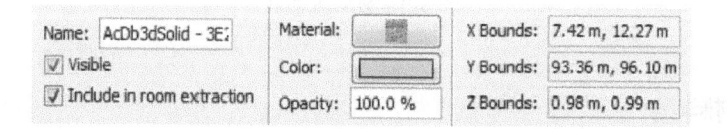

图 8-8　导入几何图形中的可视化特征面板

➤ 可视化（Visible）

所选择的对象是否可视。

➤ 包含在房间提取内（Include in room extraction）

在进行房间提取时，这个对象是否包含在内。

➤ 材料（Material）

当启用显示材料（Show Material）功能时，可以通过材料来选择不同的表面。点击材料按钮将打开材料对话框，如图 8-9 所示。

➤ 颜色（Color）

当模型没有材料或者显示材料（Show Material）功能关闭时，选中物体显示的颜色。

➤ 实体化程度（Opacity）

当模型没有材料或者显示材料（Show Material）功能关闭时，选中物体的实体化程度。

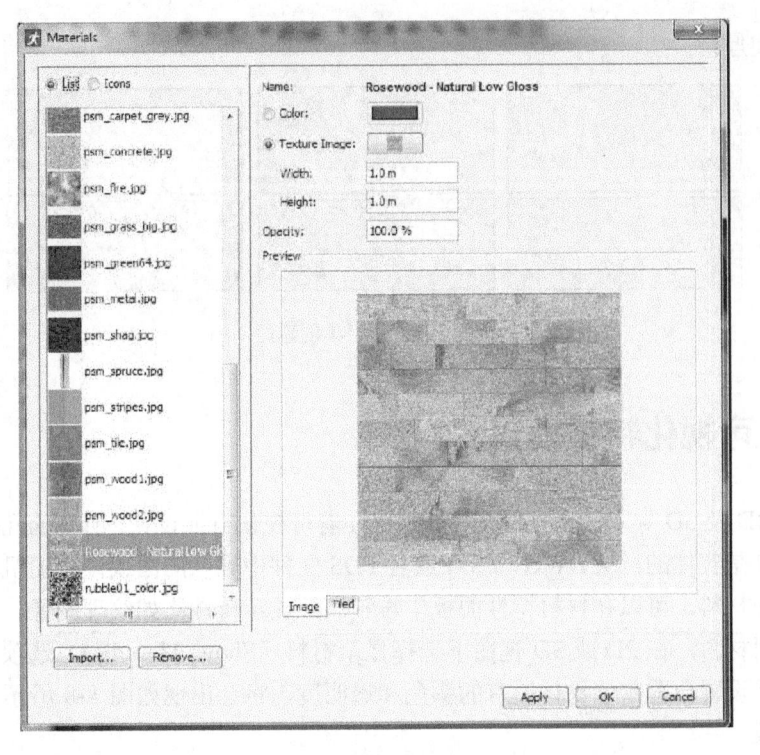

图 8-9　材料对话框

## 8.3.1　材料

Pathfinder 中导入的几何对象的表面可以定义不同的材料，在 2D 或 3D 视图下选中显示材料（Show Material）功能，就可以看见不同的材料。不同的表面共享同一种材料，当一种材料的信息被编辑后，在整个模型中使用该种材料的表面均会产生统一的变化。

从不同导入文件中提取材料的方式并不一样，这取决于导入文件的类型。

➢ **DWG**

DWG 文件中的物体所引用的每一种材料都会被导入到 Pathfinder 中。Pathfinder 软件现在支持材料的弥散颜色、弥散纹理及透明化设置。

➢ **FDS 和 PSM**

Pathfinder 中的材料是由这些文件类型中各表面的颜色和纹理设置生成的。

Pathfinder 提供了一些默认数据库材料，这些材料中大多数的名称前缀都是 psm_，和 PyroSim（消防动态模拟软件）中的一样。其他的材料可以由使用者手动设置，也可以通过 CAD 或 PyroSim 文件导入。

通过点击材料列表下的导入（Import...）按钮可以手动添加材料。要想添加一个新材料，必须根据磁盘上记录的材料的纹理图像，这个图像会被复制到数据库词典中。新添加的材料也会被加到数据库中，之后我们就可以在 Pathfinder 中应用它了。

被导入的材料只会保存在即时的 Pathfinder 文件中，如果创建一个新的模型，就不能在新模型中使用了，目前也无法将其导入新模型的材料库中。

通过点击材料列表中的移除（Remove…）可以删除材料，如果这种被删除材料是数据库中的，那么在数据库字典中所有与之关联的文件也会被永久删除。

以下这些材料特性可以被编辑：

➢ 颜色（Color）

选中这个选项会为材料赋予颜色。

➢ 质地图像（Texture Image）

选中这个选项能使材料显示出它的纹理图像。

➢ 宽度和高度（Width and Height）

定义模型中材料质地图像的大小。

➢ 实体化程度（Opacity）

定义材料的实体化程度。

## 8.3.2　材料改组和快速编辑

有些时候导入的数据的组织形式可能造成使用不便。比如想改变所有窗户的某些特征时，这些窗户可能不在同一个群组中，因此无法一次性选中所有的窗户。为了解决这个问题，我们把相似的对象设置为同一颜色。我们可以点击鼠标右键来选择 Select all by Color 来选择所有具有这种颜色的对象。同样的原理，我们也可以选择 Select all by Material，这样就可以在模型中将对象按照颜色及材料等性能进行分类改组，使得快速编辑模型变得简单可行。

# 第9章 模 拟

## 9.1 参数

仿真参数对话框（Simulation Parameters），如图 9-1 所示，提供了一种方法来控制仿真的某些特征参数。

### 9.1.1 时间参数

Time 选项卡提供以下选项：

➤ 时间限制（Time Limit）

可以在一组模拟时间后用于自动停止模拟。

➤ 时间步长（Time Step Size）

控制模拟的时间步长的大小。增加时间步长加速模拟，减少时间步长可以确保仿真精度。

### 9.1.2 输出参数

输出选项卡提供了以下选项，如图 9-2 所示。

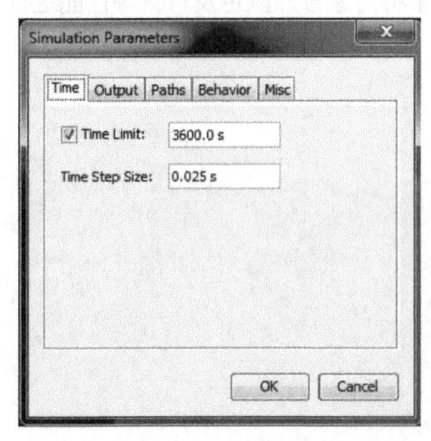

图 9-1　时间参数对话框

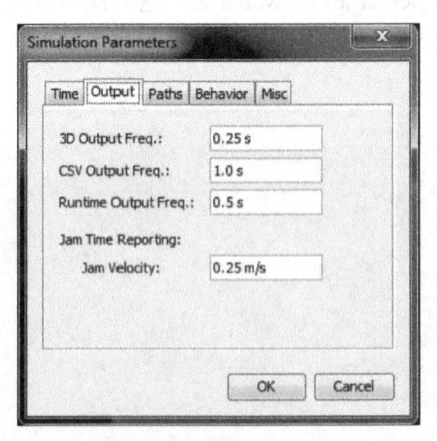

图 9-2　输出参数对话框

➤ 3D 输出频率（3D Output Freq）

用于控制 3D 输出文件更新的时间间隔。增加这个值会让写入数据减少，导致硬盘使用率降低并使模拟速度加快（没有文件写入延迟），但可能产生一个有误导性的 3D 可视化结果。在 3D 可视化结果中，人员会沿着一条直线从一个数据点移动到另一个数据点，如果有两个点在时间上距离很远，一个人员可能似乎穿过了障碍物，而实际上它是正确的。

➢ CSV 输出频率（CSV Output Freq）

控制 CSV 输出文件更新的时间间隔。增加这个值会导致在最终生成的 CSV 文件中行（即数据更低的分辨率）变少。这个选项对于仿真性能对磁盘使用情况的影响很小。

➢ 运行时间输出频率（Runtime Output Freq）

在运行模拟对话框中控制模拟状态更新的时间间隔。这个选项对于仿真性能对磁盘使用情况的影响也很小。

➢ 拥挤速度（Jam Velocity）

设置人员在拥挤时的疏散运动速度值。

## 9.1.3　路径参数

路径选项卡提供以下选项：

➢ 最大人员半径修剪错误（Max Agent Radius Trim Error）

当人员在模拟中有不同的尺寸时，这个参数会影响人员如何准确地通过狭小空间。这个值更大的话，是不太可能让人员穿过一个宽度接近他的身体直径的空间的。然而赋予较大的值，模拟将启动更快（如果人员都有不同的尺寸，有时会更快)并消耗更少的内存。每个人员保证能够适合通过一个宽度等于自身的直径加上这个值的两倍的空间。

➢ 约束边缘长度（Constrain Edge Length）

控制用于转换房间、楼梯等为模拟器使用的三角网格的三角测量算法。默认情况下，Pathfinder 试图生成最小的和最大的可能的三角形，这种方法能很好地与 Pathfinder 的搜索算法结合运行。然而，在某些情况下，表现好的三角形可以是有用的（例如，防止非常长和薄的三角形)。这个值可以用于撑起这些三角形。Max Edge Length 参数控制一个房间边界的任何单一的边缘的最大长度，Min Angle 标准防止系统使用任何角度非常小的（即薄的）三角形。当它试图生成一个模拟输入文件时，使用 Min Angle 值大于 30°时会导致 Pathfinder 程序冻结。

## 9.1.4　行为参数

Pathfinder 软件中含有 2 个主要的行为模式：SFPE 和 Steering。

SFPE 模式使用了消防工程的 SFPE 手册中提出的假设组，并且能给出与这些手工计算的结果非常相似的答案（取决于选择的假设）。在 SFPE 仿真中，运动仿真的控制机制是门队列。SFPE 模式使用了一个简单的假设组，并且通常情况下，就 CPU 处理所用时间来看，SFPE 模式的完成速度比和它自身类似的 Steering 模式仿真更快，如图 9-3 所示。

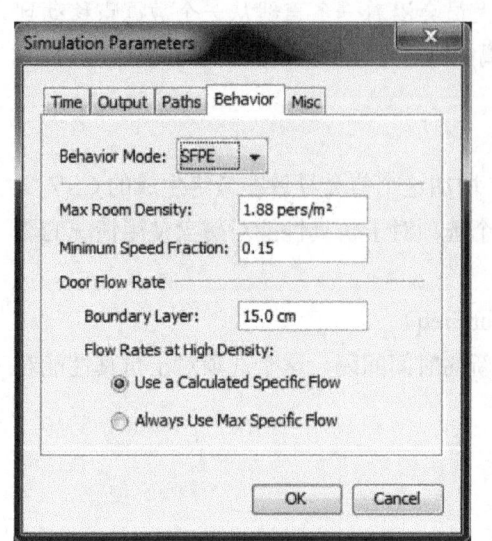

图 9-3　SFPE 行为模式对话框

SFPE 模式支持以下选项：

➢ 房间最大密度（Max Room Density）

该指令控制的是房间密度，在达到指定密度时将不再允许人员进入此房间。使用一个人工低密度值可以得到更快的疏散时间。使用一个较大数值，如在 3.6～3.8 之间，可导致极慢的疏散时间。当使用的数值高于 3.8pers/m$^2$ 时，由于密度依赖性的计算速度将会导致仿真不顺畅的情况发生。

➢ 门边界层（Door Boundary Layer）

这是唯一被 SFPE 和基于流量的仿真模型使用的边界层全局设置。门在此模式下的流量计算基于门宽度。这个值适用于一扇门的任何一侧用来计算流量方程。

➢ 门流量（Door Flow Rate）

是一个用于门流量计算算法的全局设置。默认情况下，门流速计算使用最大流量计算。通过启用 Calculate From Density 选项，下一个人员通过门时所产生的延迟，由上一个人员通过门并退出队列时的初始空间密度决定。Min Density 和 Max Density 选项允许绑定计算中使用的密度。这种技术常常会导致更为保守的答案，但不一定符合 SFPE 消防工程指导中提出的假设。

➢ 最小速度值（Minimum Speed Fraction）

用最小速度值来控制模型中人员疏散活动的运动速度。

Steering 模式更依赖防撞和人员的交互作用，且与 SFPE 模式相比，它通常更能得出类似于实验数据的结果，如图 9-4 所示。

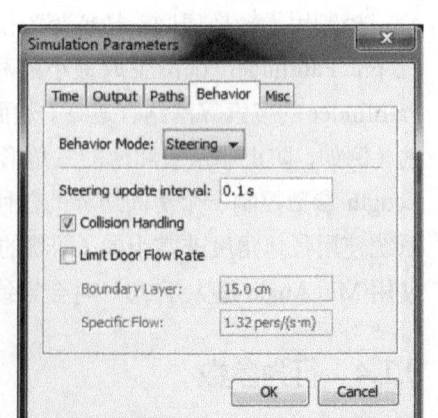

图 9-4　Steering 行为模式对话框

Steering 模式支持以下功能：

➤ 指导更新间隔（Steering update interval）

指定（在模拟时间内）更新引导计算的频率，也可以被认为是每个人员的认知响应时间。仿真时间越少，则计算的频率数值越高，仿真运行得越快，但这也会造成每个人员决策能力的下降。

➤ 碰撞处理（Collision Handling）

碰撞处理的行为和 SFPE 模式中的一样，除了在默认情况下，这是行为反应操作。

➤ 限制门的流率（Limit Door Flow Rate）

这个选项可以限制通过门的人员数量的最大通过率。

# 9.2 仿真的启动和管理

## 9.2.1 仿真的运行

运行一个仿真：在模型（Model）菜单中，点击运行仿真（Run Simulation...） ⊙，仿真将开始并弹出运行仿真（Run Simulation）对话框，如图 9-5 所示。

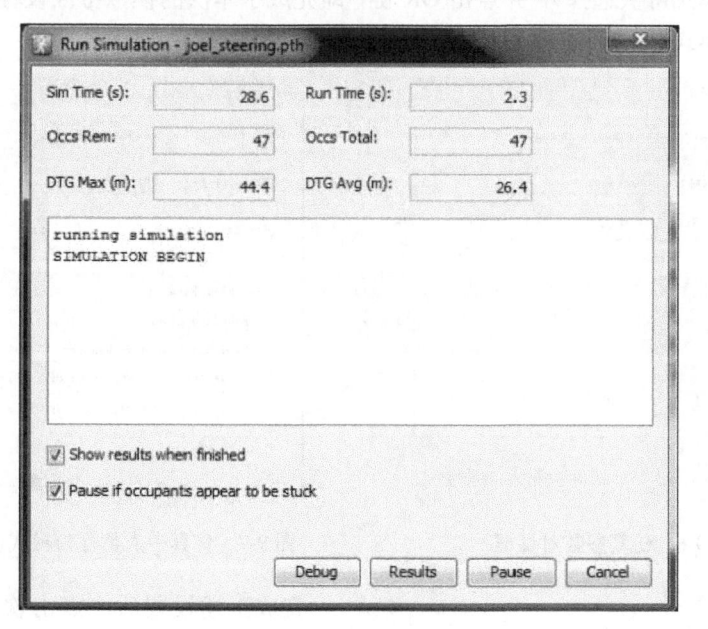

图 9-5　仿真运行对话框

在该对话框中，DTG 缩写表示到目标的距离。距离目标的最大值指的是与目标相隔最远的人员到目标的距离。到目标的距离平均值指的是每个人员到各自目标的平均距离。调试按钮（Debug）将运行时间视觉化，展现模拟进行的全过程。这种功能与结果按钮（Results）不同，后者只是将模拟的结果进行 3D 视图展示，模拟过程可以在任何时间暂停、继续或结束。

可以通过命令行来进行模拟仿真，而不需要加载用户界面。打开命令驱动，在 Pathfinder 安装文件中运行"testsim.bat"，选择需要模拟仿真的文件，点击文件菜单下的 Save Simulator Input…即可进行模型仿真。

### 9.2.2　提高练习九

➡ 设置仿真模式为 SFPE，时间限制为 3500s，时间步长为 0.035s，启动模型模拟仿真任务。

🔑 练习解答

基于上述 6.3.4 中所创建的模型，点击软件左上方选项框中的 Simulation 选项，在该下拉菜单中选择 Simulation Parameters…选项，将弹出如图 9-6 所示的模型设置对话框。

在该对话框中将 Time 选项中的时间限制选项（Time Limit）设置为 3600s，将时间步长选项（Time Step Size）设置为 0.025s。点击该对话框上部的 Behavior 选项，在行为模型（Behavior Mode）选项的下拉菜单中选择 SFPE（其中有 Steering 及 SFPE 两种行为模式可供选择），并点击 OK 键，即完成了本次的模拟特征设置。模拟中人员的行为模式设置如图 9-7 所示。

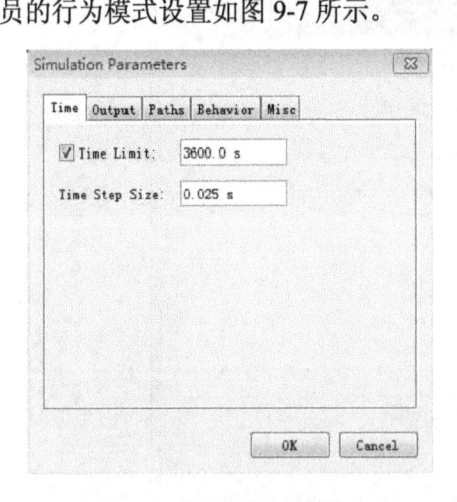

图 9-6　仿真参数对话框

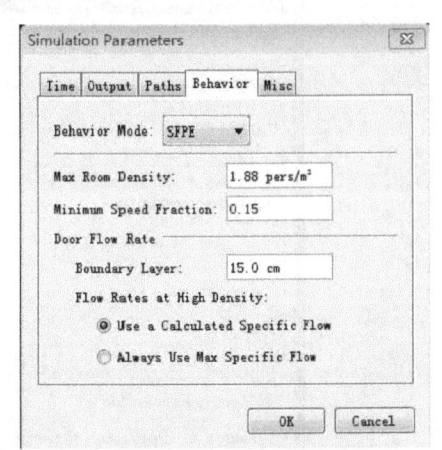

图 9-7　仿真中人员行为模式设置

图 9-8　模型报错

完成上述设置后，点击软件左上方选项框中的 ▶ 选项，启动模型的模拟仿真任务。此时 Pathfinder 软件弹出模型错误提醒，显示模型中存在错误，无法进行模拟仿真工作。该错误提醒的内容为：模型缺少安全出口，如图 9-8 所示。

按照报错内容对模型进行修改，在0m层添加2个安全出口，如图9-9所示。

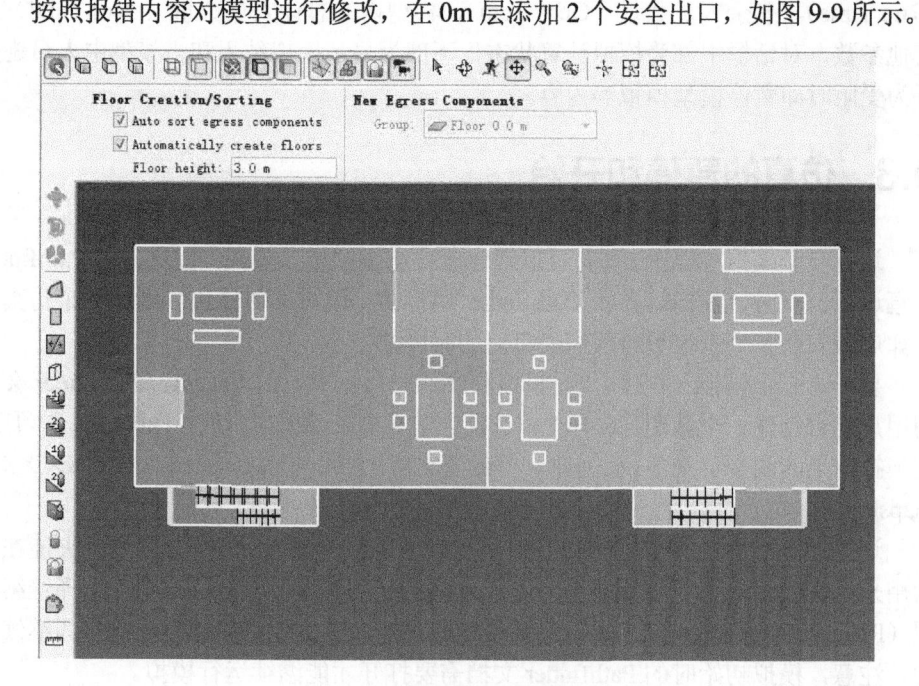

图9-9　修改模型中存在的错误

在添加完安全出口后，再次点击软件左上方选项框中的 ◉ 选项，启动模型的模拟仿真任务。软件将弹出如图9-10所示的启动模型对话框。

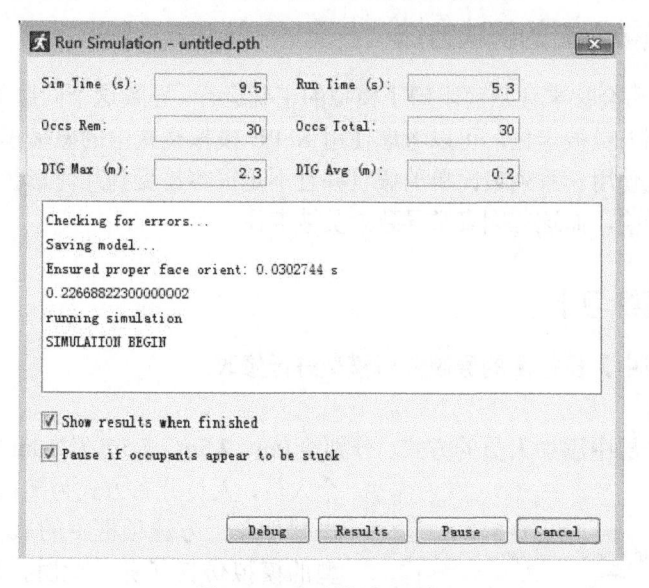

图9-10　启动模型对话框

在上述启动模型对话框中，分别显示了模拟所用时间（Sim Time）、运行时间

（Run Time）、剩余人员数量（Occs Rem）、模型内的总计人员数量（Occs Total）及其他参数，对话框中部为模拟计算状态，下部为显示模拟结果和当模型中人员逃生行为受阻时即暂停模型模拟等内容。

## 9.3　仿真的暂停和开始

运行一个模拟（程序）时，可以暂停或者重新开始该模拟，但这需要 Pathfinder 一直运行。有时，我们需要在 Pathfinder 运行的一段时间内停止和继续一个仿真，比如电脑安装某个系统更新后需要重启的时候。

要停止一个模拟（程序），在模拟程序的对话框中点击 Cancel。Pathfinder 会询问用户是否创建一个截图。选择 Yes 选项之前，记录下模拟时间。选择 Yes 选项后，在模拟结果的同一目录下，会创建一个截图文档，文件名为：untitled—XXXXX.XXX. snapshot。

这里的 X 会变为模拟程序停止时所记录下的模拟时间。这个截图文件夹能在之后用来继续模拟的运行。想要重新开始，找到模拟菜单（Simulation)，选择继续模拟（Resume Simulation...），然后选择该截图文档，模拟程序即从停止的时间继续开始。注意，模拟初始时的 Pathfinder 文档需要打开才能继续运行模拟。

## 9.4　被困人员

### 9.4.1　人员被困时的解决方法

有时，人员会被卡住从而阻碍了模拟的正确运行。导致这个问题的原因有很多，如果用户遇到人员被卡住，可以考虑使用 SFPE 模拟模式中的碰撞模拟缺陷处理模式。这个模式使用一系列最简单的假设并且不是很容易受到几何形状和不规则的移动等因素的影响，而这些因素常导致人员被卡住。

### 9.4.2　提高练习十

➡ 找到模拟中人员被困的原因并对模型进行修改。

🔑 练习解答

采用在楼层中添加人员的方式，分别给 0m、2.5m、7.5m 及 10m 的楼层添加 20 个人员，人员分布方式为随机分布。再次点击软件左上方选项框中的 ▶ 选项，启动模型的模拟仿真任务。此时，软件弹出如图 9-11 所示人员被困提醒对话框。

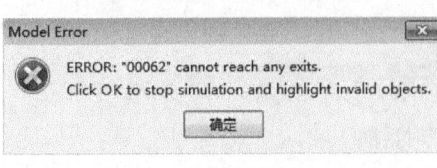

图 9-11　人员被困提醒对话框

该对话框提示模型中的 00062 人员并

不能找到任意的安全出口进行疏散活动，受困于模型中，需在模型中找到该人员并对模型中的该人员进行修改。可以直接在模型中寻找该人员，但当模型中人员数目过大时，在人群中找到一个特定的人员显然是很困难的，因此，可以从导航视图中的人员下拉列表中寻找该人员。点击导航视图中的人员组 🏃 Occupant Group 选项，在该选项的下拉列表中可以较为方便地找到人员 00062，点击这个人员，该人员将在模型中变为黄色，呈现被选中状态，该人员的属性特征也将在界面上方的属性栏中显示，如图 9-12 所示。

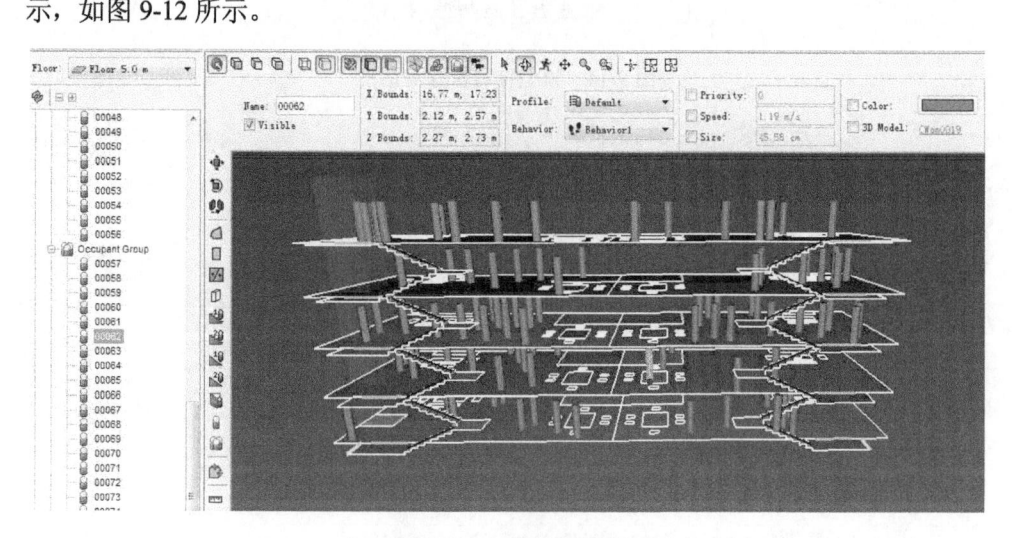

图 9-12　寻找受困人员

　　观察 00062 人员在模型中所处的位置可知，在进行楼层人员随机化添加时，该人员被添加到了 2.5m 层的桌子障碍物中，由于桌子不是房间，没有门可供人员 00062 进行疏散逃生，故人员受困于模型中。在此类情况下，一般采取的对策措施是将人员 00062 从模型中删除，再在该平面上添加一个新的人员补充人员数量。具体方法为：点击界面左侧工具栏中的添加单个人员工具 🚶，并在 2.5m 层随意位置放置即可完成人员补充过程。也可以点击人员 00062 下方的蓝色控制点，将其拖动至不会受困的位置。

　　再次点击软件左上方选项框中的 ▶ 选项，启动模型的模拟仿真任务。此时，软件再次弹出如图 9-13 所示的人员被困提醒对话框。

　　这表明模型中还有人员受困，需要对人员的位置进行修改。采用上述相同的方法对受困人员进行修改。在绘制模型时，人员受困是导致模型不能运行的

图 9-13　人员被困提醒对话框

主要原因之一，因此在启动模型模拟仿真任务前，需仔细检查模型中是否存在错误，人员位置是否合理，以避免不断报错影响疏散任务的进行。

在将模型中存在的问题完全修改完毕后，点击软件左上方选项框中的 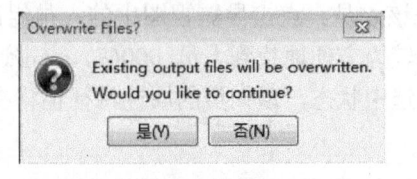 键，启动模型的模拟仿真任务，将出现如图 9-14 所示的模型修改保存对话框，点击"是（Y）"，即进入模拟仿真计算阶段，如图 9-15 所示。

图 9-14　模型重写保存对话框

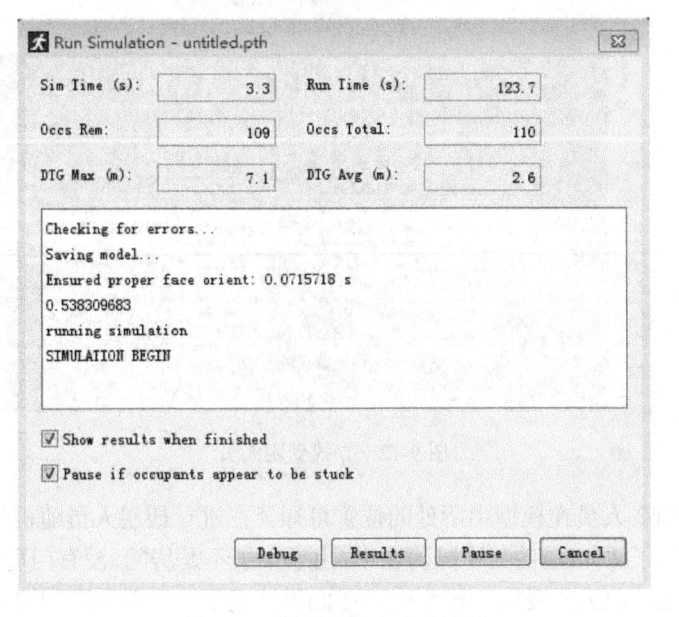

图 9-15　模型仿真启动对话框

# 第 10 章  提高模型实例——建模详解

## 10.1  工厂车间模型

创建一个如图 10-1 所示的单层工厂的全尺寸模型。

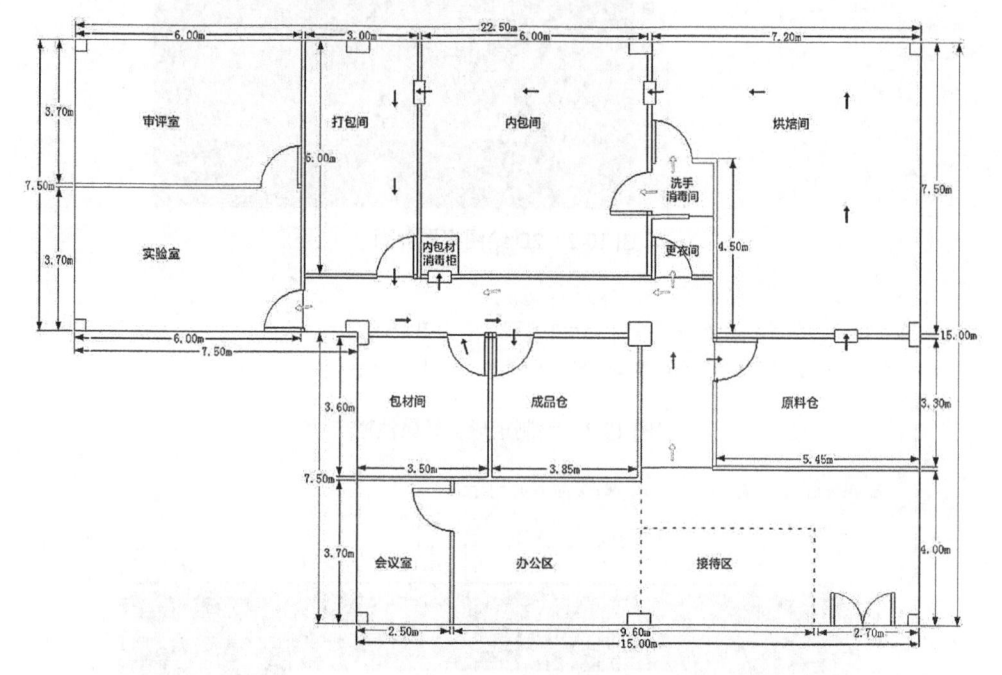

图 10-1  某工厂图纸

➡ **建模详解**

打开 Pathfinder 软件，点击界面上方的视图切换选项 ，将绘图界面切换至 2D 视图界面，此时软件绘图区域将出现导航网格，如图 10-2 所示。

在该 2D 视图界面中绘制工厂模型。首先绘制工厂模型的南侧区域，参照图 10-1 所述的尺寸进行绘制。点击界面左侧工具栏中的 工具，界面上方将出现如图 10-3 所示的属性栏。

在属性栏中输入工厂南侧区域的面积坐标，为：X1=0m，X2=15m，Y1=0m，Y2=7.5m。在输入时需注意数字与单位（m）之间的空格不可删去，这是软件要求的基本格式，删去则软件不能识别，将影响作图。输入坐标完毕后点击 Create 键，即可得到工厂南侧区域的矩形图，如图 10-4 所示。

116　人员应急疏散仿真工程软件——Pathfinder 从入门到精通

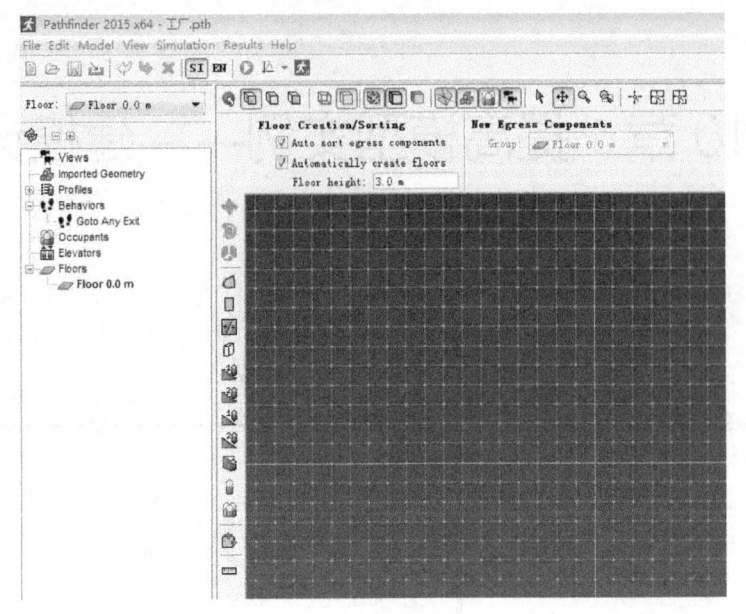

图 10-2　2D 绘图视图界面

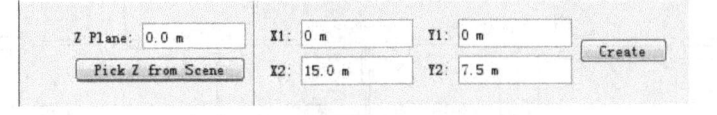

图 10-3　绘制矩形工具属性栏

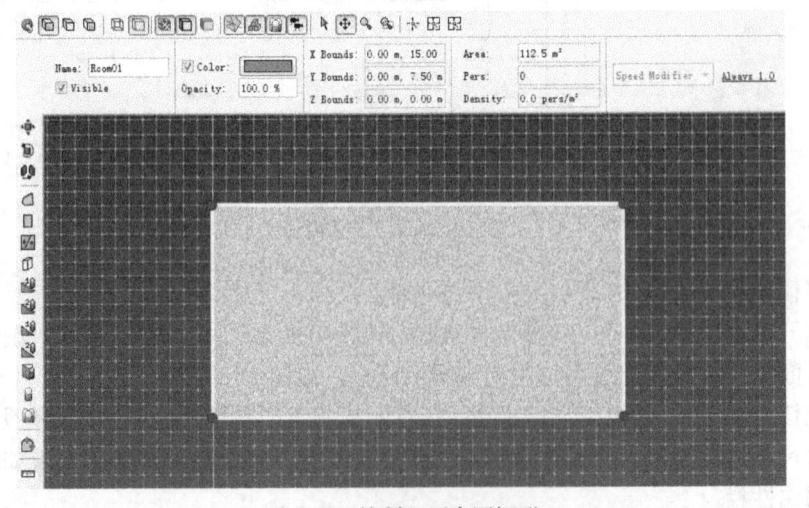

图 10-4　绘制工厂南区矩形

　　界面上方的属性栏显示刚刚绘制的工厂南区矩形的坐标点、面积、颜色、透明程度等属性值。继续采用上述绘制矩形的方法绘制工厂北侧区域的矩形，点击界面左侧工具栏中的 ▫ 工具，在矩性属性栏中将坐标值设置为：X1=−7.5m，X2=15m，

Y1=7.5m，Y2=15m。点击 Create 键，即可得到工厂总体面积的矩形图，如图 10-5 所示。

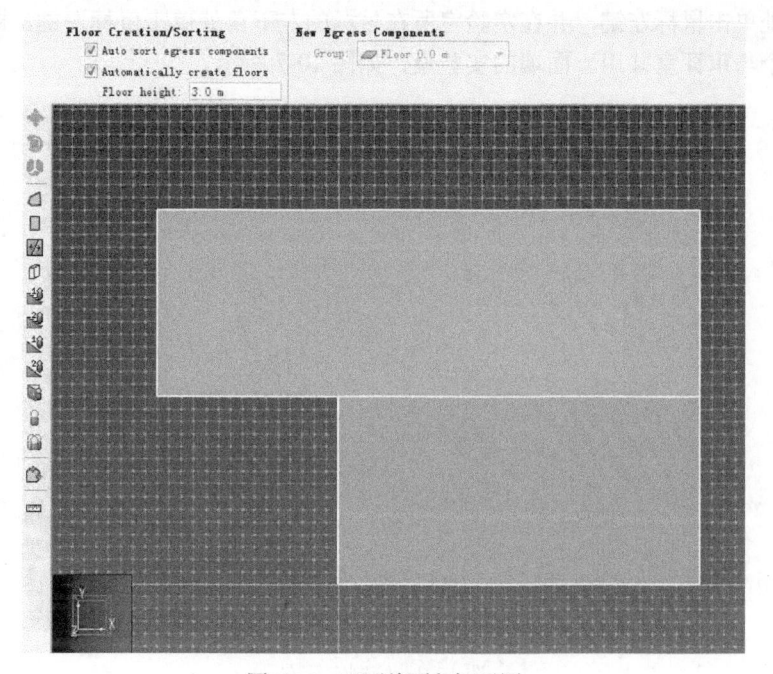

图 10-5　工厂总面积矩形图

接下来绘制工厂内具有不同功能的房间，首先绘制审评室和实验室。绘制位于工厂西北角的审评室，点击界面左侧工具栏中的 ▯ 工具，在矩性属性栏中将坐标值设置为：X1=-7.5m，X2=-1.5m，Y1=11.3m，Y2=15m。点击 Create 键，即可得到工厂的审评室，如图 10-6 所示。

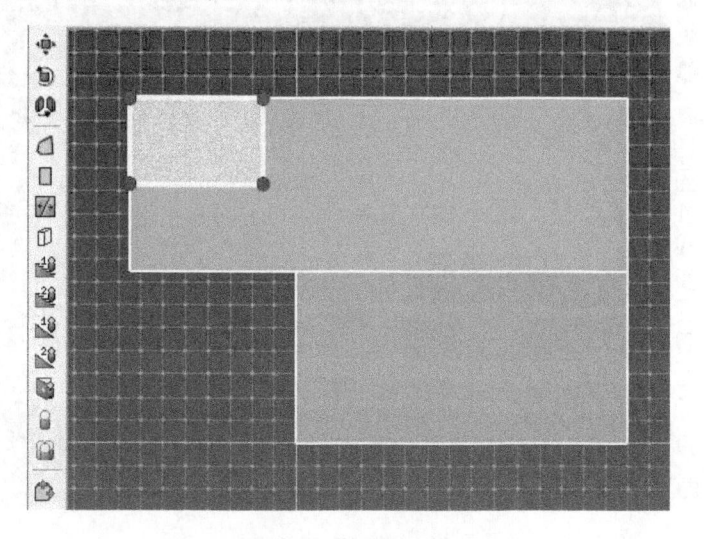

图 10-6　绘制审评室

由于实验室与审评室的长度一致，因此在绘制实验室时，直接点击界面左侧工具栏中的 工具，拖动鼠标至绘图界面，光标将进行网格的自动捕捉，在审评室的右下角处单击鼠标左键，并在实验室所在坐标的左下角处单击鼠标左键，即可轻松创建一个与审评室共用一面墙的实验室，如图 10-7 所示。

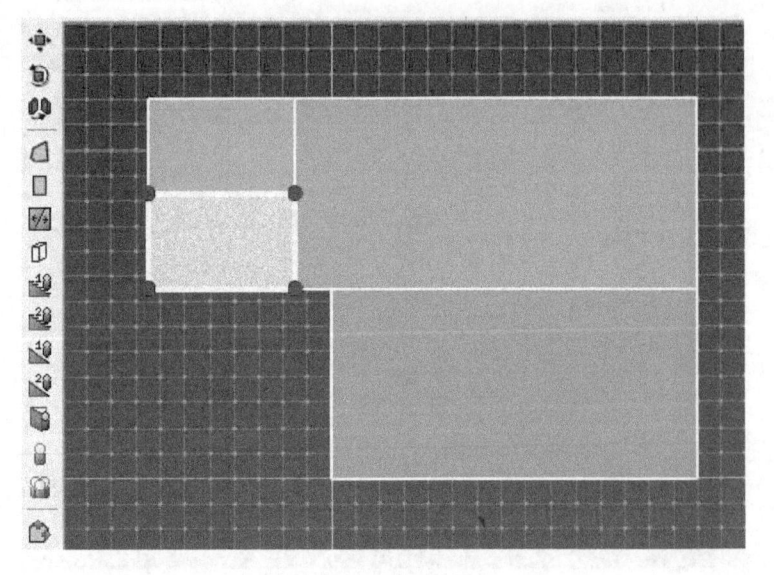

图 10-7　绘制实验室

继续绘制与审评室、实验室相邻的打包间。点击界面左侧工具栏中的 工具，在矩形属性栏中将坐标值设置为：X1=−1.5m，X2=1.5m，Y1=9m，Y2=15m。点击 Create 键，即可得到工厂的打包间，面积为 18m$^2$，如图 10-8 所示。

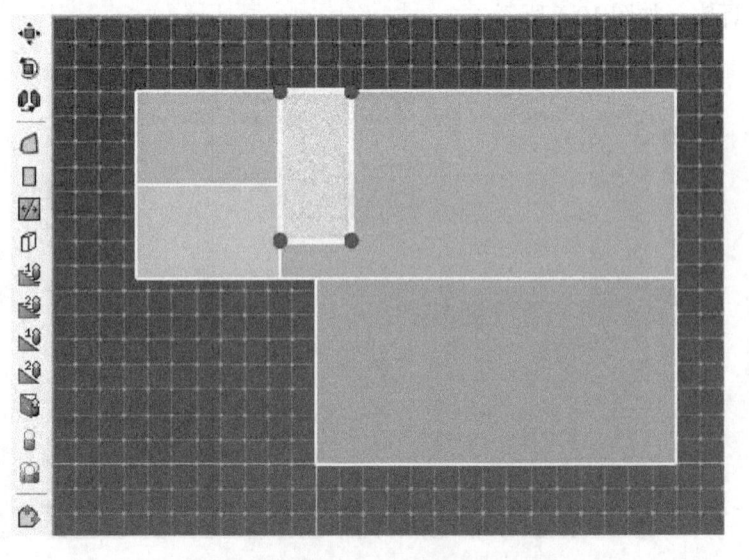

图 10-8　绘制打包间

以同样的方法绘制工厂的其余房间，在绘制中应注意各房间的坐标位置计算，避免坐标位置错误而造成模型错误。且在使用坐标进行绘制模型时，避免在输入时光标在绘图区域随意运动而导致无法精准输入。将该工厂内所有矩形房间按图 10-1 中的尺寸绘制完毕，如图 10-9 所示。

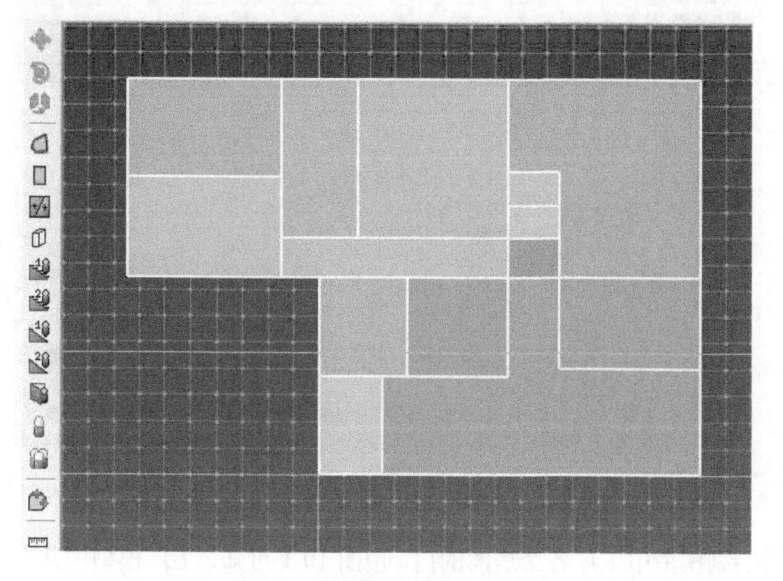

图 10-9　绘制工厂所有矩形房间

图中不同颜色的矩形表示工厂中不同的房间，利用鼠标右键下拉菜单"融合"功能创建工厂的走廊。点击界面上方的光标指针选项 ，选中工厂走廊所在的房间，使其变为黄色，按住键盘 CTRL 键，继续选择其余房间，直至将走廊所占用的所有房间选中，如图 10-10 所示。

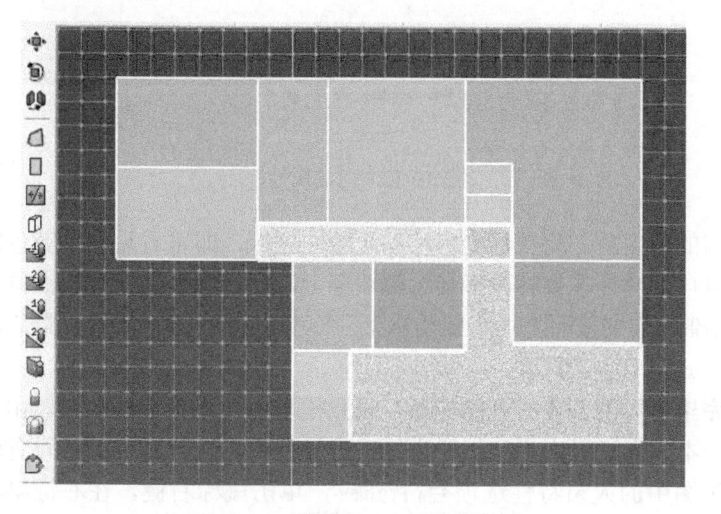

图 10-10　利用 CTRL 键选择房间

选中走廊所占用的全部房间后，单击鼠标右键，在右键下拉菜单中选中融合（Merge）选项，上述所选择的 3 个房间即融合为工厂的走廊，如图 10-11 所示。

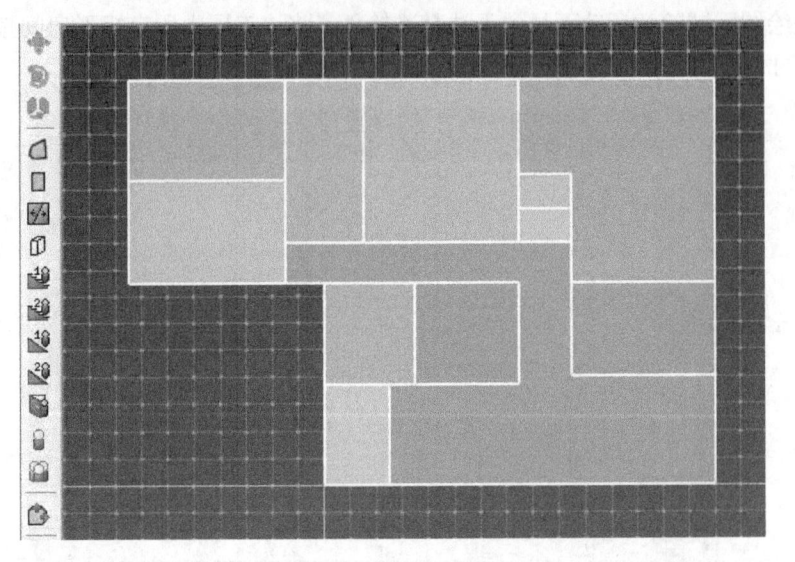

图 10-11　房间的融合

最后绘制模型中工厂各个房间的门，由图 10-1 可知，工厂模型中共有 13 扇门，其中两扇是工厂南侧区域的安全出口，一扇为更衣间与消毒间之间的小门，其余 10 扇门均为工厂房间的标准门。参照图中的尺寸设置门的宽度，安全出口的宽度为 2.7m，小门的宽度为 0.8m，其余 10 扇门的宽度为 1.2m。点击界面左侧工具栏中的 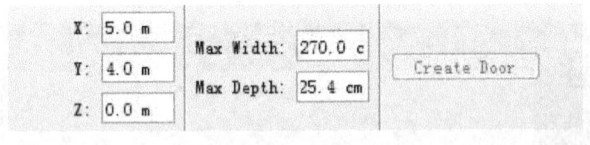 工具绘制房间的门，在界面上方的属性栏中，在最大宽度选项（Max Width）处分别输入 270cm、80cm 及 120cm，如图 10-12 所示。

图 10-12　门的属性栏

输入门的宽度后，将鼠标光标移动至绘图区域，即可看见一个黄色的虚拟门在绘图区域内自动捕捉在鼠标光标最近的墙壁上，在门的所在位置轻点鼠标左键，即完成门的绘制。分别按照上述步骤绘制工厂模型中的 13 扇门，得到最终的工厂疏散仿真模型，如图 10-13 所示。

绘制完毕工厂的基本模型结构后，设置模型中的人员特性参数。由于此模型为单层模型，不存在通过电梯和楼梯进行逃生等行为，人员特性参数设置较为简单。选中导航视图中的人员特性选项 Profiles，单击鼠标右键，在右键菜单中选择新建人员特性选项（Add a Profile...），在弹出的命名对话框中将此人员特性命名为

"worker"，如图 10-14 所示。

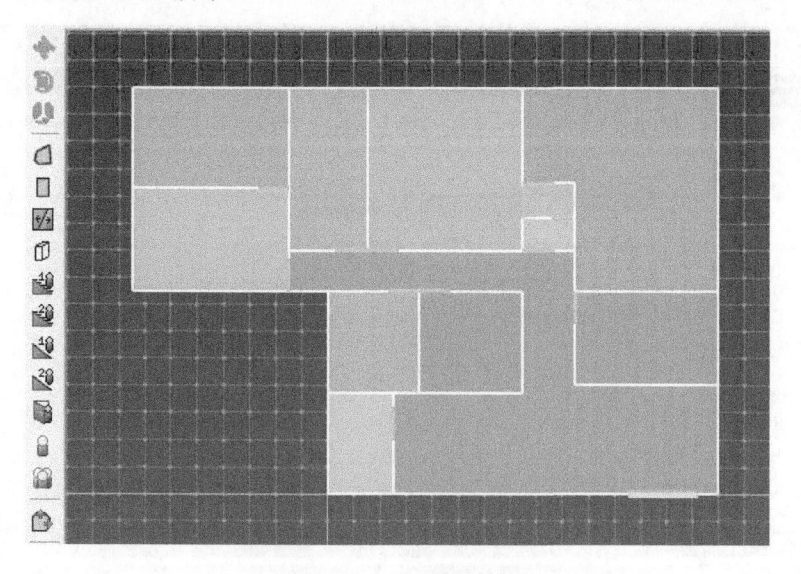

图 10-13　工厂模型结构

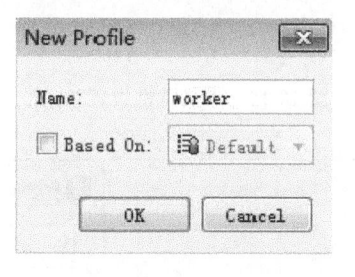

图 10-14　人员特性命名对话框

点击 OK 选项后将弹出人员特性编辑对话框，在该对话框中可以对人员的颜色、运动速度、在疏散运动中的觉醒时间、行为选择等人员特性值进行设置。在本例中，仅对人员的疏散运动速度和人员的肩宽进行修改，其余采用软件中的默认数值。将人员的疏散运动速度设置为 1.35m/s、人员的肩宽设置为 48.5cm，如图 10-15 所示。点击 Apply 选项后再次点击 OK 选项，即可完成本次的人员特性设置。

人员特性设置完毕后即可在导航试图区的人员特性下的菜单中找到刚刚设置的"worker"选项。点击界面上方的光标工具 ，拖动鼠标至绘图区域，单击鼠标并拖动选择上述所绘制的工厂模型，使整个模型呈现黄色被选中状态，单击鼠标右键，在右键下拉菜单中选择添加人员选项（Add Occupant…），在弹出的添加人员对话框中单击人员特性的 Default 选项，在弹出的人员比例设置框内将刚刚设置的"worker"项前的数值设置为 100，而 Default 项前的数字设置为 0，即所添加的人员全部为符合"worker"特性的人员。将人员的添加方式设置为随机添加（Random），数值设置为 40，并点击 OK 选项，即可完成人员的添加，如图 10-16 所示。

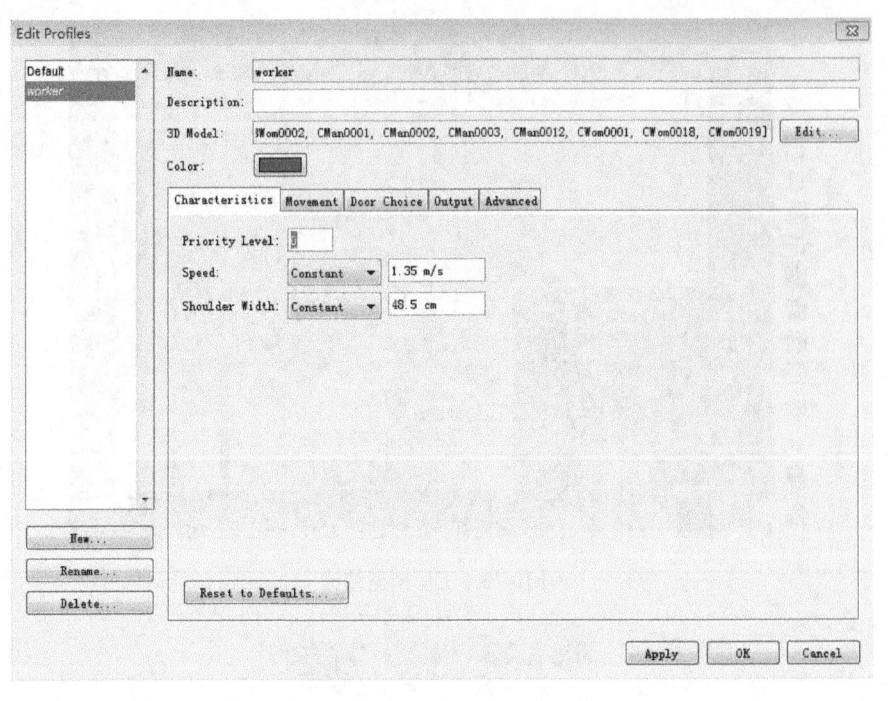

图 10-15  人员特性设置对话框

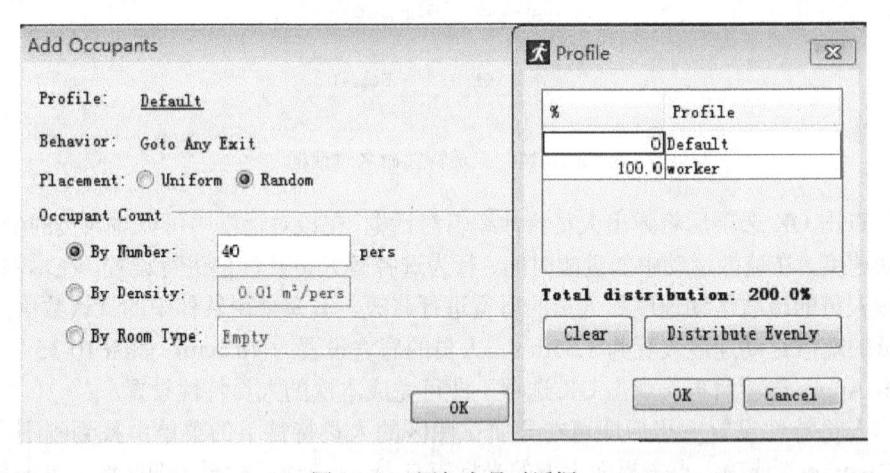

图 10-16  添加人员对话框

完成上述模型绘制后点击界面上方启动模拟运行任务选项 ▶，开始进行模拟仿真，模拟仿真计算后 Pathfinder 软件将自动弹出如图 10-17 所示的疏散结果 3D 展示窗口。疏散仿真结果表明，该工厂内有 40 名员工进行疏散时，所需疏散时间为 26s（软件中仅显示两位，实际为 26.5s）。

第 10 章 提高模型实例——建模详解 123

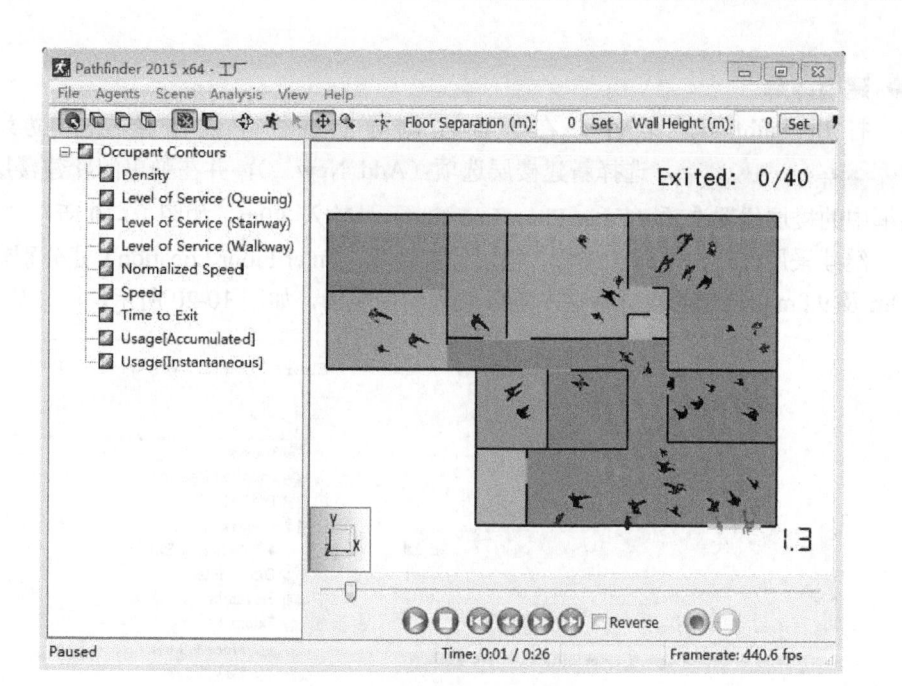

图 10-17 3D 疏散仿真结果展示

## 10.2 小型办公楼模型

创建一个如图 10-18 所示的小型办公楼的全尺寸模型。

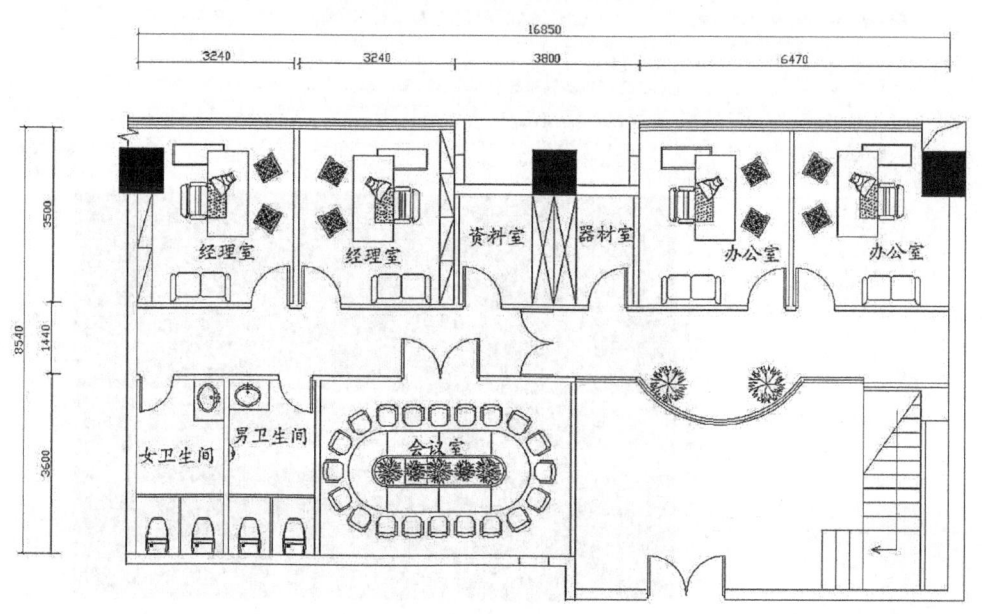

图 10-18 某小型办公楼图纸

124　人员应急疏散仿真工程软件——Pathfinder从入门到精通

**➡ 建模详解**

打开 Pathfinder 软件，在界面左侧导航视图中点击楼层下拉菜单
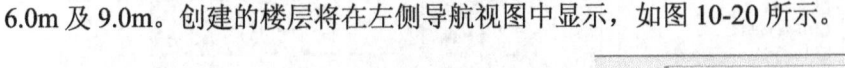，选择新建楼层选项（Add New...），并在弹出的新建楼层对
话框中的楼层位置选项（Enter Floor Location）处输入 3.0m，如图 10-19 所示。

继续采用上述方法添加楼层，楼层位置选项（Enter Floor Location）处分别输入
6.0m 及 9.0m。创建的楼层将在左侧导航视图中显示，如图 10-20 所示。

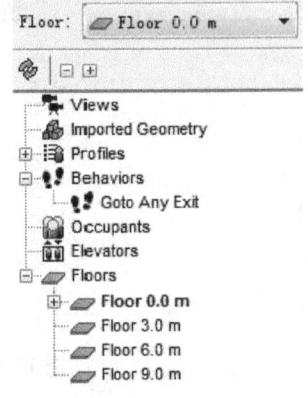

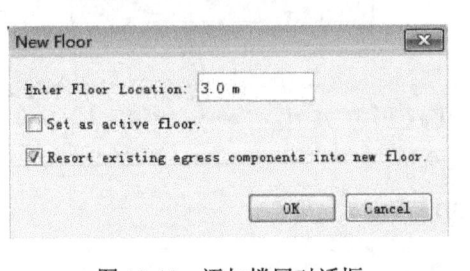

图 10-19　添加楼层对话框　　　　　图 10-20　楼层导航视图

将当前绘图楼层选择为 0m 层，点击界面上方的视图切换选项，将绘图界面
切换至 2D 视图界面，此时软件绘图区域将出现导航网格，如图 10-21 所示。

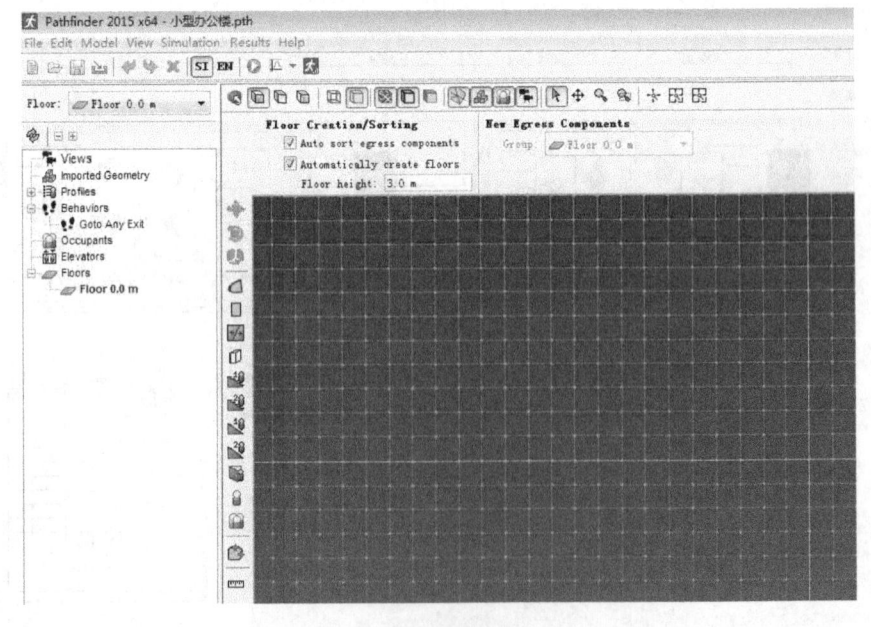

图 10-21　2D 绘图视图界面

在该 2D 视图界面中绘制办公楼模型。首先绘制办公楼模型总体矩形面积模型，参照图 10-18 所述的尺寸进行绘制。点击界面左侧工具栏中的 ▮ 工具，界面上方将出现如图 10-22 所示的属性栏。

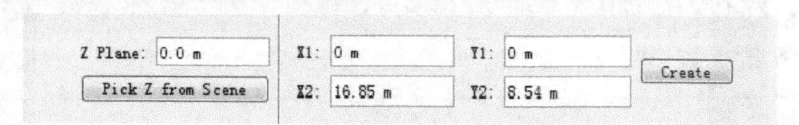

图 10-22　绘制矩形工具属性栏

在属性栏中输入办公楼区域的面积坐标，为：X1=0m，X2=16.85m，Y1=0m，Y2=8.54m。在输入时需注意数字与单位（m）之间的空格不可删去，这是软件要求的基本格式，删去则软件不能识别，将影响作图。输入坐标完毕后点击 Create 键，即可得到办公楼区域的矩形图，如图 10-23 所示。

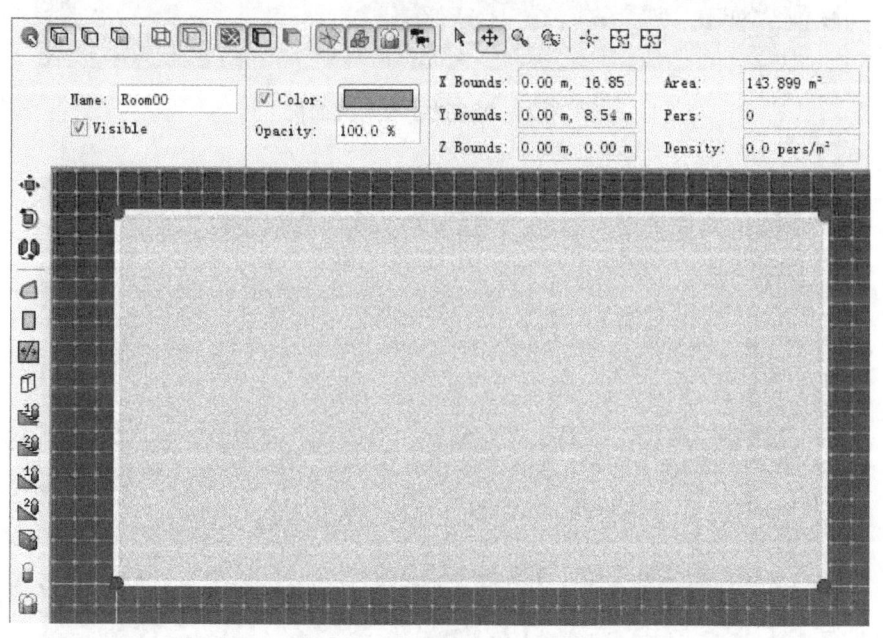

图 10-23　绘制办公楼区域矩形

界面上方的属性栏显示刚刚绘制的办公楼矩形的坐标点、面积、颜色、透明程度等属性值。点击界面左侧工具栏中的 ▮ 工具，拖动鼠标至绘图区域，绘制办公楼南侧安全出口处多出的矩形面积，如图 10-24 所示。

按住 Ctrl 键将上述 2 个房间选中，并右击鼠标，在右键菜单中选择融合（Merge）选项将 2 个房间融合。并点击界面左侧工具栏中的 ▮ 工具，利用图纸中的坐标绘制办公楼的楼道。在矩形属性栏中将坐标值设置为：X1=0m，X2=16.8m，Y1=3.6m，Y2=5.04m。点击 Create 键，即可得到该办公楼的楼道，如图 10-25 所示。

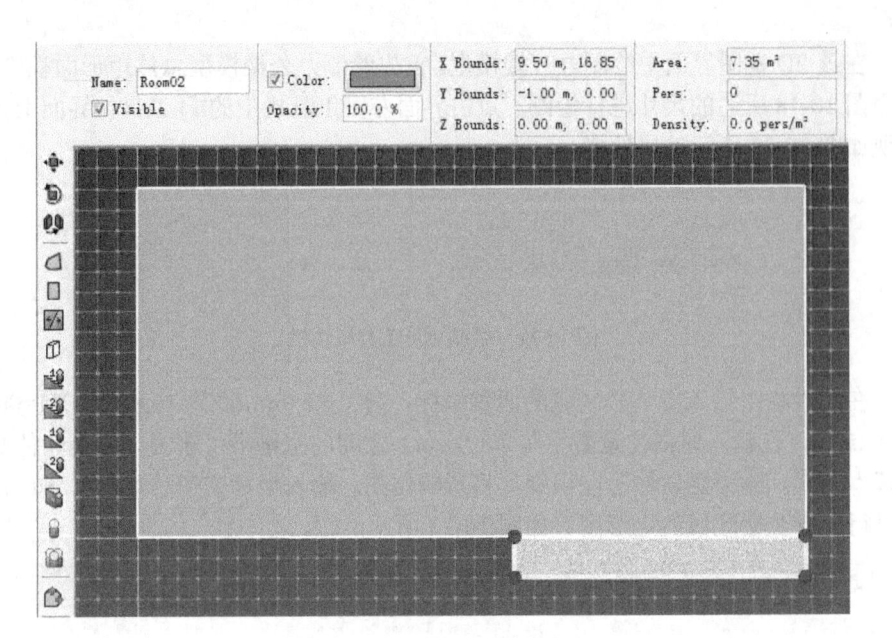

图 10-24　绘制办公楼补充面积

图 10-25　绘制办公楼楼道

　　以同样的方法绘制办公楼 0m 层的其余房间，在绘制中应注意各房间的坐标位置计算，避免坐标位置错误而造成模型错误。且在使用坐标进行绘制模型时，避免在输入时光标在绘图区域随意运动而导致无法精准输入。将该办公楼 0m 层内所有矩形房间按图 10-18 中的尺寸绘制完毕，如图 10-26 所示。

　　各房间内还有桌椅、沙发、盆景等物体，这些物体在疏散中均可视为阻碍疏散正常进行的障碍物。利用绘制房间的功能绘制上述障碍物，点击界面左侧工具栏中的 ▉ 工具，利用图纸中的坐标绘制办公楼房间内的各个障碍物，如图 10-27 所示。

在绘制会议室的桌椅等不规则图形时，可以使用界面左侧工具栏中的 ◢ 工具进行绘制，依次在想要绘制图形的轮廓处点选，结束点选后按键盘上的 Enter 键即可完成不规则图形的绘制。

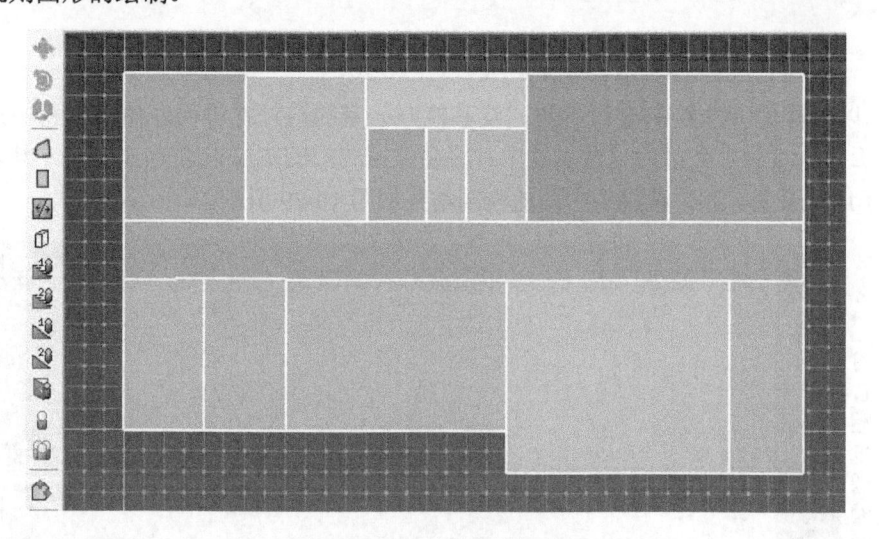

图 10-26　绘制办公楼各房间

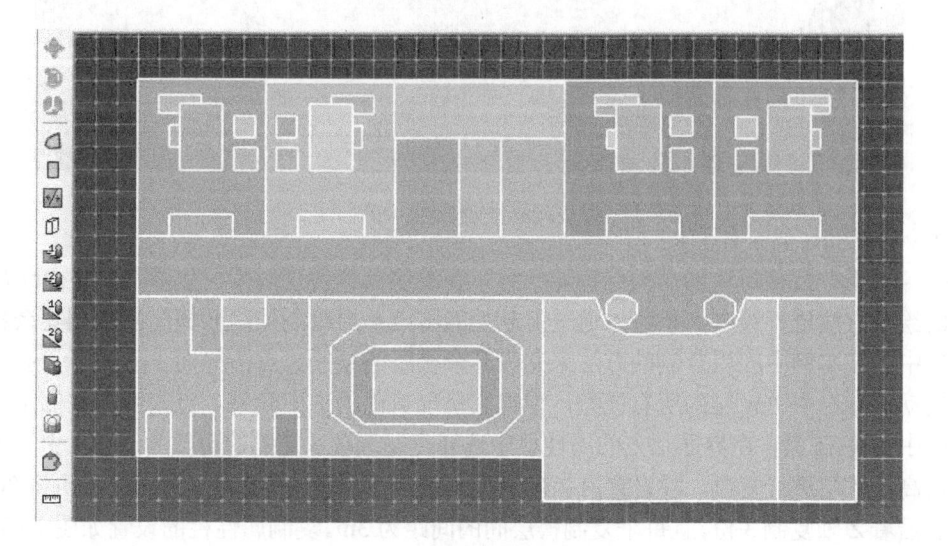

图 10-27　绘制房间内的各障碍物

绘制障碍物后继续绘制 0m 层各个房间的门及安全出口，在界面左侧工具栏中选择 🗔 工具来绘制门。在界面上方的门的属性栏中设置安全出口的宽度为 250cm，将鼠标拖动至绘图区域，可以看见一条黄色的预设的门在绘图区域的距离光标位置较近的墙面进行自动捕捉，按照图纸中安全出口所在位置点击放置安全出口，即完成安全出口的绘制，如图 10-28 所示。

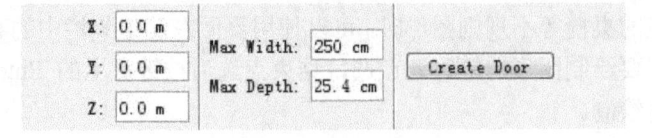

图 10-28　安全出口属性栏

以同样的方法绘制会议室的门及其他办公室的门，在界面左侧工具栏中选择
🔲工具来绘制，在门的属性设置中，将会议室的门的宽度设置为 180cm，其余门
均为100cm 宽。办公楼模型中门的绘制结果如图 10-29 所示。

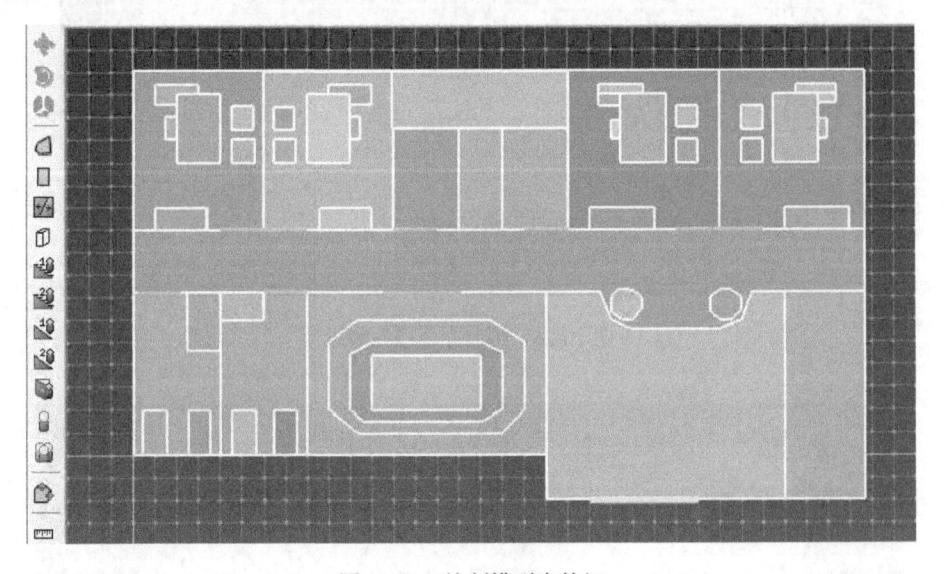

图 10-29　绘制模型中的门

由于办公楼每层的房间结构均一致，在绘制其余各层时，可以参照上述 0m 层
的绘制方法进行绘制，也可以通过复制功能将 0m 层绘制的房间模型复制到其余各
层中。在本例中应用复制的方法来完成其余楼层的绘制。点击界面上方的 ▶ 选项，
拖动鼠标选中 0m 层的所有模型，使得其呈现黄色的选中状态，点击界面左侧工具
栏中的 ✚ 工具，在界面上方的属性栏中选择复制选项，复制的份数为 3 份，由于为
向高层楼层进行复制，故设置沿 Z 轴方向移动 3m。复制份数为 3 份时即表明将 0m
层沿着 Z 轴复制 3 份，且每个复制楼层间的间距为 3m。复制属性栏的设置如图 10-30
所示。

图 10-30　复制楼层属性栏

复制得到的楼层如图 10-31 所示。由图可知，每层楼的房间结构均一致，且每层楼均具有一个安全出口（以绿色的门的形式表现）。将除 0m 层以外的其余层的安全出口删除。选中各层的安全出口，单击鼠标右键，选择删除选项，即可将各层的安全出口删除。

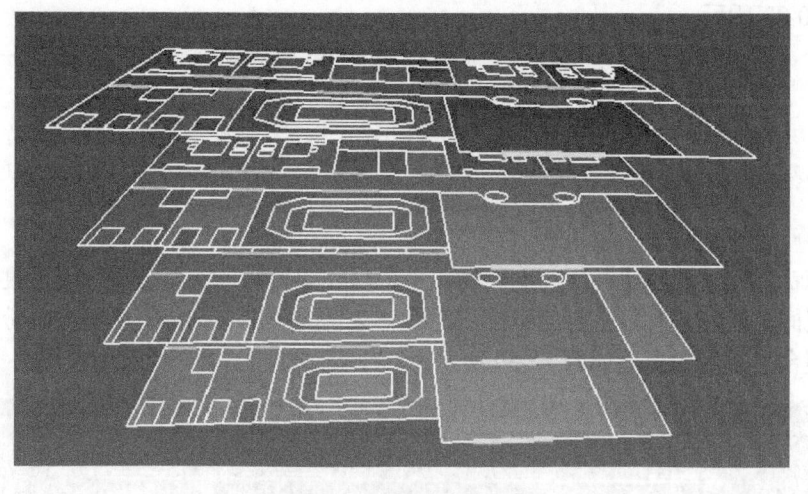

图 10-31　楼层复制效果

接下来绘制连接各层的楼梯，楼梯的坐标位置为办公楼的右侧。将当前楼层设置为 0m，在 0m 层绘制楼梯转弯缓台的坐标房间。点击界面左侧工具栏中的 ▨ 工具，拖动鼠标在绘图区域中绘制缓台坐标房间所在位置，得到坐标房间如图 10-32 所示。

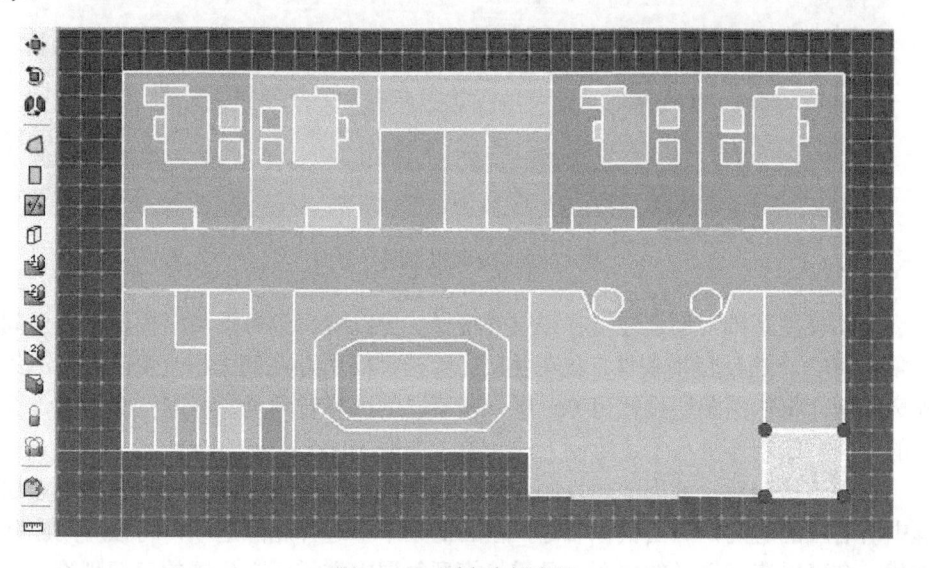

图 10-32　缓台坐标房间

由于楼梯转角缓台应位于两个楼层中央，故使用复制移动功能将该坐标房间上移至 0m 层与 3m 层中央。选中该坐标房间，点击界面左侧工具栏中的 ✛ 工具，在界面上方属性栏中选择剪切选项（Normal Mode），即在复制坐标房间的同时不保留原有房间。由于模型中的楼层间距为 3m，故设置坐标房间沿 Z 轴向上移动 1.5m，如图 10-33 所示。

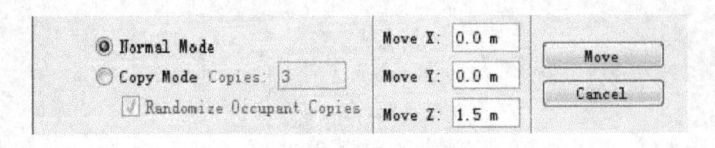

图 10-33　剪切房间属性栏

点击 Move 选项进行房间的移动，采用同样的复制方法将该楼梯缓台复制到其余楼层间，在复制时需注意应设置房间沿着 Z 轴向上移动 3m，共复制 2 份。复制楼梯缓台房间后的模型如图 10-34 所示。

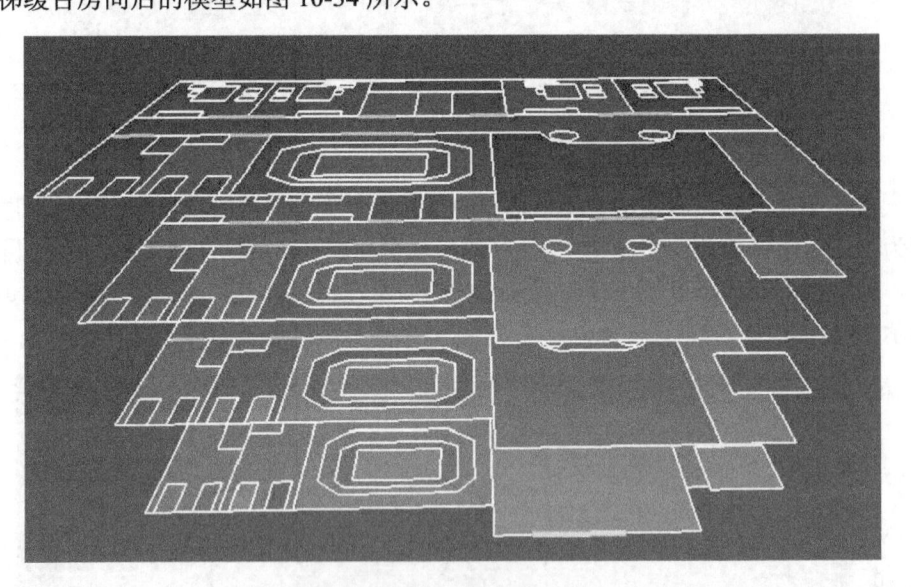

图 10-34　复制楼梯缓台平面

在此模型基础上创建连接各楼层的楼梯。可以观察到每层与楼梯转角缓台间的夹角为 90°，违反使用条件，故在各层去除楼梯间所存在的面积，使用的方法为删除房间法。将作图图层设置为 0m 层，在该层的楼梯转角坐标房间一侧绘制一个矩形的房间，绘制方法与上述绘制方法一致，如图 10-35 所示。

选中该房间后，使用上述复制方法将该房间复制至其余楼层，并在各个楼层中选中所对应的房间，点击鼠标右键，在右键菜单中选择删除选项，将该房间删除，创建一个可以连接楼梯的接面。且需将模型每层中楼梯所在位置的房间删除，以免造成疏散中人员被困。删除上述各个房间后的模型如图 10-36 所示。

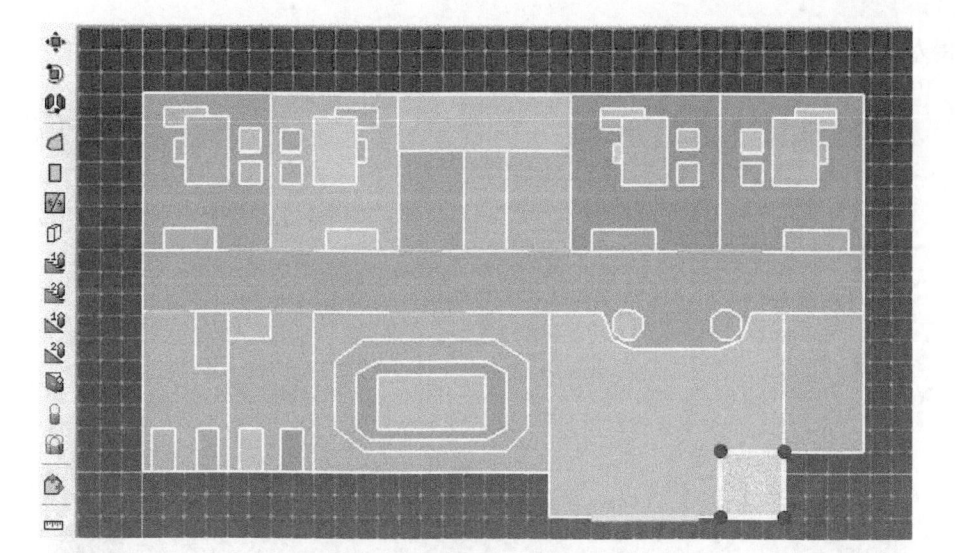

图 10-35　复制楼梯接面切口

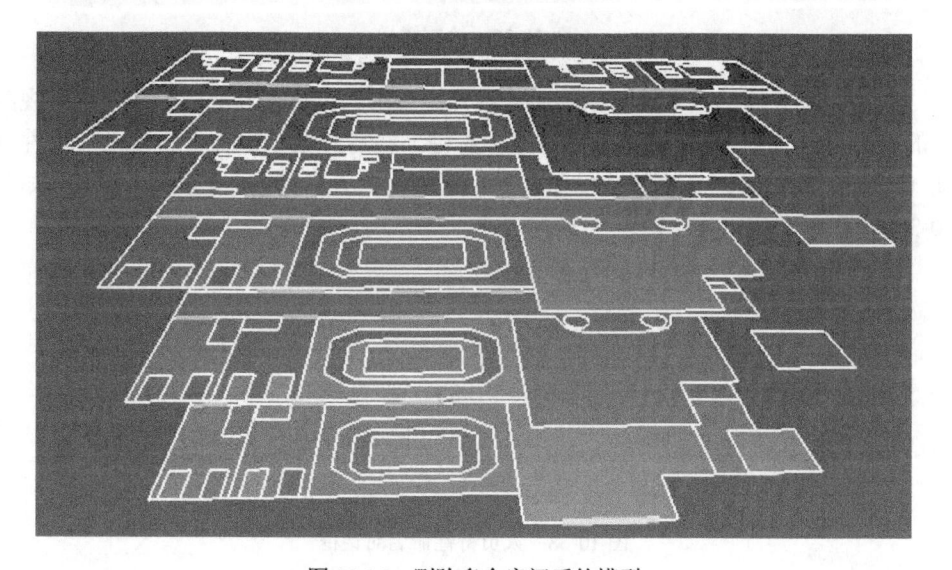

图 10-36　删除多余房间后的模型

　　点击界面左侧工具栏中的 选项，在界面上方的属性栏中设置楼梯的宽度为 150cm，拖动鼠标至绘图区域，软件将自动进行楼梯的捕捉，在 0m 处的楼梯接面缺口处单击鼠标左键，拖动鼠标至楼梯缓台处，再次单击鼠标左键，即可绘制连接 0m 层楼层与转角缓台平面的楼梯。采用同样的方式重复进行楼梯的绘制，绘制连接各楼层的楼梯，如图 10-37 所示。

　　绘制楼梯后在各楼层连接楼梯的房间与办公楼楼道间绘制一扇门。在界面左侧工具栏中选择 工具来绘制，在门的属性设置中，将门的宽度设置为 200cm。使得人员可以通过楼道走向楼梯进行疏散逃生。

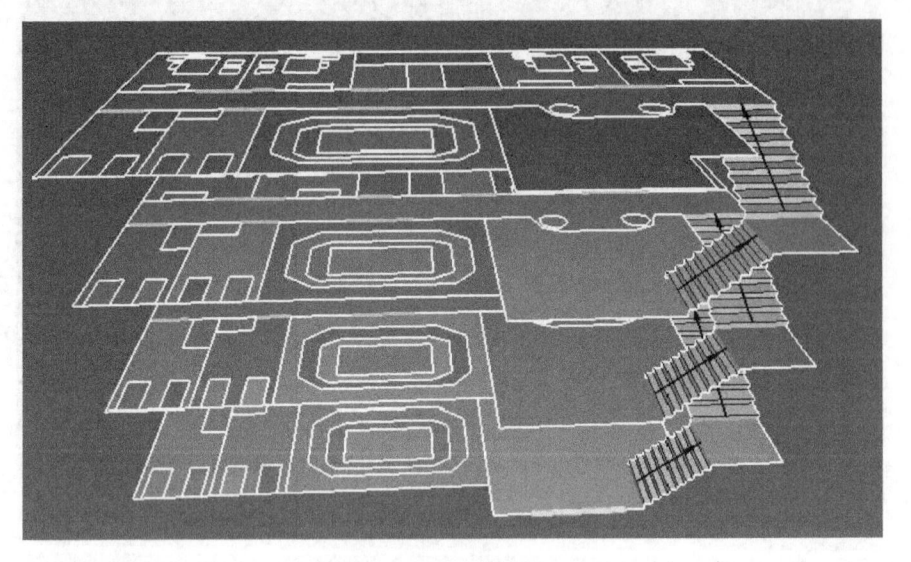

图 10-37　绘制楼梯

　　绘制完办公楼的基本模型结构后，设置模型中的人员特性参数。选中导航视图中的人员特性选项 Profiles，单击鼠标右键，在右键菜单中选择新建人员特性选项（Add a Profile...），在弹出的命名对话框中将此人员特性命名为"people"，如图10-38 所示。

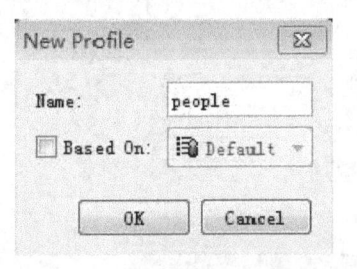

图 10-38　人员特性命名对话框

　　点击 OK 选项后将弹出人员特性编辑对话框，在该对话框中可以对人员的颜色、运动速度、在疏散运动中的觉醒时间、行为选择等人员特性值进行设置。在本例中，仅对人员的疏散运动速度和人员的肩宽进行修改，其余采用软件中的默认数值。将人员的疏散运动速度设置为 1.25m/s、人员的肩宽设置为 46.5cm，如图 10-39 所示。点击 Apply 选项后再次点击 OK 选项，即可完成本次的人员特性设置。

　　人员特性设置完毕后即可在导航试图区的人员特性下的菜单中找到刚刚设置的"people"选项。点击界面上方的光标工具 ，再点击界面左侧导航视图中的楼层选项 Floors，选中整个模型的各个楼层，此时，各楼层将呈现黄色的被选中状态。在 Floors 选项处单击鼠标右键，在右键下拉菜单中选择添加人员选项（Add Occupant…），在弹出的添加人员对话框中单击人员特性的 Default 选项，在弹出的人员比例设置框内将刚刚设置的"people"项前的数值设置为 100，而 Default 项前的数字设置为 0，即所添加的人员全部为符合"people"特性的人员。将人员的添加方式设置为随机添加（Random），数值设置为 100，并点击 OK 选项，即可完成人员的添加，如图 10-40 所示。

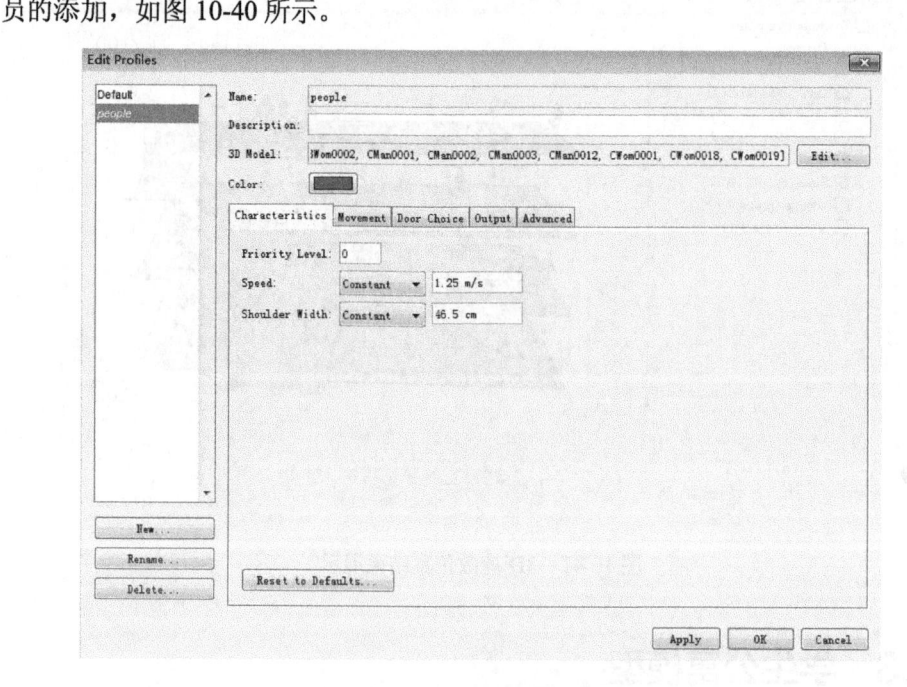

图 10-39　人员特性设置对话框

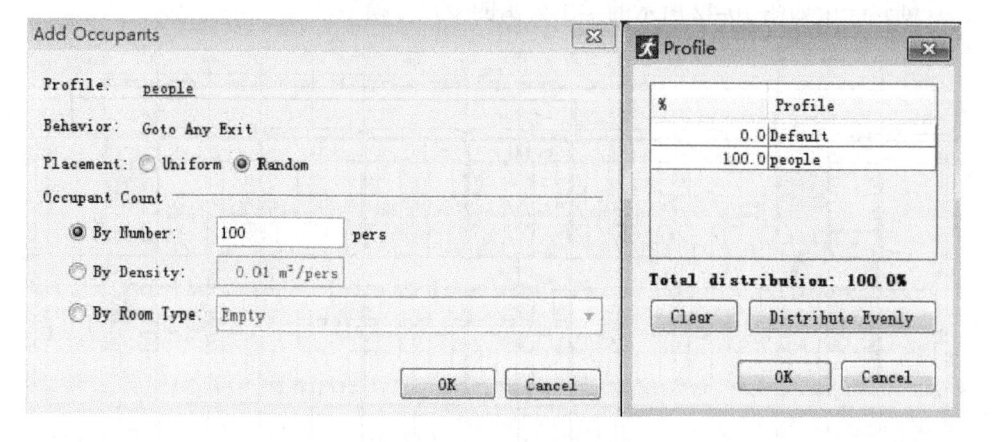

图 10-40　添加人员对话框

完成上述模型绘制后点击界面上方启动模拟运行任务选项，开始进行模拟仿真，模拟仿真计算后 Pathfinder 软件将自动弹出如图 10-41 所示的疏散结果 3D 展示窗口。疏散仿真结果表明，该办公楼内有 100 名人员进行疏散时，所需疏散时间为 77s。

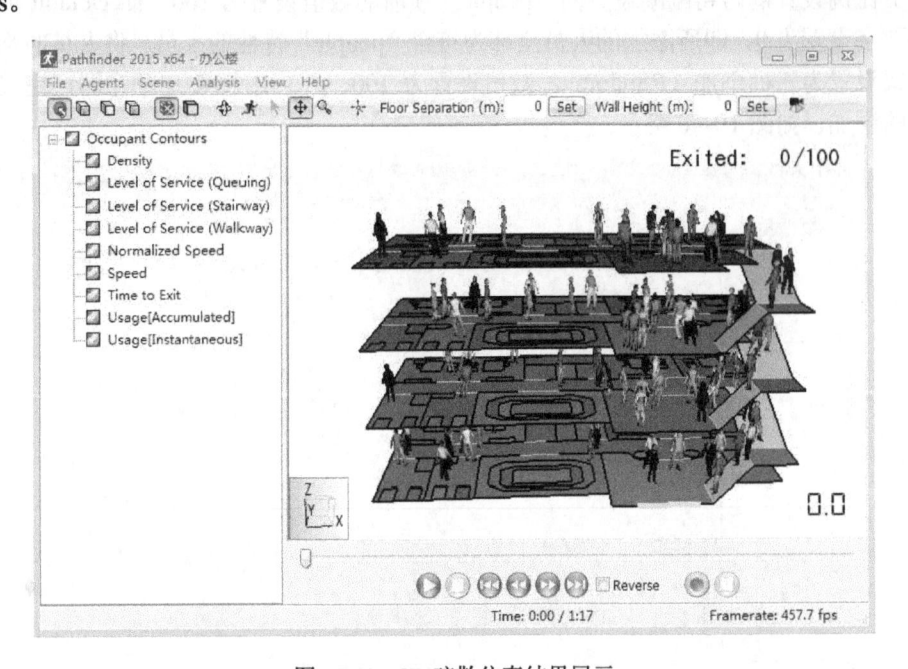

图 10-41　3D 疏散仿真结果展示

# 10.3　学生公寓模型

创建一个如图 10-42 所示的学生公寓的全尺寸模型。

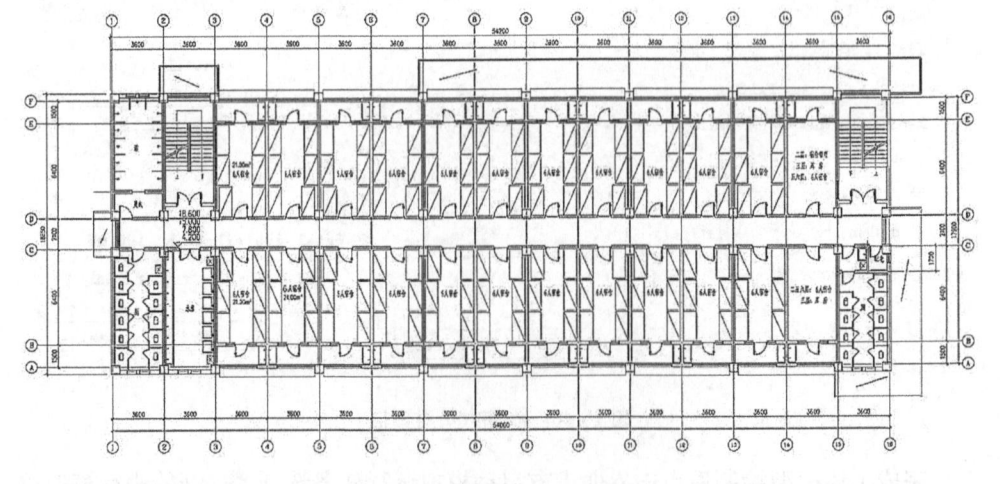

图 10-42　某学生公寓图纸

第 10 章 提高模型实例——建模详解 135

➡ **建模详解**

打开 Pathfinder 软件，在界面左侧导航视图中点击楼层下拉菜单 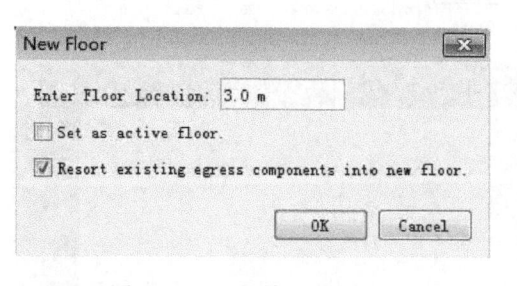，选择新建楼层选项（Add New...），并在弹出的新建楼层对话框中的楼层位置选项（Enter Floor Location）处输入 3.0m，如图 10-43 所示。

继续采用上述方法添加楼层，楼层位置选项（Enter Floor Location）处分别输入 6.0m、9.0m、12m 及 15m。创建的楼层将在左侧导航视图中显示，如图 10-44 所示。

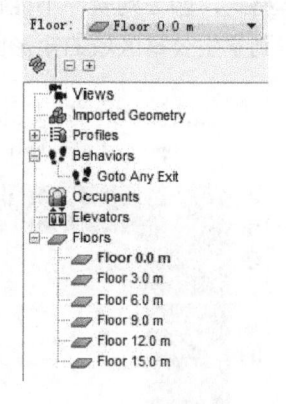

图 10-43  添加楼层对话框　　　　　　图 10-44  楼层导航视图

将当前绘图楼层选择为 0m 层，点击界面上方的视图切换选项 🗗，将绘图界面切换至 2D 视图界面，此时软件绘图区域将出现导航网格，如图 10-45 所示。

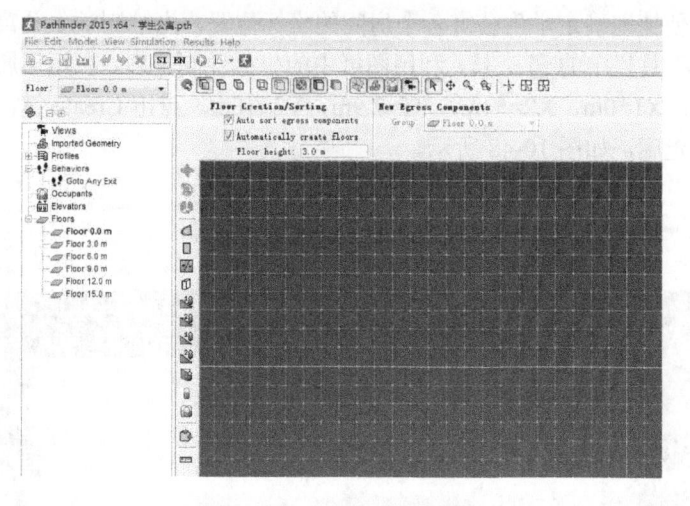

图 10-45  2D 绘图视图界面

在该 2D 视图界面中绘制学生公寓模型。首先绘制学生公寓模型总体矩形面积模型，参照图 10-42 所述的尺寸进行绘制。点击界面左侧工具栏中的 ▮ 工具，界面上方将出现如图 10-46 所示的属性栏。

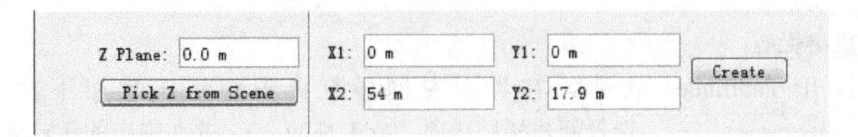

图 10-46　绘制矩形工具属性栏

在属性栏中输入学生公寓区域的面积坐标，为：X1=0m，X2=54m，Y1=0m，Y2=17.9m。在输入时需注意数字与单位（m）之间的空格不可删去，这是软件要求的基本格式，删去则软件不能识别，将影响作图。输入坐标完毕后点击 Create 键，即可得到学生公寓区域的矩形图，如图 10-47 所示。

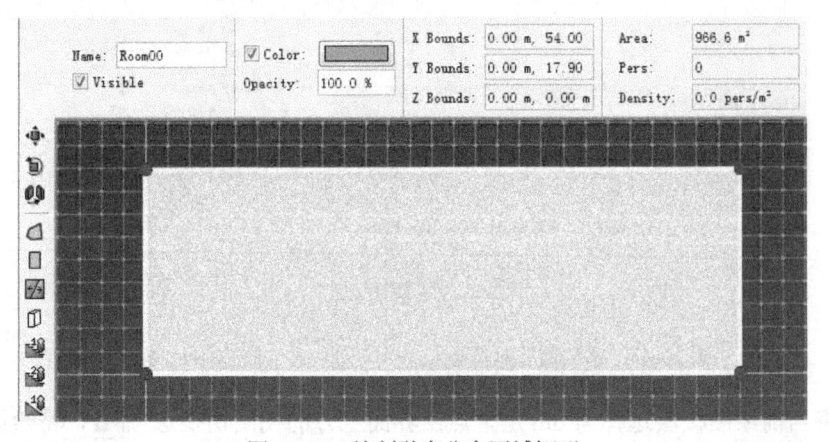

图 10-47　绘制学生公寓区域矩形

为更为便捷地确定学生公寓各个房间的坐标位置，先绘制学生公寓的走廊。点击界面左侧工具栏中的 ▉ 工具，利用图纸中的坐标绘制走廊。在矩形属性栏中将坐标值设置为：X1=0m，X2=54m，Y1=7.9m，Y2=10m。点击 Create 键，即可得到该学生公寓的走廊，如图 10-48 所示。

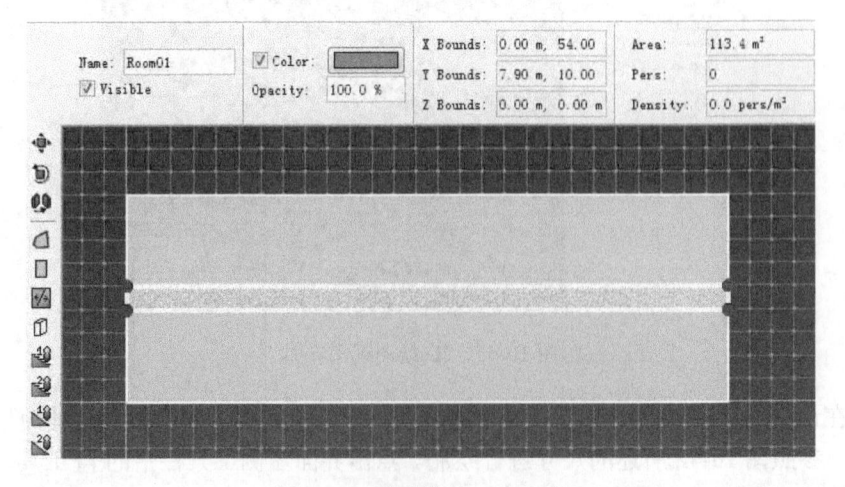

图 10-48　绘制学生公寓走廊

接下来绘制学生公寓 0m 层内的房间。点击界面左侧工具栏中的 █ 工具，利用图纸中的坐标绘制房间。首先绘制位于图纸左侧底角的房间，在矩形属性栏中将坐标值设置为：X1=0m，X2=3.6m，Y1=0m，Y2=7.9m。点击 Create 键，即可得到该房间，如图 10-49 所示。

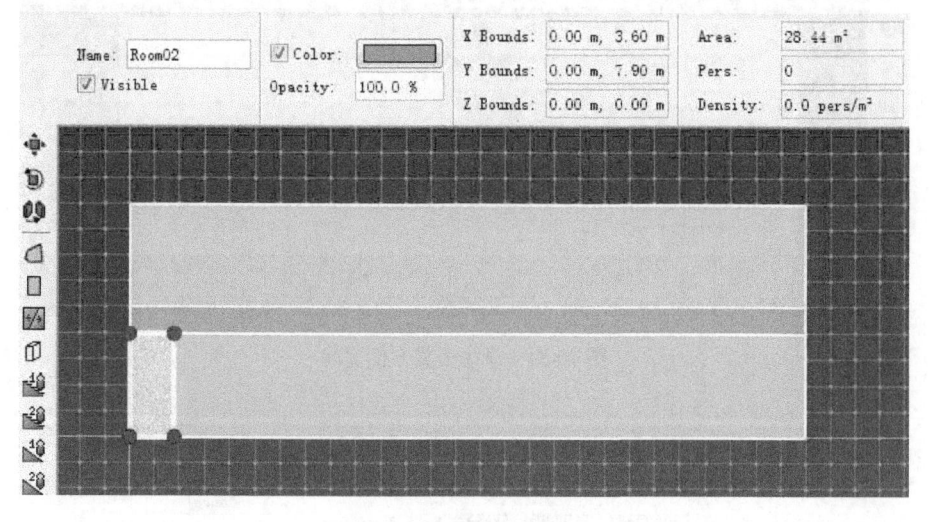

图 10-49　绘制单个房间

观察图纸不难发现，该学生公寓中所有房间的面积均相等。此时可以选择重复上述步骤继续绘制其余各房间，也可以选择利用复制工具进行房间复制。为简化绘图步骤，本例中采用复制功能进行其余房间的绘制。选中图 10-49 中所绘制的房间作为基础房间，该房间将呈现黄色被选中状态。点击界面左侧工具栏中的 ✥ 工具，在界面上方的属性栏中设置本次复制的属性值。由于图纸中显示学生公寓一侧仍有14 个房间待绘制，故将属性栏中的复制选项后的值设置为 14，且复制方向为沿 X轴正方向，故在 Move X 选项中设置的值为 3.6m，如图 10-50 所示。

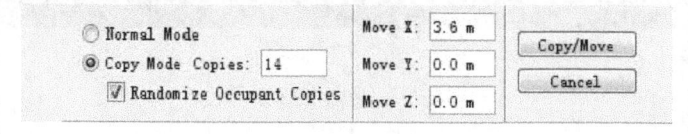

图 10-50　复制工具属性栏设置

点击 Copy/Move 选项，即可得到复制后的学生公寓一侧房间，如图 10-51 所示。

在此步骤的基础上，点击界面上方的 ⇡ 选项，按住键盘上的 Ctrl 键，并单击左侧的基础房间，使得学生公寓模型中一侧的房间全部呈现黄色被选中状态。点击界面左侧工具栏中的 ✥ 工具，在界面上方的属性栏中设置本次复制的属性值。由于要将界面一侧的房间直接复制到界面另一侧，故在复制时应选择复制 1 份，且复制方向为沿 Y 轴正方向，复制移动属性栏设置值如图 10-52 所示。

人员应急疏散仿真工程软件——Pathfinder 从入门到精通

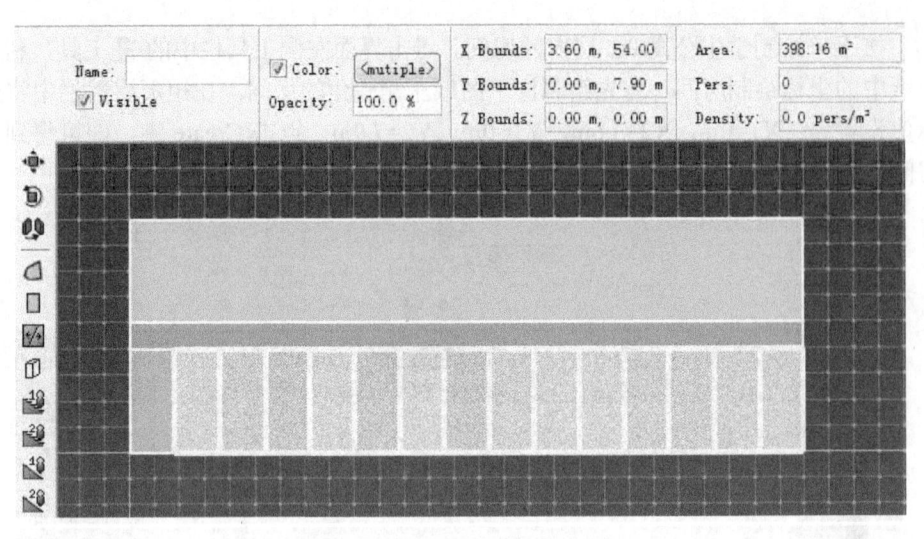

图 10-51　学生公寓一侧房间

图 10-52　复制一侧房间属性栏设置

设置后点击 Copy/Move 选项，即可得到学生公寓的两侧房间，如图 10-53 所示。

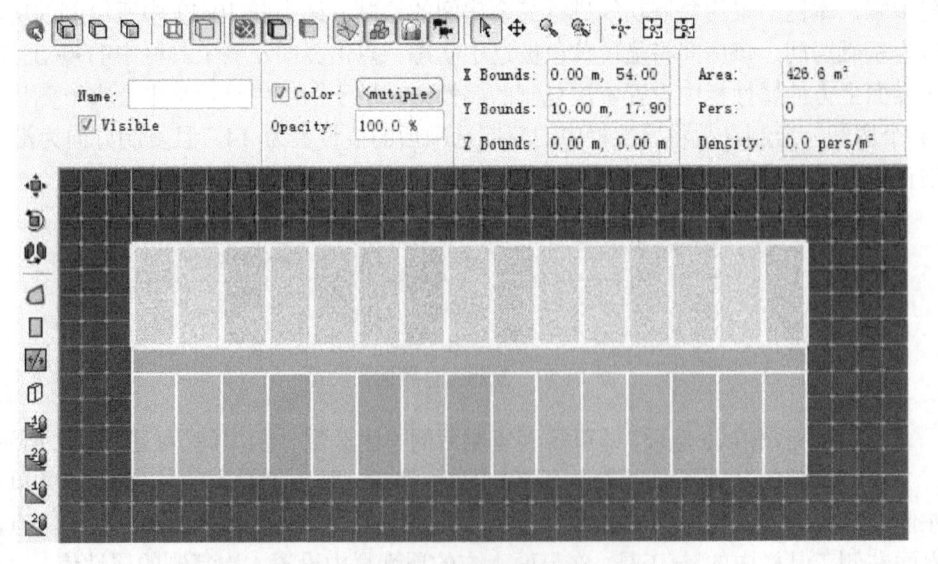

图 10-53　学生公寓模型中的两侧房间

继续利用上述方法绘制学生公寓模型中各房间的阳台，阳台的长度为 3.6m（与

第 10 章　提高模型实例——建模详解　139

房间一致），宽度为 1.5m。绘制后得到的模型如图 10-54 所示。

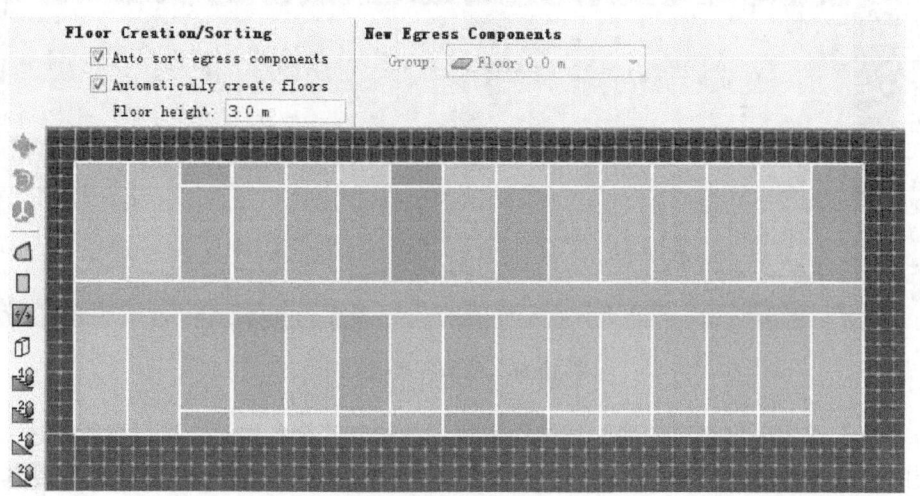

图 10-54　绘制阳台

学生公寓房间内的床、淋浴隔间、洗手台、洗衣台等均会阻碍人员的疏散运动，因此在模型中可以通过障碍物的方式进行展现。点击界面左侧工具栏中的 ▣ 工具，按照图 10-42 中的尺寸进行房间中床、洗手台、洗衣台等障碍物的绘制。点击界面左侧工具栏中的 ⚡ 工具，绘制淋浴隔间的薄墙。绘制障碍物后的模型如图 10-55 所示。

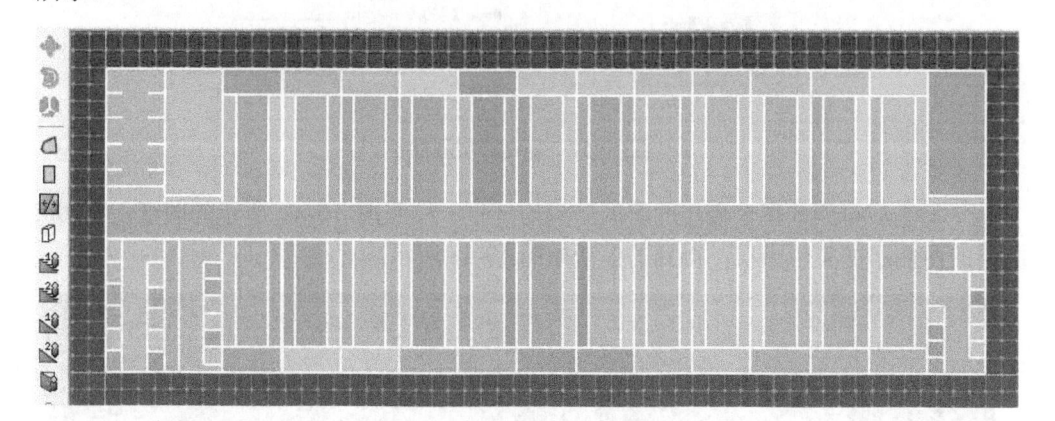

图 10-55　绘制房间内的障碍物

继续绘制模型中的门，点击界面左侧工具栏中的 ▦ 工具，根据图纸中的尺寸将各房间、阳台门及配电室等房间门的宽度设置为 150cm，水房门的宽度为 200cm，楼梯口门的宽度为 250cm。分别依据上述尺寸在绘制门的属性栏中进行设置，并绘制模型中各房间的门，如图 10-56 所示。

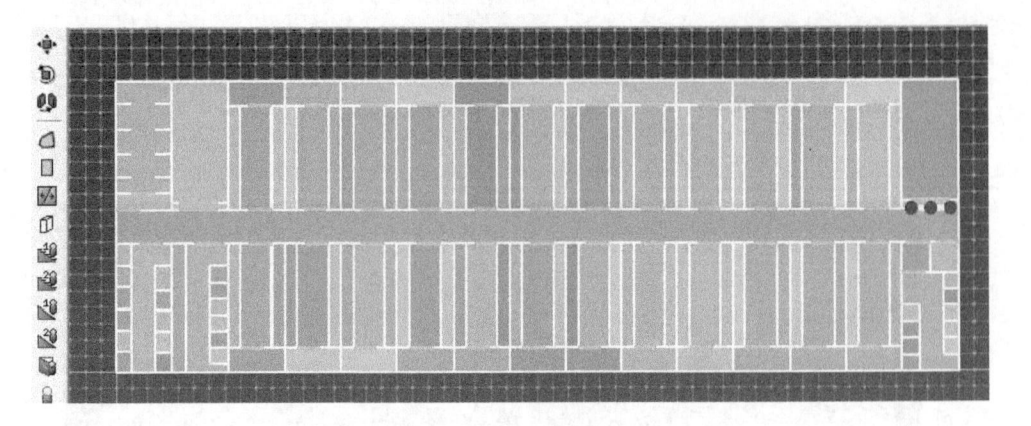

图 10-56　绘制各房间的门

由于学生公寓每层的房间结构均一致，在绘制其余各层时，可以参照上述 0m 层的绘制方法进行绘制，也可以通过复制功能将 0m 层绘制的房间模型复制到其余各层中。在本例中应用复制的方法来完成其余楼层的绘制。点击界面上方的 选项，拖动鼠标选中 0m 层的所有模型，使得其呈现黄色的选中状态，点击界面左侧工具栏中的 工具，在界面上方的属性栏中选择复制选项，复制的份数为 5 份，由于为向高层楼层进行复制，故设置沿 Z 轴方向移动 3m。复制份数为 5 份时即表明将 0m 层沿着 Z 轴复制 5 份，且每个复制楼层间的间距为 3m。复制属性栏的设置如图 10-57 所示。

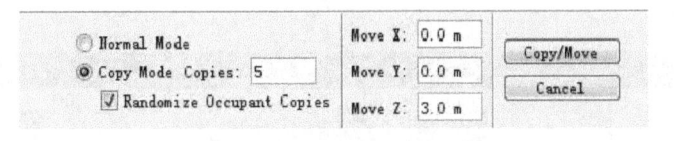

图 10-57　复制楼层属性栏

复制后得到的每个楼层的房间结构均一致，按照图 10-42 所示的图纸，在 0m 层的两侧添加安全出口，得到的模型如图 10-58 所示。

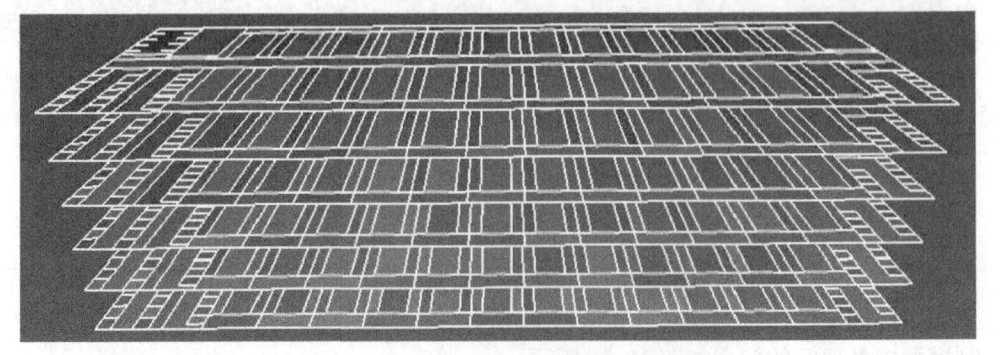

图 10-58　楼层复制效果

接下来绘制连接各层的楼梯，楼梯的坐标位置已在模型中预留房间。将当前楼层设置为0m，根据学生公寓图纸中的尺寸在0m层绘制楼梯转角缓台的基础房间。点击界面左侧工具栏中的 ▇ 工具，在界面上方的属性栏中输入转角缓台基础房间的坐标值为：X1=3.6m，X2=7.2m，Y1=16.4m，Y2=17.9m 及 X1=50.4m，X2=54m，Y1=16.4m，Y2=17.9m。点击 Create 键，即可得到楼梯转角缓台基础房间，如图10-59所示。

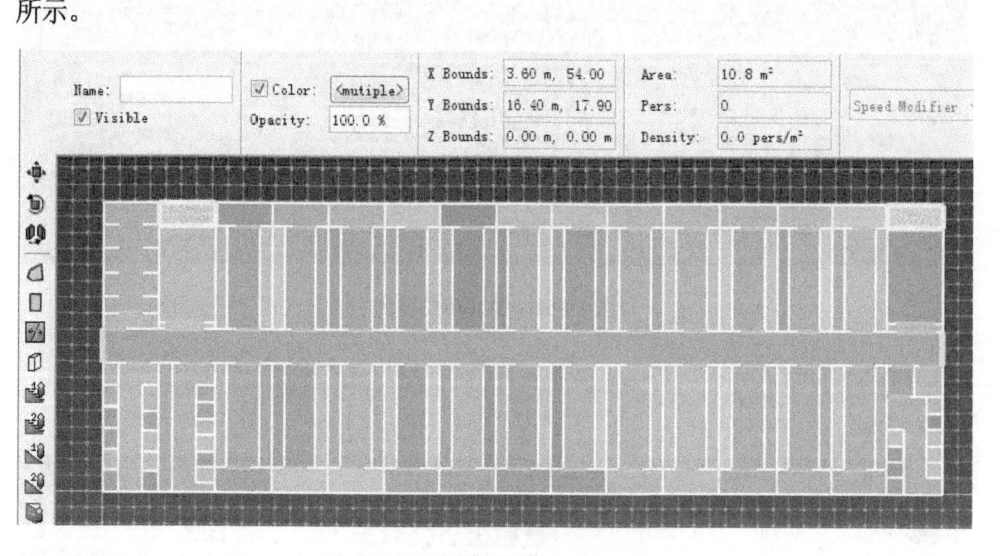

图10-59 楼梯转角缓台基础房间

因各楼梯转角缓台平面位于楼层的中间，故利用复制功能来移动基础房间绘制各楼层间的缓台平面。选中图10-59所示的2个转角基础房间，使其呈现黄色的选中状态，点击界面左侧工具栏中的 ✛ 工具，在复制属性栏中选择不保存原有房间的复制，即进行剪切，由于楼层间距为3m，故 Move Z 处设置的值为1.5m（楼层中间位置）。点击 Move 键进行移动。完成移动后再次点击界面左侧工具栏中的 ✛ 工具，进行各楼层间的转角缓台的复制。在界面上方的属性栏中输入如图10-60所示的属性参数值。

图10-60 楼梯转角缓台复制属性值

点击 Copy/Move 键完成复制任务，即可得到含有各楼层楼梯转角缓台的模型，如图10-61所示。注：为了方便观察缓台平面，此时的视图为从模型后方观察模型时的视角。

可以注意到，若在此时绘制连接各楼层及楼梯转角缓台的楼梯，楼梯与各楼层的夹角为 90°，不符合实际使用需求。因此需要创建连接楼梯的界面切口。将作图图层设置为 0m 层，使用上述绘制矩形房间的方法绘制楼梯连接房间，绘制结果如图 10-62 所示。

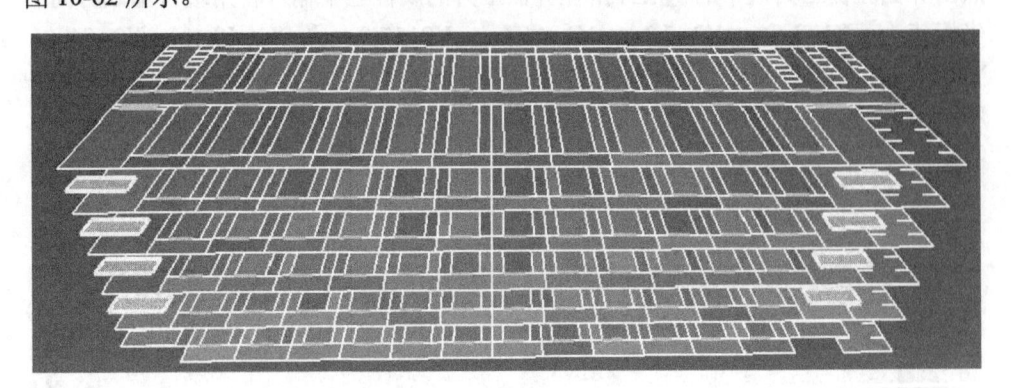

图 10-61　楼梯转角缓台

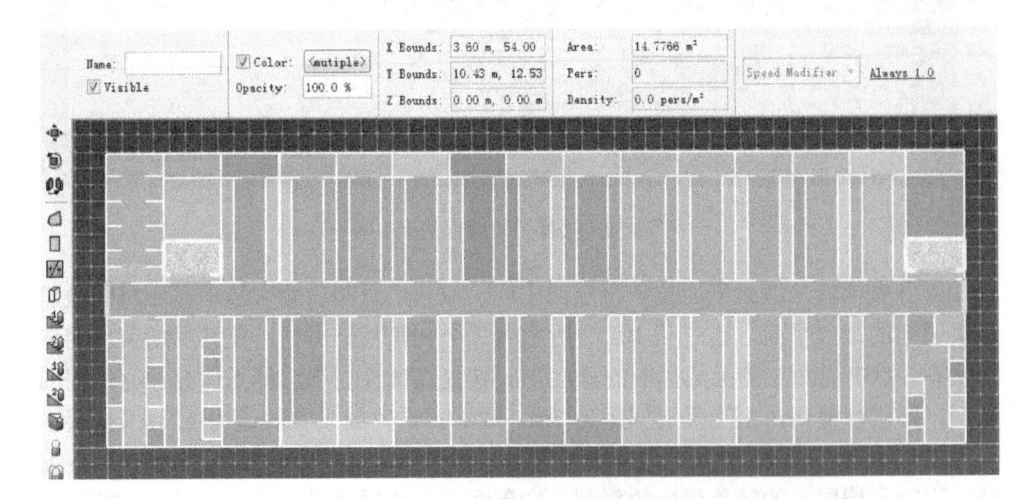

图 10-62　绘制楼梯连接房间

利用复制功能将上述绘制的 0m 层的楼梯连接房间复制到其余楼层，在复制时 Move Z 值应设置为 3m，复制份数为 5 份。复制完成后，删去连接房间上方的房间来创建楼梯间，得到的模型如图 10-63 所示。注：为了方便观察缓台平面，此时的视图为从模型后方观察模型时的视角。

点击界面左侧工具栏中的 选项，在界面上方的属性栏中设置楼梯的宽度为 180cm，拖动鼠标至绘图区域，软件将自动进行楼梯的捕捉，在 0m 处的楼梯接面缺口处单击鼠标左键，拖动鼠标至楼梯缓台处，再次单击鼠标左键，即可绘制连接 0m 层楼层与转角缓台平面的楼梯。采用同样的方式重复进行楼梯的绘制，绘制连接各楼层的楼梯，如图 10-64 所示。注：为了方便观察缓台平面，此时的视图为从模型后方观察模型时的视角。

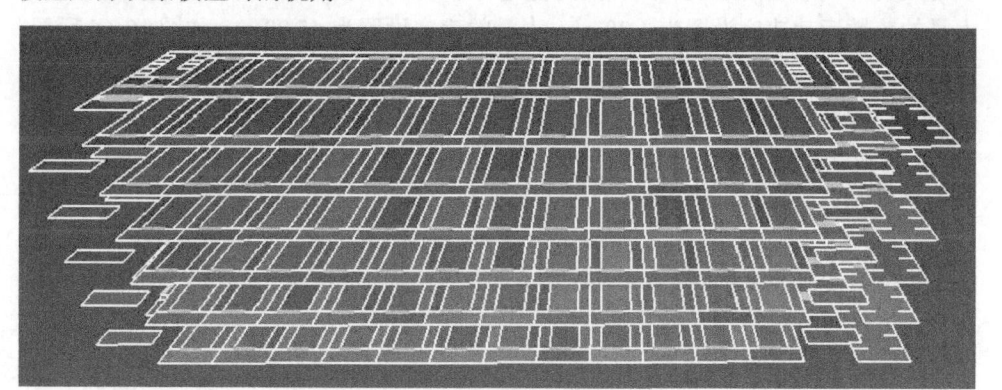

图 10-63　绘制楼梯间

图 10-64　绘制楼梯

绘制完学生公寓的基本模型结构后，设置模型中的人员特性参数。选中导航视图中的人员特性选项 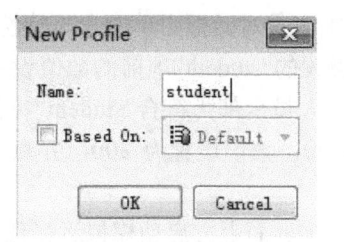 Profiles，单击鼠标右键，在右键菜单中选择新建人员特性选项（Add a Profile...），在弹出的命名对话框中将此人员特性命名为"student"，如图 10-65 所示。

图 10-65　人员特性命名对话框

点击 OK 选项后将弹出人员特性编辑对话框，在该对话框中可以对人员的颜色、运动速度、在疏散运动中的觉醒时间、行为选择等人员特性值进行设置。在本例中，仅对人员的疏散运动速度和人员的肩宽进行修改，其余采用软件中的默认数值。将人员的疏散运动速度设置为1.20m/s、人员的肩宽设置为45.00cm，如图10-66所示。点击Apply选项后再次点击OK选项，即可完成本次的人员特性设置。

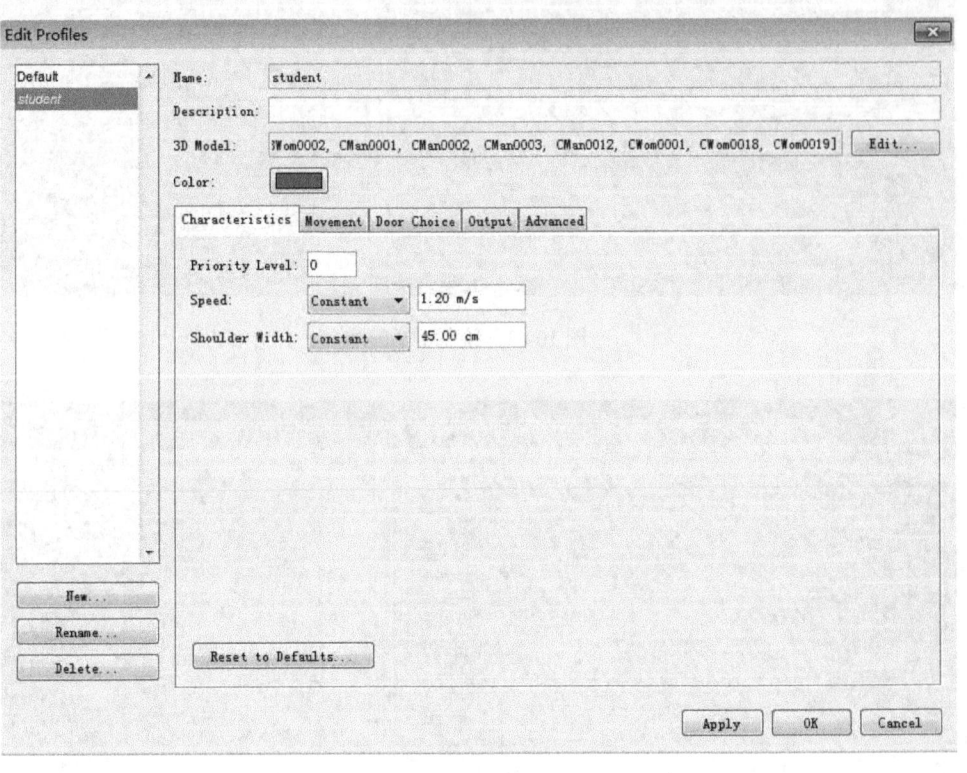

图10-66　人员特性设置对话框

人员特性设置完毕后即可在导航视图区的人员特性下的菜单中找到刚刚设置的"student"选项。点击界面上方的光标工具 ▶ ，再点击界面左侧导航视图中的楼层选项 ⬚ Floors ，选中整个模型的各个楼层，此时，各楼层将呈现黄色的被选中状态。在 ⬚ Floors 选项处单击鼠标右键，在右键下拉菜单中选择添加人员选项（Add Occupant…），在弹出的添加人员对话框中单击人员特性的Default选项，在弹出的人员比例设置框内将刚刚设置的"student"项前的数值设置为100，而Default项前的数字设置为0，即所添加的人员全部为符合"student"特性的人员。将人员的添加方式设置为随机添加（Random），数值设置为300，并点击OK选项，即完成人员的添加，如图10-67所示。

完成上述模型绘制后点击界面上方启动模拟运行任务选项 ▶ ，开始进行模拟仿真，模拟仿真计算后Pathfinder软件将自动弹出如图10-68所示的疏散结果3D展示窗口。疏散仿真结果表明，该学生公寓内有300名人员进行疏散时，所需疏散时间为133s（软件中仅显示两位，实际为133.5s）。

第 10 章 提高模型实例——建模详解 145

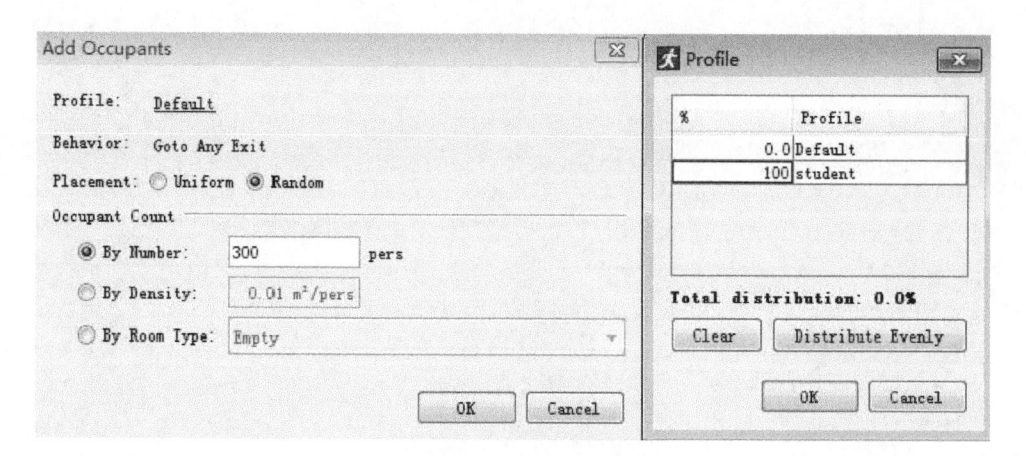

图 10-67 添加人员对话框

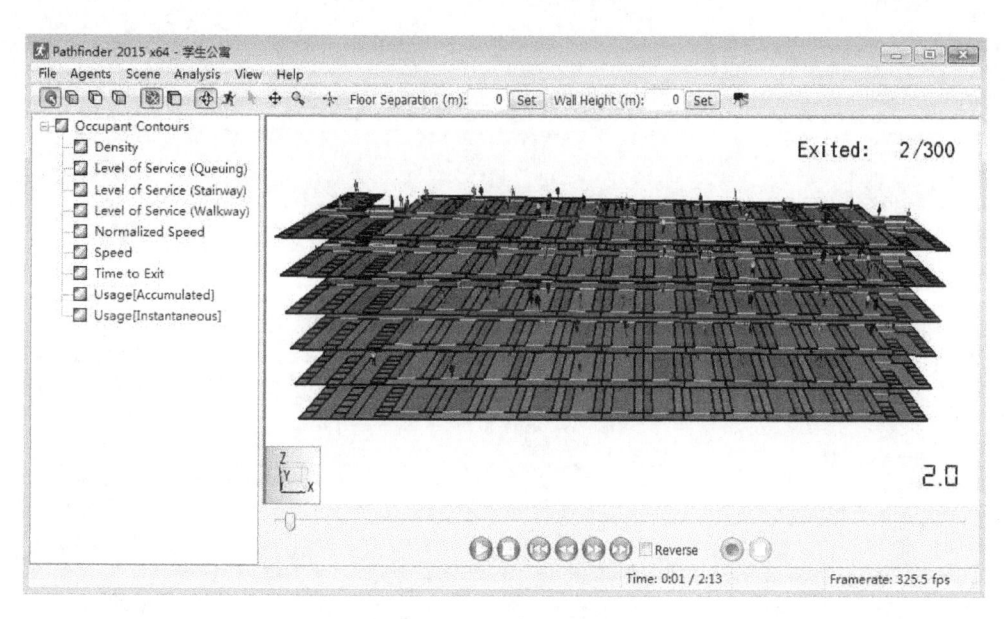

图 10-68 3D 疏散仿真结果展示

# 精通篇

- 第 11 章　模型检查
- 第 12 章　模型观察与记录
- 第 13 章　模拟结果
- 第 14 章　精通模型实例——建模详解

# 第11章 模型检查

Pathfinder 包含了一些有用的工具来分析模型的各种属性。

## 11.1 距离测量

距离可以通过使用测量工具 ▭ 来测量。要做到这一点，从 3D 或 2D 视图中选择测量工具。左键单击一系列点来定义一个路径，并沿该条路径来测量距离。定义点完成后，单击鼠标右键。点到点的距离累计显示在一个对话框中。

当在 3D 视图中测量距离时，该距离被视为捕获点之间的实际距离。然而，当测量 2D 视图中的距离时，距离通过投影到一个平行于相机视图平面的平面上的点来测量。

## 11.2 连接检查

有时需要检查各组件在模型中的连接以防调试仿真错误或保证模型的有效性。比如，模型可能包含由走廊连接的两个房间，如图 11-1 所示。

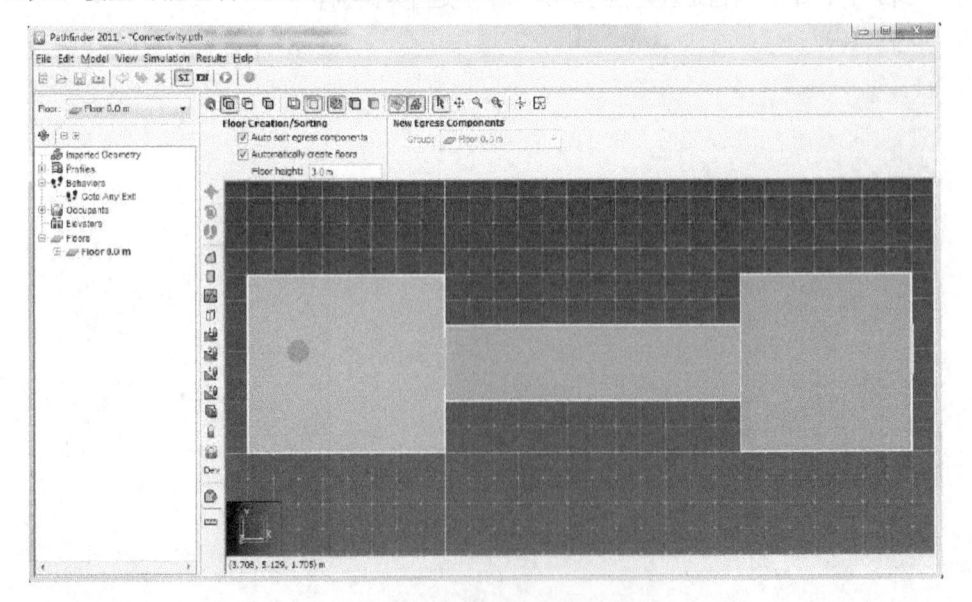

图 11-1  连通的例子

如果运行这个模型，会出现以下错误，如图 11-2 所示。

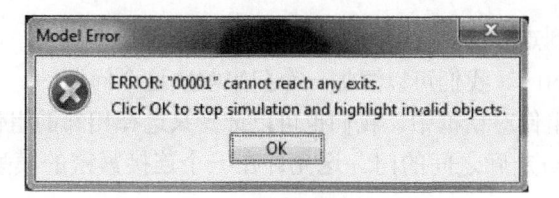

图 11-2　模型错误对话框

这种类型的错误通常表明该模型连接不正确。它告诉我们，名为 00001 的人员不能到达他的任何指定的出口。这意味着要么在他通向出口的路线中缺少一个连接门，要么是其他一些几何图形的问题。我们需要确定为什么人员不能到达模型右侧的出口。为此，我们右键单击包含人员的房间，然后从右击菜单中选择选择连接组件（Select Connected Components），此时弹出如图 11-3 所示的对话框。

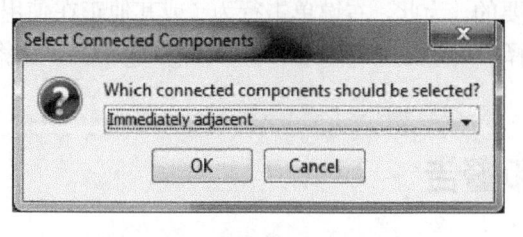

图 11-3　选择连接组件对话框

我们想要跟踪模型连接性，尽可能来确定我们在何处可能错过了一个门或连接，因此，在选择连接组件对话框中，我们选择 Entire graph 并单击 OK。Pathfinder 将凸显整个图形组件并找到最初的选择，如图 11-4 所示。

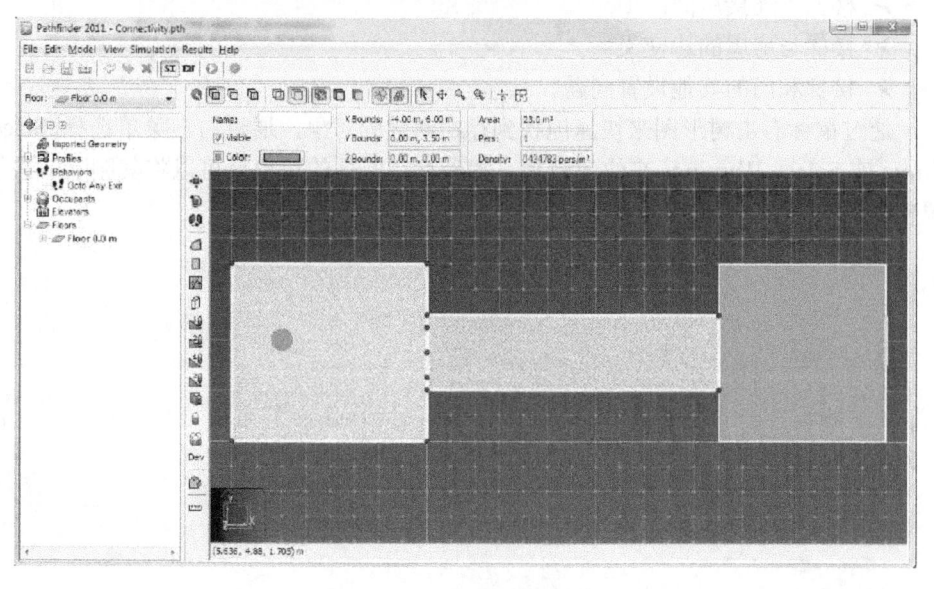

图 11-4　选择整个连接组

我们可以看到走廊没有连接到右边的房间。经进一步检查，可以看到走廊和房间之间没有连接的门。我们可以添加一个门来解决这个问题。

从选择连接组件对话框中，我们也可以选择只选择相邻的组件。这只会选择原始的房间和房间与走廊之间的门。这允许在一个连接紧密的模型中更仔细地检查连接。

## 11.3 检查正在使用的对象

在 Pathfinder 中，有几个对象可以引用其他对象模型。例如，一个人员可以引用一个描述和一个行为，这个行为可以引用逃生，转到电梯行动可以引用电梯等等。有些时候是很有用的，知道对象引用的是什么。例如，知道哪些人员正在使用一个特定的行为是很重要的。为此，右键单击行为（或其他正在使用的对象），并且在右键菜单中，单击选择引用对象（Select Referencing Objects）。这将突出显示使用当前行为的所有对象。

## 11.4 错误和警告

Pathfinder 软件在导航树形图处显示模型中存在的问题。当模型中存在问题时，在问题所在对象的图标下进行显示，如 ▨。用鼠标点击错误所在的图标，将显示模型错误的具体内容。组内的对象错误也将在整组标题处进行显示，一些常见的错误有：

➤ 楼梯不连接房间；
➤ 楼梯与房屋的边交叉；
➤ 楼梯和门的其他设置问题。

通过鼠标右击树形图来快速地找到存在问题的对象，通过右击菜单选择 Select Errors 或 Select Warnings 来快速查找。找到存在问题的对象后可以将其删除或进行调整。

# 第 12 章　模型观察与记录

Pathfinder 可以对模型的模拟结果进行动画录制并在稍后进行回放，既可以在模拟处理前录制也可以在 3D 结果展示时进行录制。

## 12.1　观察视频

模型的透视视角状态随时都可以被保存，包含位置、方向和放大。模型记录被保存，并被称作观察视频（View）。这样的视频可以在模拟结束后用于模型模拟和模拟结果的观察。

### 12.1.1　创建一个观察视频

想要创建一个上述的观察视频，需要按如下步骤进行。

① 通过 3D 导航视图的导航工具来确定观察视频的录制点。

② 通过如下方法创建一个观察视频：

a. 在 Model 菜单处点击 New View 选项；

b. 在 Navigation 导航视图中右击 View，选择 New View 选项。

在导航视图中将产生一个新的 View，如图 12-1 所示。

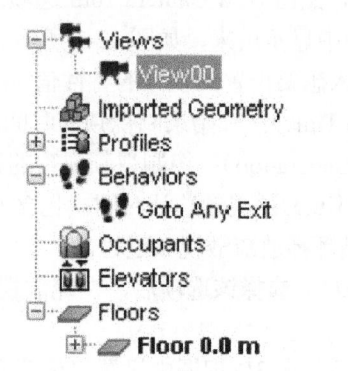

图 12-1　创建一个新的 View

### 12.1.2　回顾一个观察视频

通过以下方法可以回顾一个观察视频：

① 在导航视图上双击想要回顾的观察视频。

② 在 2D 或 3D 导航视图上用右键点击想要回顾的观察视频，并点击 Show in 3D View。

### 12.1.3　编辑一个观察视频

可以通过以下步骤编辑一个观察视频：

① 将观察视角放置在想要的位置。

② 用右键点击观察视频并点击 Update View。

## 12.2　视频录制

Pathfinder 中可以提供视频录制功能，可应用在以下场景中：

➢ 创建更多的模型模拟结果视频记录。

➢ 通过调节模拟结果时间来观察模型的疏散过程。

➢ 观察某一时刻的疏散统计结果。

观察轨迹在 2D/3D 视角下以绿色曲线的形式展现，它们可以通过在 3D/2D 的场景工具中的 Show View Objects 按钮 🎥 来进行显示和隐藏的调节。

### 12.2.1　录制一个视频

有 2 种方法可以创建一个视频，从当前模型和以往模型中录制。从以往模型中录制疏散模拟视频时的步骤为：

① 在 Model 菜单中，点击 New Camera Tour 选项。这将创造出一个空的视频，选择它并使其在导航视图中显示出来，如图 12-2 所示。

② 通过特征面板输入想要设置的视频的特性值。

a．开始时间（Begin Time）：开始录制视频的时间。

b．路径设置（Path Generation）：控制视频观察的视频路径形状。

c．总计时间（Total Time）：视频总计时间，包含开始时间，但不包含重复。

d．循环（Loop）：循环播放疏散视频过程。

e．重复播放（Repeat）：选择该选项后，在疏散视频播放完一次后，将进行再一次的播放。

③ 选定了视频轨迹后，在 3D 视图中设置好位置和方向。

④ 在特征面板中，点击 Add View 选项，将创建一个新的视频，选择它，将出现如图 12-3 所示的特性面板。

⑤ 编辑新创建视频的特性。

a．过渡时间（Transition Time）：从上一个视频过渡到这个视频所需的时间，这个值可以是 0，在这种情况下视频间的过渡时间为 0s。

b. 等待时间（Wait time）：视频进行下一个视频的等待时间。

c. 更新视频（Update View）：对现有的视频进行更新。

⑥ 重复上述步骤③～⑤。

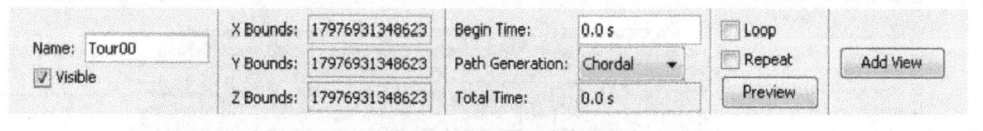

图 12-2　视频路径特性面板

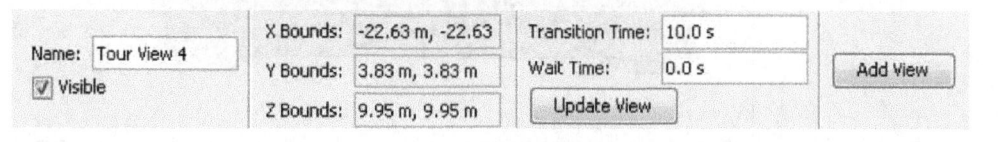

图 12-3　视频特性面板

## 12.2.2　调节视频

想要在观看录制视频时对视频进度进行调节，需要：

① 在 3D/2D 导航视图下选择一个视频；

② 点击特性控制面板中的 Preview 按钮。

视频进度调节面板如图 12-4 所示。

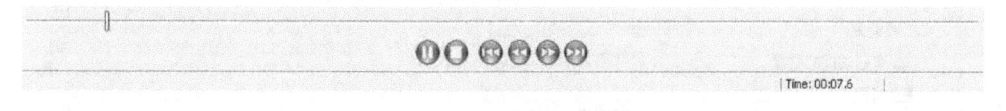

图 12-4　视频进度调节面板

通过视频进度调节面板可以实现视频的开始/暂停、回放、快速前进、跳过开头等功能。

## 12.2.3　精通练习一

➡ **录制模型的疏散视频。**

🗝 **练习解答**

基于上述 9.2.2 中的模型，启动模拟仿真任务，在模拟仿真后将弹出该模型的模拟仿真 3D 结果展示窗口，如图 12-5 所示。

在该界面中，人员进行疏散活动的仿真模拟，可以动态地观察模型中的人员疏散情况。为了录制该模型的仿真疏散视频，点击界面下边的 ⦿ 选项即可开始录制视频。录制视频前软件将自动弹出一个保存录制视频的对话框，可以在桌面或想要保存视频的位置建立视频文件夹来保存该模型的模拟疏散视频，如图 12-6 所示。

人员应急疏散仿真工程软件——Pathfinder 从入门到精通

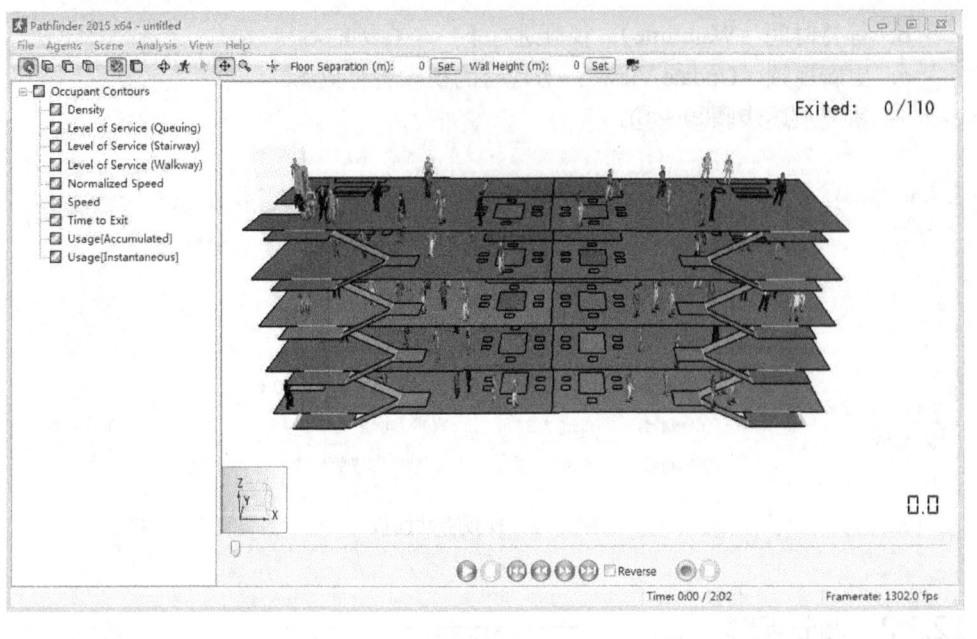

图 12-5　模型仿真模拟结果 3D 展示界面

图 12-6　模型仿真模拟视频保存对话框

在选择好模型仿真模拟视频保存文件夹及位置后，Pathfinder 软件将询问视频的压缩程度和保存的质量，点击 OK 后即可开始本次的模型仿真模拟视频录制，如图12-7 所示。

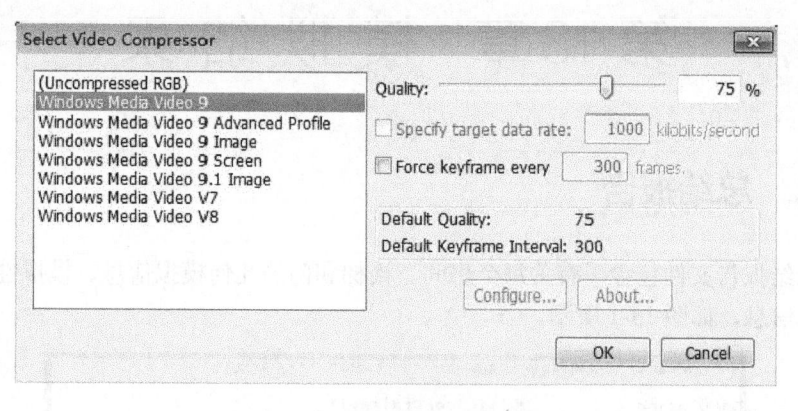

图 12-7　选择视频质量对话框

## 12.3　在不重新模拟一遍的情况下改变模拟视频

因为视频展示的不是模拟中的模型实体，模拟后所有的数据结果会被重新计算和更新，可以做到不重新运行模型而直接改变模拟得到的视频。这在某些时刻特别有必要，通过以下步骤来实现：

① 在预先的视频查看中设置想要的改变；

② 在文件 File 菜单中，选择 Save Views File…；

③ 保存在现有的输入文件中；

④ 重新加载 3D 运行结果。

# 第 13 章　模 拟 结 果

## 13.1　总结报告

总结报告文件包含了有关每个房间、楼梯和门的几何模拟信息、模拟性能信息和使用信息，如图 13-1 所示。

```
***SUMMARY***SUMMARY***SUMMARY***SUMMARY***SUMMARY***

Simulation:          MultiFloorStairwell
Mode:                SFPE (Basic)
Total occupants:     125
Exit Times (s):
  Min:               3.2
  Max:               176.7
  Average:           85.0
  StdDev:            53.7

[Components] All:    28
[Components] Doors:  14
Triangles:           66
Startup Time:        0.0s
CPU Time:            2.4s

          ROOM/DOOR    FIRST IN    LAST OUT    TOTAL USE    FLOW AVG.
                         (s)         (s)        (pers)      (pers/s)
         -----------  ---------   ---------   ---------    ---------
             Room01      0.0        26.7          25
             Room02      0.6       176.7         125
             Door00      3.2       176.7         125           0.7
             Door01      0.6        26.7          25           1.0
             Stair01     3.6       171.3         100
      Stair01 door 1    10.3       171.3         100           0.6
      Stair01 door 2     3.6       152.8         100           0.7
             Room02      2.6       152.8         100
             Room01      0.0        28.7          25
             Door03      2.6        28.7          25           1.0
             Stair02     2.8       127.5          75
      Stair02 door 1     9.6       127.5          75           0.6
      Stair02 door 2     2.8       106.1          75           0.7
             Room01      0.0        26.7          25
             Room02      0.6       106.1          75
             Door04      0.6        26.7          25           1.0
             Stair03     3.6        84.8          50
      Stair03 door 1    10.3        84.8          50           0.7
      Stair03 door 2     3.6        64.2          50           0.8
             Room02      2.6        64.2          50
             Room01      0.0        28.7          25
             Stair04     2.8        36.3          25
      Stair04 door 1     9.6        36.3          25           0.9
      Stair04 door 2     2.8        28.7          25           1.0
             Door07      2.6        28.7          25           1.0
             Room02      0.6        28.7          25
             Room01      0.0        26.7          25
             Door08      0.6        26.7          25           1.0
```

图 13-1　总结报告

这个文件显示在模拟运行对话框窗口中，同时记录保存在模拟运行目录下，命名为 name_summary.txt（名称为前期保存的 PTH 名称）。第一部分说明了有多少组件、三角形网格和人员在这个模型中。从模拟器的角度出发，考虑到模拟运行的复杂性，这个信息是很有用的。

这个表格给出了一个清单，清单包括模型中的所有组件（门、房间和楼梯）的信息。对于每一个组件，FIRST IN 这一列显示了仿真运行中第一个人员进入该组件的时刻。LAST OUT 显示了仿真运行中最后一个人员退出该组件的时刻。TOTAL USE 显示了一个组件内人员进入的总次数。对于超过 1 人使用过的门，FLOW AVG 显示了单位时间内门被使用的次数，该次数是在房间被使用的时间内进行统计得到的。

## 13.2　门的使用记录

门的使用记录（name_doors.csv，在前期保存的 PTH 目录下）包含以下信息：

➢ 时间[time( s )]

对应数据列的输出时间。仿真参数（Simulation Parameters）对话框中的 CSV Output Freq 控制输出频率。

➢ 剩余总数[Remaining（Total）]

模拟中剩余的人员数量。

➢ 退出总数[Exited（Total）]

成功通过出口的逃生人员的数量（离开模拟状态的人员数量）。

➢ 门的名称（Doorname）

从之前的输出中沿着特定方向通过名为 doorname 的门的人员数量。对于未指定特定方向的列来说，doorname [{+,–}{X,Y}]指的是在之前输出中沿着双方向通过门的总人员数。

➢ 门的名称（Q）[doorname (Q)]

在名为 doorname 的门前面排队等着通过这扇门的人员数量。这仅仅包含真正到达这扇门并且等着进入的人员。对于那些堆在一起等着到达该门的人员来说不算。这个数值仅在 SFPE 模式中才有意义。这个数值只能在 SFPE 模型中用时间关系图显示这些数据。

### 13.2.1　门的流率与流量

单击结果（Results）菜单中的 Door Flow Rates...，弹出如图 13-2 所示的对话框。对话框左侧显示的是模型中的门的清单，点击想要查看流量与流率的门，即可输出相关结果。

门的流率通过上图反应，点击 Mode 菜单，选择 Specific Flow 选项来观察门的流量。

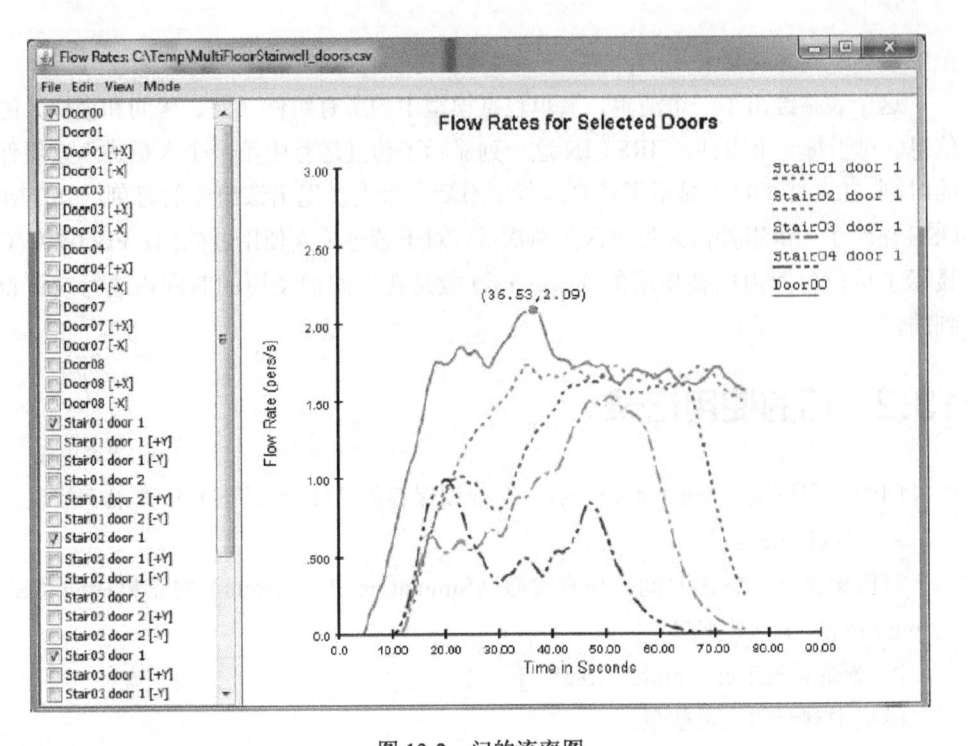

图 13-2　门的流率图

## 13.2.2　门的使用量

打开 Door Flowrate Rates 对话框，在 Mode 菜单下选择计算人员数量（Occupant Counts）选项。通过上述操作可以观察在模拟疏散中，某个时间节点，使用某个特定的门进行疏散的人员数量。

通过选择计算累积人员数量选项（Cumulative Occupant Counts）可以显示到某一时刻为止，从某个特定的门进行疏散的人员的累积总数。

# 13.3　房间的使用记录

房间历史记录（name_rooms.csv，这个名称是保存的 PTH 名称）提供以下信息：
➢ 时间 time(s)
对应数据列的输出时间。仿真参数（Simulation Parameters）对话框中的 CSV Output Freq 控制输出的频率。
➢ 剩余（总数）[Remaining (Total)]
仍在仿真中的人员数量。
➢ 退出（总数）[Exited (Total)]
成功通过出口的逃生人员数量。

> 房间名称（Roomname）

当前出现在名称为 Roomname 的房间（或者楼梯）中的人员的数目。

用时间关系图显示这些数据，可以单击结果（Results）菜单中的 View Room Usage…选项。

# 13.4　人员总结

人员总结文件（name_occupants.csv，这个名称是保存的 PTH 名称）提供了模拟疏散中每个人的统计信息，这些信息有：

> ID

在模拟中每个人员的特殊的识别码。

> 名称（name）

在用户界面内给每个人员设置的名称。

> 逃生时间（exit time）

人员疏散仿真所用时间。

> 活性时间（active time）

人员积极寻找安全出口的时间。

> 总计拥堵时间（jam time total）

人员疏散拥堵排队所用的时间。

> 最大拥堵持续时间（jam time max continuous）

人员运动速度低于拥挤速度时的总的持续时间。

# 13.5　人员历史

每个人员在疏散中的特征都会被记录为一个 CSV 文件，文件名称为 name_occupant_id_occname.csv，这个名称是保存的 PTH 名称。人员历史可以显示某个特定时刻人员的如下信息：

> 时间[time（s）]

对应数据列的输出时间。

> ID

在模拟中每个人员的特殊的识别码。

> 名称（name）

在用户界面内给每个人员设置的名称。

> 活性（active）

人员是否在积极地寻找安全出口。

> X(m),Y(m),Z(m)

人员的 3D 坐标。

➢ 距离（distance）

人员运动的总距离。

➢ 定位（location）

人员当前所处房间。

## 13.6　3D 结果

Pathfinder 提供了一个实时输出的可视化程序用来查看 3D 结果。它的运作很像一个视频播放器，它允许用户播放、暂停、停止、滑动、加快和放慢速度。它是完全的 3D 效果并且用户可以调整整个模型角度以方便观察，如图 13-3 所示。

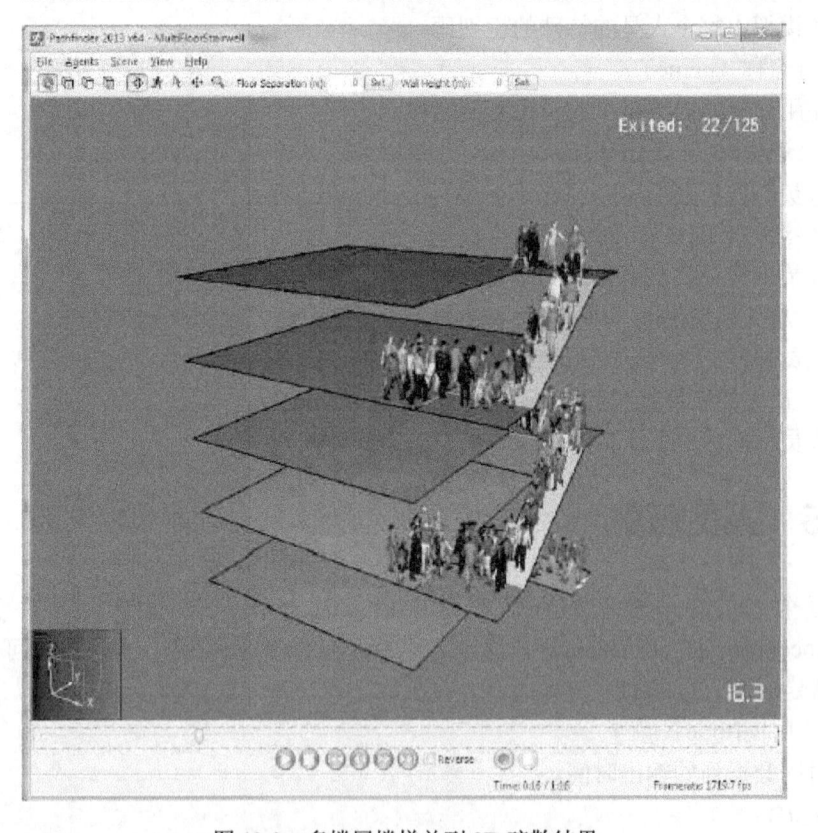

图 13-3　多楼层楼梯并列 3D 疏散结果

### 13.6.1　导航到模型任意位置

模型只要被加载，导航工具的工作原理与预处理器中的工具类似。用户可以旋转模型（🕂）、放大或缩小（🔍）和漫游（🏃）。漫游工具工作起来与预处理程序略有不同，它工作起来更像是一个第一视角的视频游戏。现在按键 w 和 s 控制相机向前和向后移动，按键 a 和 d 控制相机分别向左和右移动。此外，Space 键控制摄像机沿 Z 轴向上移动，c 键控制摄像机向下移动。按住 Shift 同时按下任何运动控制键将会增加移动速度。点击并拖动鼠标将使摄像机围绕基点旋转，按住 Ctrl+R 可以重置摄像机的位置。

## 13.6.2　显示几何文件输入

如果一个 DXF、FDS、PyroSim 或背景图像文件被导入在一个 Pathfinder 仿真中，这种几何模型将默认显示在 3D 结果中。否则将会显示模拟器使用的导航几何图形，这个模型只包括步行空间、门、楼梯和出口。这两种几何图形显示可以通过视图菜单（Scene）进行：

➢ 显示导入几何体的导航网格（Show Nav Mesh over Imported Geom）

这个选项可以在导入的几何体的顶部显示导航网格。

➢ 显示导航网格上的导入几何体（Show Imported Geom over Nav Mesh）

与第一个选项类似，这个选项以导航网格为背景，显示导航网格上的几何体。如果导入的几何体是有起到作用的几何体，如楼梯或电梯，这个选项则较为有用。

➢ 只显示导航网格（Show Nav Mesh Only）

在模型中仅显示导航网格。

➢ 只显示导入几何体（Show Imported Geom Only）

在模型中仅显示导入的几何体。

## 13.6.3　显示人员

人员有多种显示方式，它们可以显示为简单的形状、逼真的人或者也可以像艺术家手里的木头模特。显示方式可以在 Agents 菜单下选择。

用第一种方式来显示人员，人员是用简单的形状显示的，包括碟状和圆柱状。因为简单，所以这是查看人员最快的方式（加载和渲染则会使速度变慢），但它最不逼真，并且没有动画效果。

另一种方式是用现实的人来显示人员。在预处理器中选择的形象将决定哪个形象会显示在 3D 结果中。采用这种显示方式，人员呈现速度较慢且要花很长的时间来加载，但场景将更现实，并且依靠处理器和显卡的性能可以足够快地显示成百上千个人员。

最后一种方式是用艺术家的人体模型来显示人员。一般来讲，这种方式能较快地显示人员，并且是完全通用的能包含动画效果的显示方式，同时还能提供一个高于简单形状下的真实程度。但是，它并不显示人员颜色。

## 13.6.4　选择人员

通过单击某个人员可以将它设成跟踪对象。当某个人员被选中时，它本身和它的路线（如果已经显示）会变成黄色。长按 Ctrl 键可以选择多个人员。点击模型的任意其他位置可以取消选择。

### 13.6.5　查看多楼层问题

有的模型由多个楼层组成，在显示时，上面一层会遮挡住下面一层，如图 13-5(a) 所示。Pathfinder 提供了各种可以查看模型的选项，这样里面的人员和情形可以很容易地观察到。一种选择是将模型与地面垂直重叠但相隔一定的距离。另一个选择是将视图模型各层铺设在 XY 平面上，这样方便从俯视角度观察模型。这两种选项可以指定墙的高度。

不管使用哪种布局选项，需要首先定义楼层。如果楼层在预处理程序中被定义好了，那么它们会被直接转化成 3D 可视化图像而不需要再额外输入。如果楼层没有被定义或者它们需要修改，可以打开 Scene 菜单点击 Edit Floors...，接着会出现一个对话框，显示一个列表，其中的数据是楼层在 Z 轴的位置，如图 13-4 所示。在这个列表中，楼层位置可以添加、删除和修改。一旦点击 OK，3D 结果查看器会如此区分各楼层之间的几何体：底层包括从-∞至上一层所在位置的所有组件，顶层包括从自身所在位置至+∞的所有组件，中间层则包括从自身所在位置至下一层位置的所有组件。

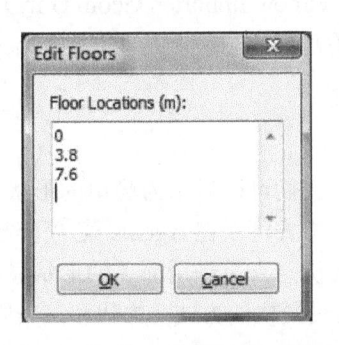

图 13-4　3D 疏散结果楼梯定位对话框

一旦楼层被定义了，墙的剪裁命令就可以用来缩短墙的尺寸，并且可以保持某种意义上的障碍物设置，如图 13-5（b）所示，可以看出，与图 13-5（a）相比较，我们能够看到模型中更多的东西。墙的高度可以在 3D 视图上方的工具栏中设定。如果这个值设在 0 以上，那么每一层的墙体的高度会在楼层 Z 轴位置的基础上加上设定值。如果值设定为 0，则墙的高度为两楼层之间的距离。

打开场景（Scene）菜单选择 Layout Floors Vertically，即可以沿 Z 轴竖直堆砌楼层。当采用这种方式观察时，各楼层会很自然地显现，每一层会堆砌在下面楼层的顶部。每层可以用空间分离开来，这样更方便观察模型的内部，如图 13-5（c）所示。楼层分离（Floor Separation）可以在 3D 视图上面的工具栏中设置。

打开场景（Scene）菜单选择 Layout Floors Horizontally，即可以沿 XY 水平铺

设楼层。楼层将被铺设在一个正方形网格中并且在一个平面内。它们将按照从左到右、从上到下的顺序展现，这样最底层在左上角，最高层在右下角。采用这种方式时，Floor Separation 会影响楼层在 X 轴和 Y 轴方向上的差距，如图 13-5（d）所示就是一个这种布局的例子。在默认情况下，标签会出现在每个楼层的上部，所以各层可以很容易识别，这些标签可以通过在 View 菜单选择取消显示标签（Show Labels）来隐藏。

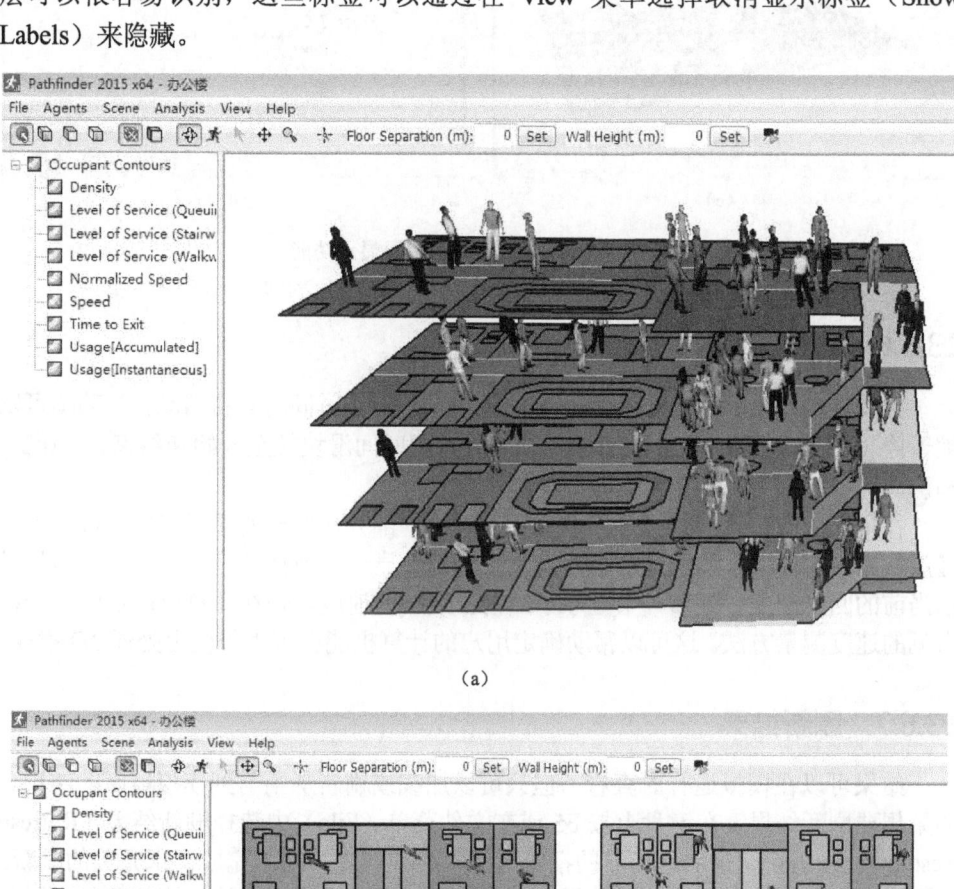

（a）

（b）

图 13-5

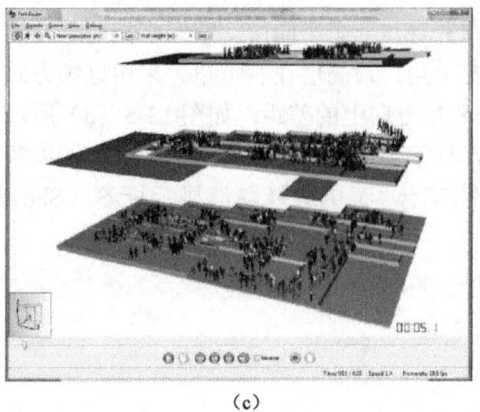
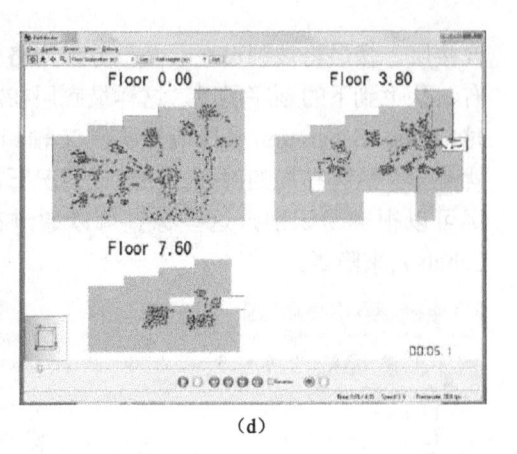

(c)　　　　　　　　　　　　　　　　　　　　(d)

图 13-5　3D 疏散结果的多层显示功能

### 13.6.6　动画回放

播放动画，按下播放按钮 ▶ 。随着动画的进行，时间滑块将滑动，且动画可以被暂停（ ⏸ ）或停止（ ⏹ ）。◀◀和▶▶将分别把时间滑块拉至开始和结束。按钮◀◀和▶▶可以放慢和加快动画的播放速度。

在屏幕的底部状态栏显示回放的信息。第一部分从左到右显示当前播放状态。播放状态有：播放、停顿或停止。接下来的部分显示当前播放时间。再下一节将显示当前的回放速度。最后一节显示了当前呈现帧的速度，是在计算机图形学中一种常见的速度测量方法。这可以帮助确定用户的计算机能在多大程度上处理 3D 播放。

### 13.6.7　刷新结果

结果可以在模拟运行时查看，但只可以加载或刷新从当前到模拟最后的结果。如果想要刷新结果，在键盘上按 F5 或在文件菜单（File）中选择刷新结果（Refresh Results）。在刷新结果后，当前的播放时间将会被恢复，即可完成一次完美的刷新。如果在模拟运行结束之前查看结果，则完成后的结果将会自动地被刷新并且在屏幕上显示。

### 13.6.8　查看人员路径

打开人员的路径这一个选项可以帮助观察疏散的人员流动情况。这可以通过在视图菜单（View）上选择显示人员的路径（Show Occupant Paths）来激活。当被打开时，每一个人员的路径（从 t=0 到当前的时刻）将会被画出来。

### 13.6.9　控制绘图细节/速度

有几个控制 3D 结果中绘图细节和最终速度的选项，包括细节层渲染、硬件皮肤、顶点缓冲等。

只要牺牲一点图像质量就可以极大地提高速度的一个方式是，激活与视点相关的细节层次渲染。这可以通过选择视图菜单（View）下的启用细节层次（Enable Level of Detail）来激活。这个选项背后的原理是，远离相机的物体与那些离得近的物体相比较，要描绘前者对象的逼真度所需要的细节更少。通过使用累进网格，Pathfinder也支持细节层次渲染，这是一种通过使用一个模型替代了成千上万的细节水平，并且内存使用率非常小的技术。

另一种基于很多现代显卡的提升方法是使用硬件皮肤。选择视图菜单（View）下的启用硬件皮肤（Enable Hardware Skinning）选项可以启动它。在某些情况下，硬件上皮可以提供高达 2 倍的速度改进。一些老的显卡可以运用它，然而实际上当使用它的时候会更慢。建议用户运用这个选项来观察帧率的差异（显示在右下角状态栏的底部）。

最后一个可使用的速度选项是顶点缓冲，通过选择视图（View）菜单下的顶点缓存（Enable Vertex Buffers）选项来激活。硬件顶点缓冲允许几何数据存储在视频内存中以减少从主存储器发送到图形总线的数据，这可以提高渲染速度。然而，我们已经发现英特尔集成显卡在这个选项上经常会麻烦，因此使用这些显卡时，该选项可能需要禁用。

这两个选项，激活硬件皮肤（Enable Hardware Skinning）和激活顶点缓冲（Enable Vertex Buffers）结合时，往往会在新的视频硬件上提供最大益处。

## 13.6.10　显示保存的视图

如果任意视图在预处理中已经被创建，则它们将在窗口左侧的导航视图中显示。导航视图可以隐藏，也可以通过 View 菜单中的 Show Navigation View 选项来进行显示或隐藏。

双击导航视图中想要的视图便可查看已经保存的视图，还将自动地转换成相应的摄像机并显示视图。

## 13.6.11　显示相机轨迹

如果在模型中预先设置了相机的轨迹，则就可以在导航视图的左侧看到。想要打开一个相机轨迹，需要在导航视图上双击或者点击那个相机轨迹并在工具栏中选择 Show Camera Feed 按钮 。想要停止相机轨迹显示，点击工具栏中的 Stop Camera Feed 按钮 即可。

## 13.6.12　创建模拟疏散影片

模拟疏散影片可以通过在电脑上使用一个视频播放器回放 3D 结果来创建，例如 Windows Media Player。创建的影片可以将结果分配给其他没有 Pathfinder 程序附带的 3D 结果查看软件的用户。创建影片有两个不同的方法。一种方法是创建一个从固定相机视角呈现的高质量的离线影片。另一种方法是创建一个允许相机的角度和场景变化的、动态的低质量的实时影片。

➤ 创建高质量模拟结果影片

如果用户想要一个无尺寸和帧率限制的影片，那么高质量的影片是必需的。这意味着它将在任何分辨率与任何打开的高质量设置下顺利播放，不管场景的复杂性。这种类型的影片主要的缺点是，摄像机的移动必须是利用摄像机轨迹预先规划好的，否则在整个影片中摄像机视角将一直保持固定。此外，虽然这部影片已经被创造出来，但是用户不能亲自参与场景（如更改选择的人员，打开或关闭路径等等）。

创建一个高质量的模拟疏散影片的过程是：

① 双击导航视图中的相机轨道选项来激活一个相机轨道为录制模拟疏散影片做准备；

② 打开文件菜单（File），并选择 Create Movie....。弹出一个文件选择器，要求用户输入将要产生的影片的名字。从这个文件选择器中，可以指定影片的类型为音像交错[Audio-Video Interlaced (AVI)]文件或 Windows 媒体格式[Windows Media Format (WMV)]文件。AVI 文件可以呈现为未压缩或压缩。WMV 文件只能被压缩。未压缩的文件将会非常大，但它是高质量的。压缩文件是非常小的，但视频质量会下降。创建压缩的 AVI 文件，视频编解码器必须分别安装在创建的文件和播放该文件的电脑中。一些流行的 AVI 编解码器包括 Xvid、Divx 和 ffdshow。然而，对于 WMV 文件不需要在源或目标计算机中安装特殊的编解码器，但是它们只会在 Windows 平台上工作，除非在另一个平台上安装了特殊软件。

③ 一旦视频的文件名和类型选定，将会弹出一个显示影片制作选项对话框，如图 13-6（a）所示，选项如下：

a．视频大小（Video Size）：指定结果视频的尺寸。这只受限于计算机视频硬件中视频窗口的最大尺寸；然而一些编解码器有特殊的规则，每个维度必须是 2 或 4 的倍数。如果用户创建一个影片有麻烦，试着使它的大小是 4 倍数。使用窗口大小（Use window size）按钮会将大小设置为 3D 窗口当前的尺寸。

b．帧速率（Framerate）：决定视频播放是否顺利。这个数字越高，视频播放越平滑，但是要花费更长的渲染时间来创建影片并且会产生更大的视频文件。30fps 的速度就能提供较为顺畅的视频播放。

c．速度（Speed）：指定了视频将被播放的速度。1X 影片将以实时的速度播放，2X 影片将以两倍的实时速度播放等。

d．启用细节层次（Enable Level of Detail）：创建影片的时候，细节层次渲染应该打开。这将降低视频的质量，但它会让有很多人员的影片场景减少创建时间。

e．完成后观看影片（Watch Movie when Finished）：当影片完成时，用于指定生成的影片在默认的视频播放器中以选择的视频类型打开。

f. 压缩（Compressor）：显示当前选中的视频编解码器和允许选择的编解码器及配置。如果点击配置（Configure...），将会显示另一个对话框，如图 13-6（b）所示。这个对话框将会显示目前安装在计算机中的编解码器的一个列表。一些编解码器可以指定某些属性，如质量（Quality）、数据率（Data Rate）和关键帧间隔（Keyframe Interval）。这些属性分别控制生成的影片的质量、文件大小和搜索功能（影片如何可以很好地在视频播放器上跳过）。然而在这个对话框中，一些编解码器显示这些属性。要配置这些编解码器，用户必须点击附加配置（Configure...）按钮，如果它能启动的话。

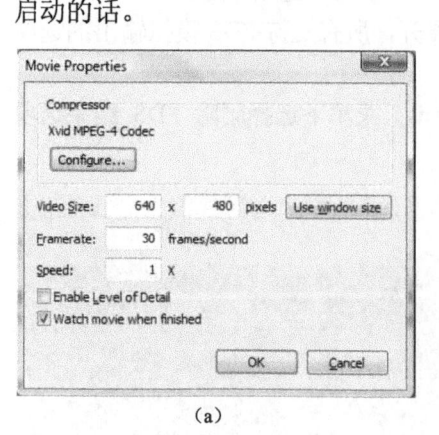 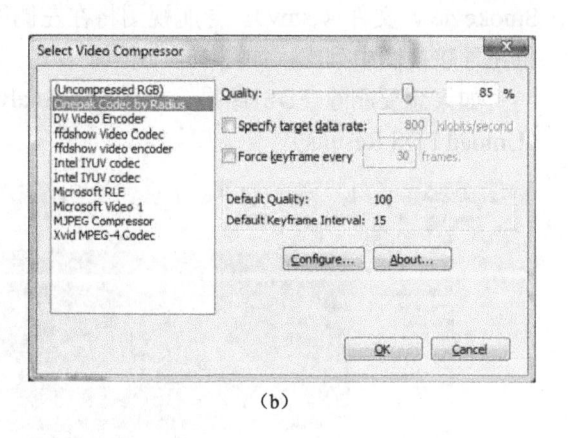

（a）　　　　　　　　　　　　　（b）

图 13-6　影片选项对话框

④ 一旦属性被指定，按下 OK 键开始制作模拟疏散影片。当这部电影被创建时，一个进度对话框将显示影片制作完成。如果在影片完成之前取消，仍会产生一个可播放的视频，但它不会播放完整的结果。

➤ 实时模拟疏散影片

也可以创建实时的影片。这意味着用户与结果的交互行为将被记录，它会记录用户看到的除了光标之外的一切。缺点是，这种类型的影片，只能记录下用户创建时看到的相同质量的影片。所以如果场景非常的复杂，在用户的计算机上观看的影片质量比较差，生成的影片的播放效果将会受到影响。

要创建这种类型的影片，按下记录按钮 ◉。会弹出一个文件选择器对话框，提示用户输入影片文件的名称。实时影片唯一允许的类型是 WMV。一旦选择好文件的名字，将会弹出编解码器配置对话框，如图 13-6（b）所示。点击对话框中的 OK 键，这部影片就会开始录制。从现在开始，用户看到的任何结果将会记录在影片中。用户可以改变相机的角度、启动和停止播放、选择人员、改变视图设置等等，影片将捕捉这一切。在任何时候，影片可以被暂停或停止。暂停影片将停止记录，但会使影片文件保持打开，以便记录可以恢复到相同的文件中。暂停允许用户执行他们不想被记录下来的一些动作。暂停影片记录，按下暂停影片按钮 ⓫。恢复录音，按下重启按钮 ◉。停止影片将结束记录并且用户不能在文件中做任何进一步的记录。

停止记录，按下停止影片按钮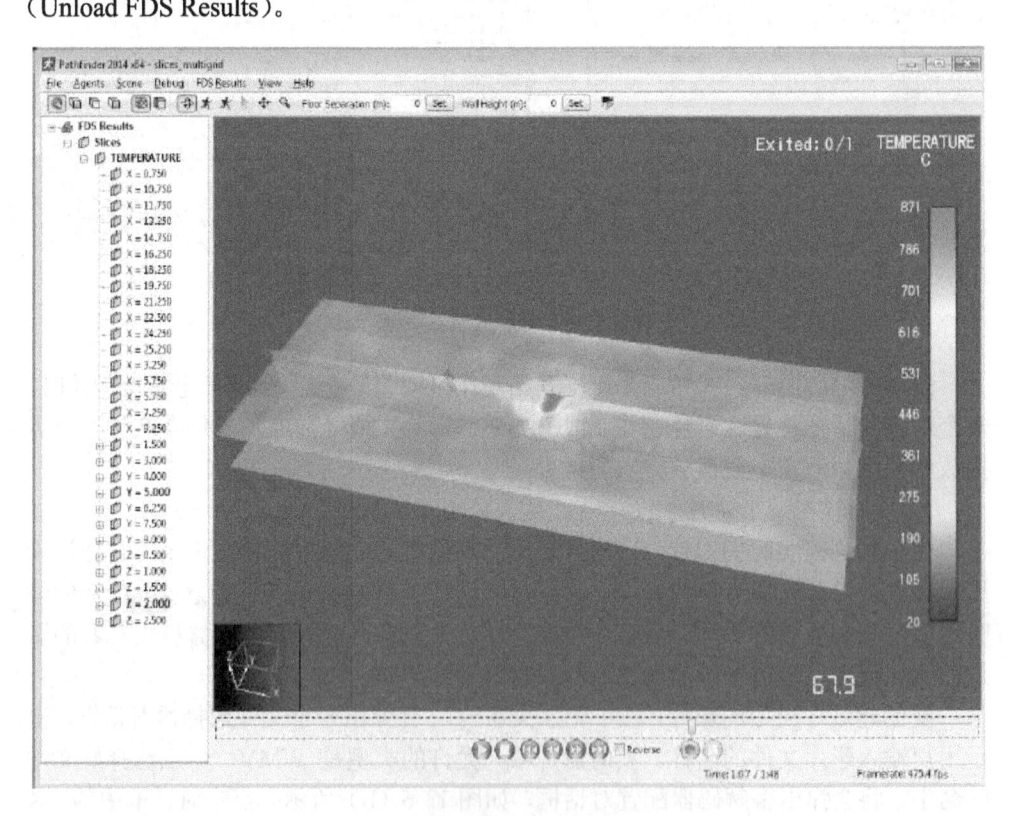。

## 13.6.13　显示 FDS 模拟结果

Pathfinder 软件中可以观看 FDS 模拟仿真动画结果，可以在 Pathfinder 软件运行结果的基础上覆盖动画切片。

想要在 Pathfinder 软件中加载 FDS 结果，首先要打开想要显示的 Pathfinder 结果。在分析（Analysis）菜单下选择 Load FDS Results…选项，选择一个 FDS 的 Smokeview 文件（.smv）。导航视图将在左侧展开，所有支持 FDS 模拟输出的选项将在导航视图中列出，如图 13-7 所示。

如果想要删除 FDS 结果，在分析（Analysis）菜单下选择删除 FDS 结果选项（Unload FDS Results）。

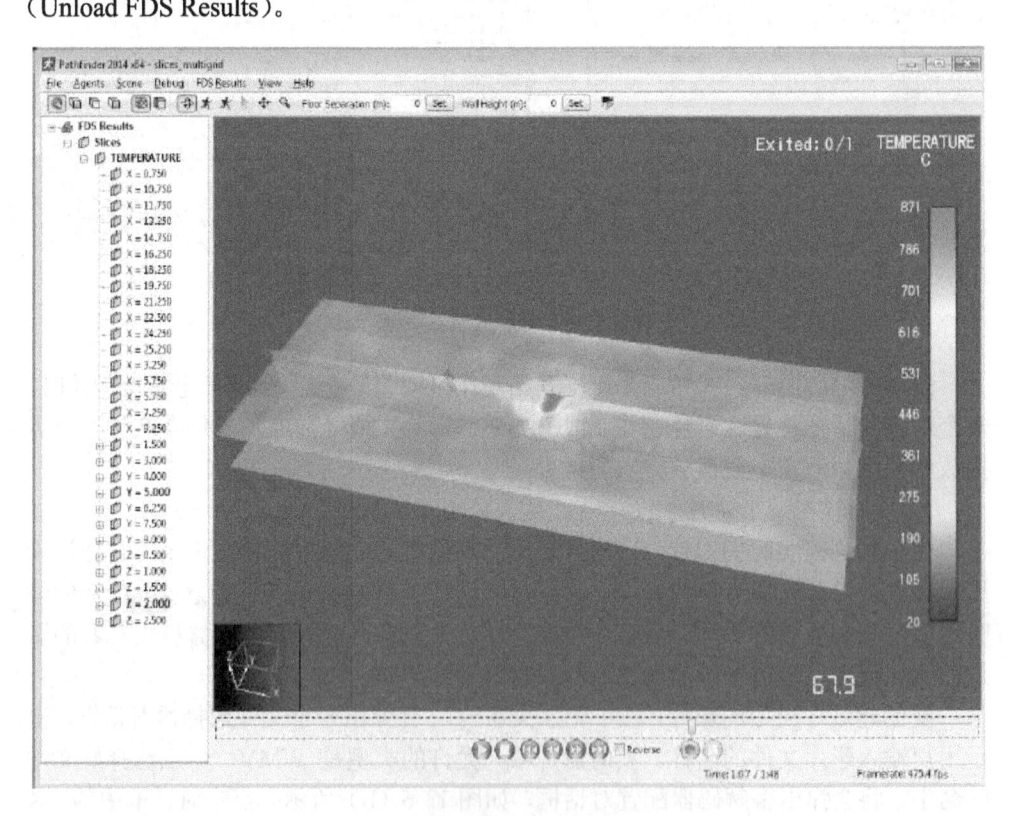

图 13-7　FDS 切片

当 FDS 模拟结果被加载后，导航视图将显示可用的 FDS 切片，如果想在疏散结果中显示这些切片，需要手动进行添加。在导航视图中双击切片，或鼠标右击切片并选择显示（Show）选项来进行切片的加载。加载后的切片的名称将在左侧的导航视图中显示。如果一些切片显示的内容相同，这些切片就将同时被加载，比如温度切片。当加载了一些特殊内容的切片后，可以通过双击鼠标或右击导航视图再选择 Show 来显示。

想要隐藏一个切片时，需要在导航视图中双击一个已经加载了的切片，或者右击鼠标选择 Hide 选项。同样，具有相同内容的切片将同时被隐藏。

当需要对切片的颜色及数据进行修改时，在 FDS Results 菜单下选择 Preferences…选项，将出现如图 13-8 所示的对话框。

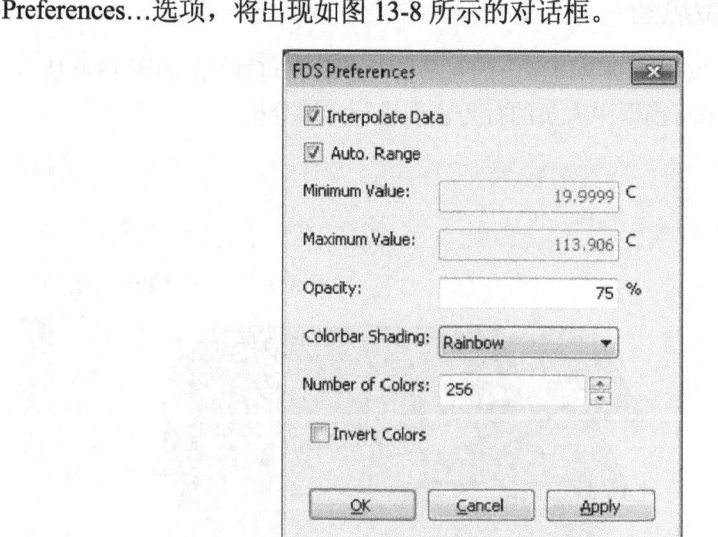

图 13-8　FDS 更改对话框

对话框中的选项分别为：

➢ 插入数据（Interpolate Data）

按照时间顺序，在不同帧之间插入数据。通过这个操作可以使切片动画看起来更加平滑，即使当 FDS 输出的切片数据有一个较大的时间间隔。取消这个选项，会在 Smokeview 中删除一些显示数据使切片动画间配合得更加紧密。

➢ 自动排序（Auto.Range）

根据加载的切片文件自动设置最大值与最小值。

➢ 最小值（Minimum）

如果开启了自动排序功能，这列显示最小值。

➢ 最大值（Maximum Value）

如果开启了自动排序功能，这列显示最大值。

➢ 不透明程度（Opacity）

通过这个功能可以设置切片的不透明程度，当这个数值为 100%时，切片完全不透明，而如果这个数值趋近于 0%，则这个切片是完全透明的。

➢ 彩色调色板（Colorbar Shading）

可供使用的特殊的彩色调色板。

➢ 可使用色彩的数量（Number of Colors）

调色盘中可供使用的色彩的数量，这个数量值一般在 2～256 之间。

➢ 倒置颜色（Invert Colors）

该选项可以将颜色倒置。

### 13.6.14 人员轮廓/热图

Pathfinder 软件可以将模型中楼层上的人员的动态数据可视化，如图 13-9 所示。通过人员轮廓或热图来对模型中人员的行为表现进行定性分析。

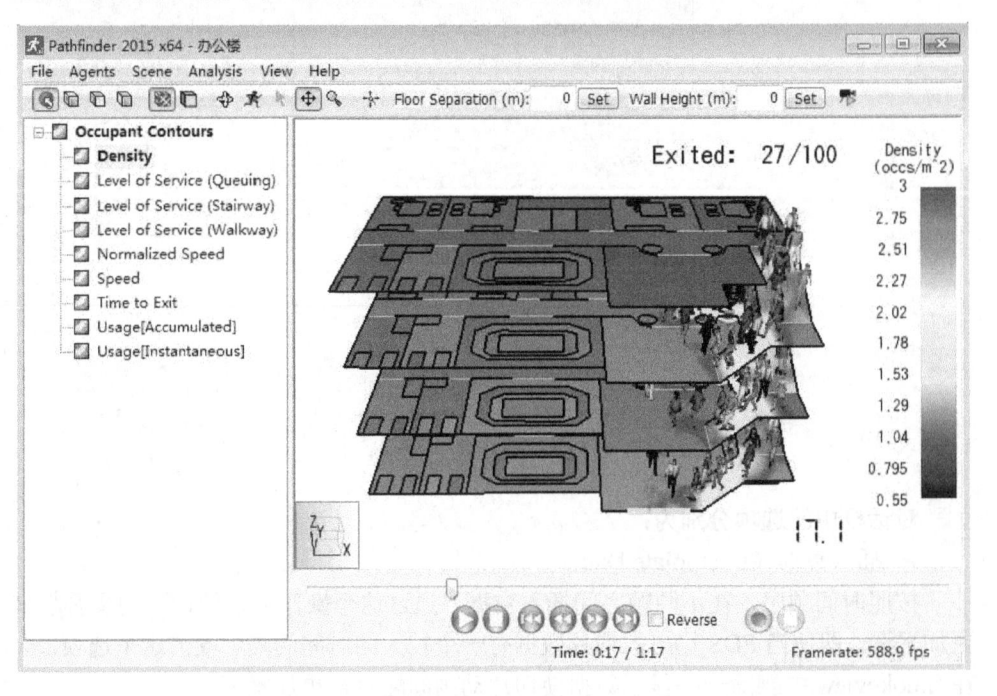

图 13-9  人员轮廓热图

Pathfinder 中可以提供几种不同类型的人员轮廓热图，如：

➢ 密度（Density）

显示模型中的人员密度。

➢ 服务指数（Level of Service）

显示疏散中不同服务界面类型的服务水平，包括楼梯、步道和排队的区域等。

➢ 速度（Speed）

显示人员的速度。

➢ 标准速度（Normalized Speed）

显示人员的标准速度。

➢ 疏散时间（Time to Exit）

基于当前的疏散情景，显示人员疏散出模型所用的时间。

> 当前使用量（Instantaneous Usage）

显示当前时刻模型中人员所处的位置，这个功能可以替代观察独立人员的过程，这在观察大型的模型时十分重要。

> 累积使用量（Accumulated Usage）

观察模型中累积的人员疏散情况，可以据此来观察模型中某个特定区域的人员疏散情况。

为了补充其他指数，Pathfinder 软件也筛选出了以下指标进行描述：

> 平均值（Average）

显示不同时间间隔的基本指标的平均值，这可以使不同时间间隔的曲线变得平滑。

> 最大值（Maximum）

计算一定时间间隔内的最大指标值。

通过模型的各类热图可以对模型进行灵活的观察，例如，可以创建最大平均密度热图来观察人员的模型分布。想要更简单地定性地对模型进行观察分析，创建各类的轮廓热图即可。

**13.6.14.1　添加/移除轮廓热图**

一般来说，一个模拟结果文件包含多个轮廓热图，可以在设置中增添，也可以根据需要进行移除删减。添加一个轮廓热图的方法有：

① 在分析（Analysis）菜单中，选择新建人员热图（New occupant contour…）选项 ；

② 在导航视图中右击人员热图（Occupant Contours）选项，并选择新建人员热图（New occupant contour…）选项。

上述任何一种方法都将打开新建人员热图对话框，在对话框中选择想要的热图，点击 OK 键。这将新建一个热图，它的特性对话框将在下文中介绍。

想要删除热图，只需在导航视图中选中想要删除的热图，点击删除选项 或者点击键盘上的 Delete 按键即可。

**13.6.14.2　添加热图过滤器**

可以通过两种方法在模型中添加热图过滤器，如下所示。

① 在分析（Analysis）菜单中，选择新建热图过滤器（New contour filter）选项 ；

② 在导航视图中，右击热图过滤器并选择新建过滤器（Add filter…）选项。

当新建热图过滤器时，将产生如图 13-10 所示的对话框。选择适当的特性并点击 OK 键来创建过滤器。

a. 轮廓（Contour）：轮廓将会被过滤，如果这个轮廓有任何改变，被过滤的那个轮廓图也将发生改变。

b. 过滤器（Filter）：加载在轮廓图上的过滤器。

c. 导入轮廓图（Importing Contours）：在其他疏散模拟结果中也可以导入轮廓

图，这个操作将导入一列可用的轮廓图以及它们的属性等，但是不会导入轮廓图数据。这样可以方便观察不同疏散模拟仿真结果中同一类轮廓图的情况。添加轮廓图时，需要在文件菜单中选择导入人员轮廓图（Import Occupant Contours…）选项。在文件选择对话框中选择".pfrmeta"文件选项，来选择想要的疏散结果，并点击Open 选项，将在现有的结果中添加特殊的轮廓图的疏散结果。

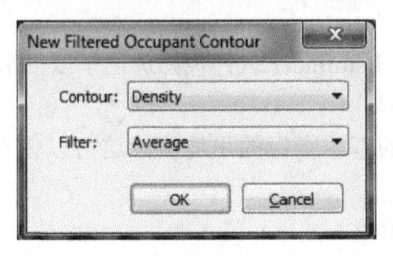

图 13-10    新建人员热图过滤器对话框

### 13.6.14.3    复制轮廓图

轮廓图也可以被复制，比如显示不同的平均间隔或者创建在不同时刻轮廓图的一些快照，可以通过这个功能创建许多特殊数量的观察视角。在复制轮廓图时，在导航视图中，右击轮廓图并选择复制（Duplicate）选项，将复制选定的轮廓图。想要复制一组图，可以在导航视图中选中几个想要的轮廓图，再进行复制。

➢ 整体轮廓图特性（Global Contour Properties）

有一些整体特性可以控制每个轮廓图的组合和分组。为了定义这些特性数值，在导航视图中右击 Occupant Contours 群组，并选择特性（Properties）选项，如图13-11 所示。

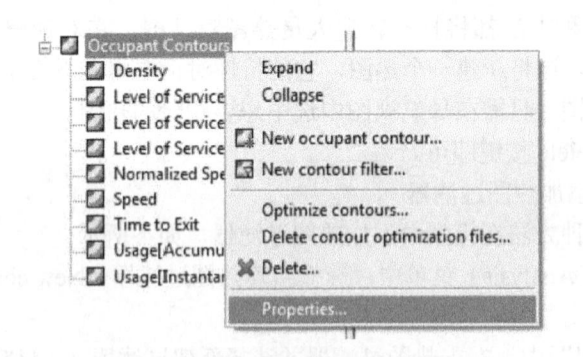

图 13-11    人员轮廓热图特性选项

接下来将出现如图 13-12 所示的人员轮廓热图特性对话框。

➢ 最大三角形面积（Maximum Triangle Area）

这个选项可以控制生成轮廓热图的质量。模拟结果较小，轮廓热图质量较高，同时也会花费更多的计算时间以生成较大的优化文件。同时需要注意的是，这可以控制轮廓热图基本计算网格的分辨率，如图 13-13 所示。

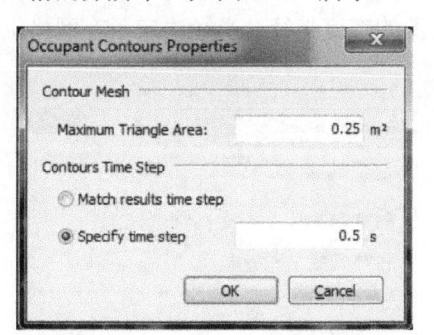

图 13-12　人员轮廓热图特性对话框

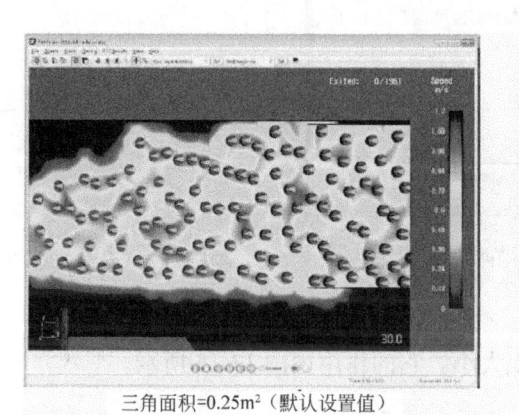
三角面积=0.25m²（默认设置值）

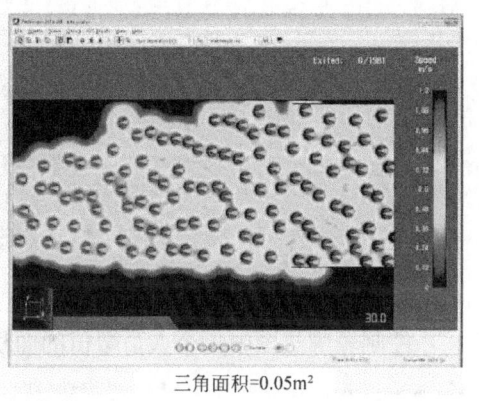
三角面积=0.05m²

图 13-13　轮廓热图网格优化效果

➤ 模拟结果时间步长配合（Match results time step）

这个选项可以使轮廓热图与 3D 运行结果的频率相符合，这样的准确性最强但是却会花费最多的时间来创建最终的那个最强的文件。

➤ 指定时间步长（Specify time step）

可以设置模型中的轮廓图的时间步长，如果数值高于 3D 结果的时间步长，将降低轮廓图的时间准确度，同时也会减少计算时间和文件的大小。这个指定的时间步长将会四舍五入到最小的多倍 3D 结果时间步长。

13.6.14.4　轮廓热图特性设置

每一个轮廓热图都有一些属性值，包括其生成和可视化等等。为了设置热图的属性，右击导航视图中的轮廓热图，并选择特性（Properties...）选项，将会产生关于选中轮廓热图的对话框，每个轮廓热图的特性值各不相同，如图 13-14 所示。

下列所示的综合列表为创建轮廓热图的所有的特性因素：

➤ 名称（Name）

导航视图中轮廓热图的名称。

➤ 密度半径（Density Radius）

控制生成的轮廓热图的密度半径，半径决定了在网格上搜索模型中人员的面积的大小。

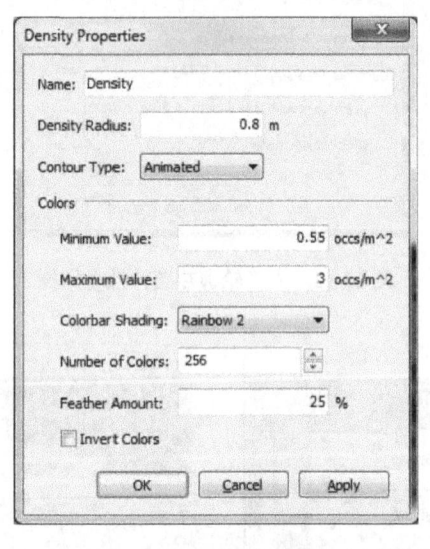

图 13-14　轮廓热图特性设置对话框

➤ 影响半径（Influence Radius）

控制轮廓热图中每个人员数值的面积大小。它的作用如图 13-15 所示。

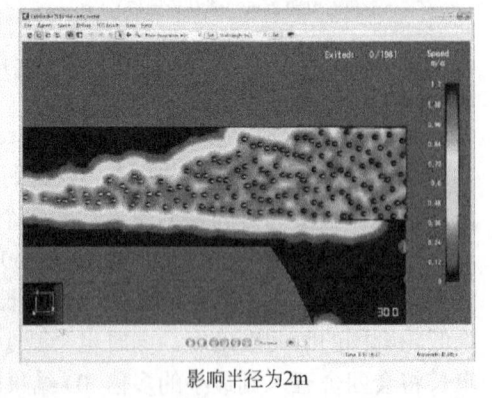

图 13-15　轮廓热图影响半径的作用

➤ 轮廓热图类型（Contour Type）

指定轮廓热图的类型。轮廓热图的类型可以是动画也可以是快照，如果是动画，那么它们的值将会随着结果的反馈值而变化；如果是快照，它们的值将保持在某个特定的时刻的数值而不变。

➤ 限制时间间隔（Limit Time Interval）

轮廓热图需要一定的时间阈值，例如平均值、最大值过滤器及累积使用量等。这个选项可以限制时间阈值来调节时间的间隔。

➤ 快照时间（Snapshot Time）

这个选项可以指定轮廓热图快照的时间。

且轮廓热图有如下可视化特性值

➤ 最小值（Minimum Value）

设置最小值来给轮廓热图填充颜色。

➤ 最大值（Maximum Value）

设置最大值来给轮廓热图填充颜色。

➤ 颜色调色盘（Colorbar Shading）

设置轮廓热图所用的颜色方案。

➤ 颜色数目（Number of Colors）

设置颜色调色盘中的颜色数量，颜色数量的取值一般为 2~256。

➤ 淡化数目（Feather Amount）

移除模型中数值最低的 $x\%$，来显示被其遮挡住的其他的物体。

➤ 色彩倒置（Invert Colors）

将轮廓视图中的颜色进行倒置处理。

13.6.14.5　激活/钝化轮廓热图

在任意时刻，轮廓热图都可以被激活，为了激活这个轮廓热图，可以在导航视图中双击，也可以右击鼠标选择轮廓热图的显示（Show）选项。当首次执行这个选项时，将会弹出一个对话框询问是否优化这个轮廓热图。当选择"是"时，将会在轮廓热图优化时和储存成为优化文件时产生一个进度条。观察下方的轮廓热图优化情况可以知道关于轮廓热图的其他信息。保存我的选择（Remember my decision）选项可以让程序记住这一步的选择情况，避免以后的操作中多次重复的询问。可以通过文件中的 Preferences…选项来进行修改。

一旦一个轮廓热图被激活，将会在导航视图中加粗显示。在模型视图中，轮廓视图将覆盖在导航网格或者导入的几何图形上，并且一个彩色图例将在右边出现。

如果想要隐藏激活的轮廓热图，可以通过在导航视图中右击鼠标并选择隐藏（Hide）选项来进行。

13.6.14.6　优化轮廓热图

播放时每一个轮廓热图都可以被优化。热图优化对于复杂的模型十分重要，不仅可以使得模拟结果播放更加顺畅，而且当热图被激活的时候，搜索速度更快，尤其对于热图过滤器来说。一个热图只能被优化一次。一旦轮廓热图的优化文件被保存，稍后优化结果也可以被观察。

如同模拟疏散结果一样，每个轮廓热图的优化文件将被储存在同一个目录内，并将基于轮廓热图的数目和过滤器设置合理的文件名。

有许多种方法可以优化一个轮廓热图，如下所示。

➤ 手动优化（Manually）

通过在导航视图中右击轮廓热图并选择 Optimize…选项来手动优化轮廓热图。

➤ 激活状态优化（On Activation）

在激活状态下也可以对轮廓热图进行优化设置。默认情况下，如果一个热图是激活状态但有部分结构没有优化，Pathfinder 软件将推荐用户进行优化。是否进行优化这个决定可以被记录下来，或者在文件菜单中选择 Preferences…来进行手动设置，这时将出现 Preference 对话框。在人员轮廓热图选项下，选择在激活状态下优化（Optimize on activation）选项即可。

➤ 播放状态优化（On Playback）

如果在前两种情况下，轮廓热图还是没有被优化，热图就会在播放状态下进行优化。如果想要启用这个选项，可以像先前描述的那样打开对话框，点击启用动态优化（Enable dynamic optimization）附近的框，将使得在动画播放和搜索 3D 结果时进行轮廓热图的优化。一旦热图数据被优化并保存在磁盘中，可以在需要的时候随时进行检索。

一旦一个轮廓热图被优化了，一些行为将导致优化的失效。在有需要时，Pathfinder 软件将利用上述方法再次进行热图的优化。以下的行为将可能导致优化的失效：

① 重新运行模拟过程；

② 在用户界面中重新写导入的文件；

③ 在描述前修改轮廓热图的特性值；

④ 在描述前修改个体的轮廓热图特性值；

⑤ 修改了当前热图的基础热图特性值。

较大导航面积的模型的轮廓热图文件可能会很大，模拟运行时间较长，可以通过以下方法删除这些文件来节省磁盘空间：

① 在导航视图中，右击想要删除的轮廓热图优化文件，并选择删除优化文件（Delete optimization file…）选项。

② 在分析菜单中选择删除优化文件（Delete optimization file…）选项，将删除被优化的文件，但所有的热图仍旧在结果中显示。

## 13.6.15  精通练习二

➡ ① 导出仿真模拟结果，并在 3D 仿真结果展示中将每个楼层水平排列，显示人员疏散路径。

🔑 练习解答

基于上述 12.2.3 节中模型的仿真运行结果，在疏散仿真结果 3D 视图界面中点击上方的 Scene 选项，在该选项的下拉菜单中选择水平排列楼层（Layout Floors Horizontally）选项，视图中的楼层及房间将水平排列，如图 13-16 所示。

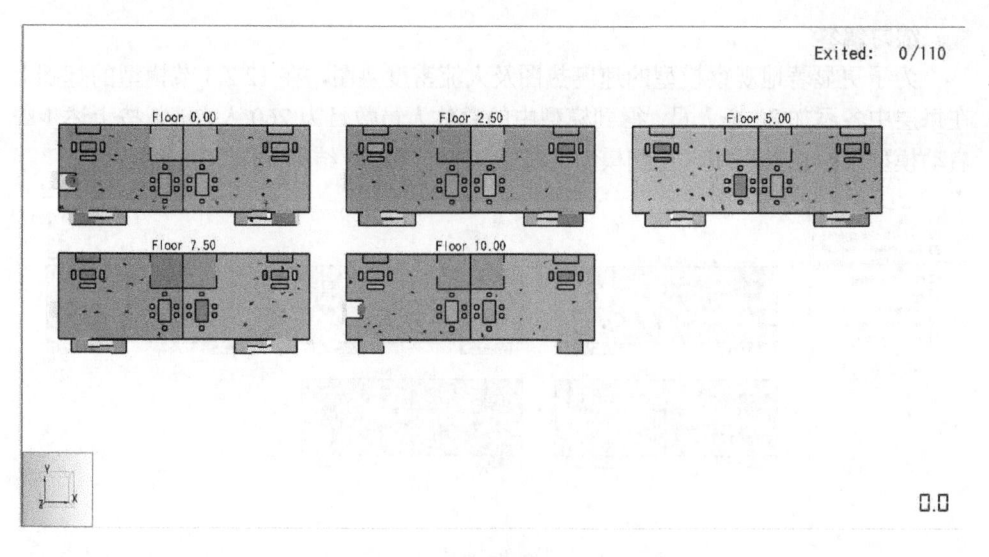

图 13-16　疏散结果楼层水平排列

　　点击疏散结果展示界面上方的 View 选项，在该选项的下拉菜单中选择显示人员疏散运动路径（Show Occupants Paths）选项，将在界面中显示人员在模拟疏散时的运动路径。模型中人员的疏散路径用蓝色的线条表示，线条的起点为模型中人员的初始位置，线条的终点一般为模型的安全出口处，如图 13-17 所示。

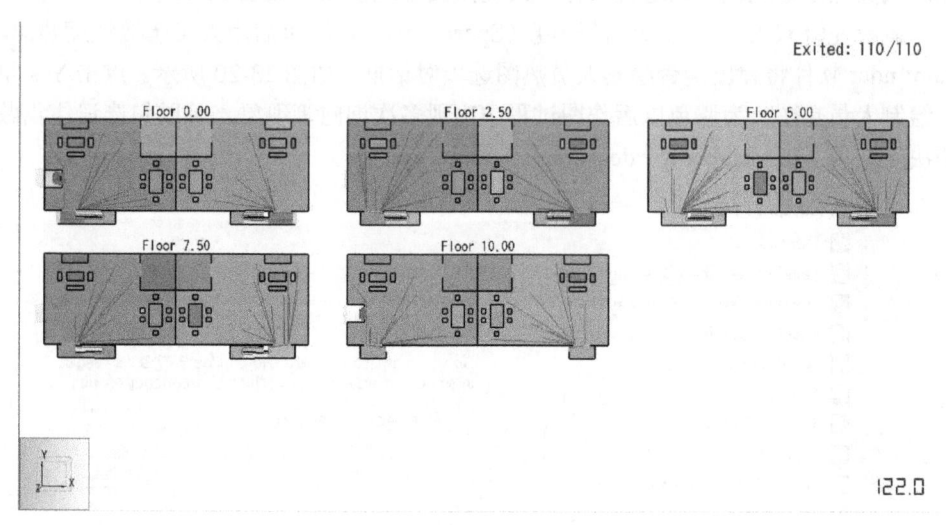

图 13-17　疏散人员路径显示

　　在上图中显示该模型的疏散所用时间为 122s，即在开始疏散 122s 后，模型中的 110 个人员全部疏散至安全位置，上图的路径即为本次疏散仿真人员的完整疏散运动路径。

➡ ② 展示模型的速度热图及人流密度热图。

178 | 人员应急疏散仿真工程软件——Pathfinder 从入门到精通

🔑 **练习解答**

为了更显著地观察模型的速度热图及人流密度热图，在 12.2.3 节模型的基础上在每层中各添加 30 个人员，得到模型中的总体人员数目为 260 人。重新按上述步骤启动模型模拟仿真程序，得到模型的疏散模拟仿真 3D 结果如图 13-18 所示。

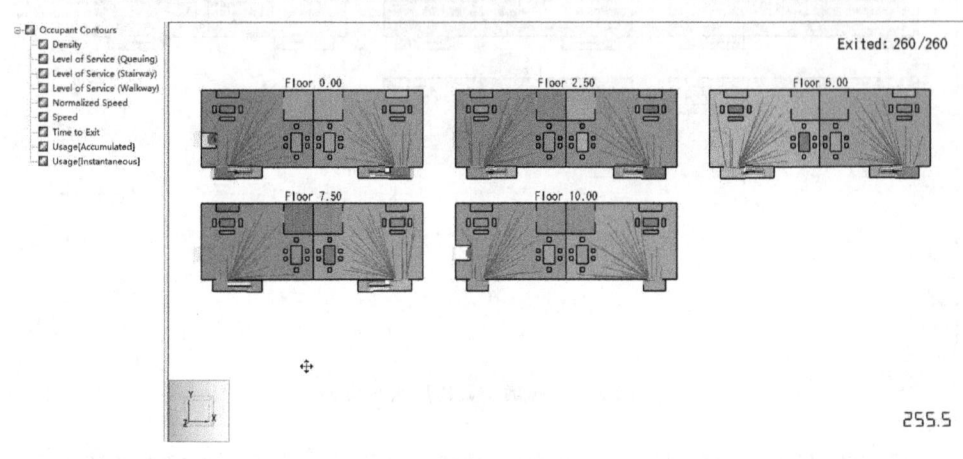

图 13-18　添加人员后的疏散模拟仿真结果

为了显示人员的疏散速度热图和人流密度热图，需在疏散模拟仿真结果界面左侧的人员热图导航视图区进行操作，人员热图导航视图区如图 13-19 所示。

鼠标左键双击下拉列表中的速度（Speed）选项，即可启用人员疏散速度热图，Pathfinder 软件将弹出是否绘制人员热图选项对话框，如图 13-20 所示。点击 Yes 即可绘制人员热图，为避免以后作图过程中出现多次询问等现象，可以勾选记住我做的决定选项（Remember my decision）。

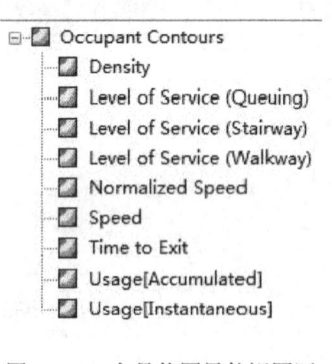

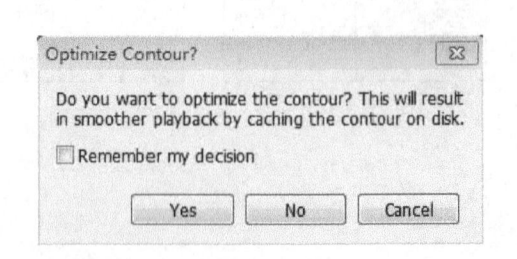

图 13-19　人员热图导航视图区　　　　图 13-20　确认绘制人员热图对话框

选择绘制人员热图后，疏散结果界面中将绘制出人员的疏散速度热图，如图 13-21 所示。界面右侧的由不同颜色组成的彩条是速度颜色参照表，模型中人员运动速度不同，在热图中所表现出的颜色也不同，颜色越趋向于暖色调（红色），则人员在疏散中的运动速度越大，相反地，颜色越趋向于冷色调（蓝色），则人员在疏散运动中的运动速度较小。由此可以动态地观察人员在疏散过程中的速度变化情况，当人员全部由楼层走向楼梯，通过楼梯进行疏散时，由于楼梯处产生拥堵现象，此时人员的速度降低，颜色趋于冷色调，如图 13-22 所示。

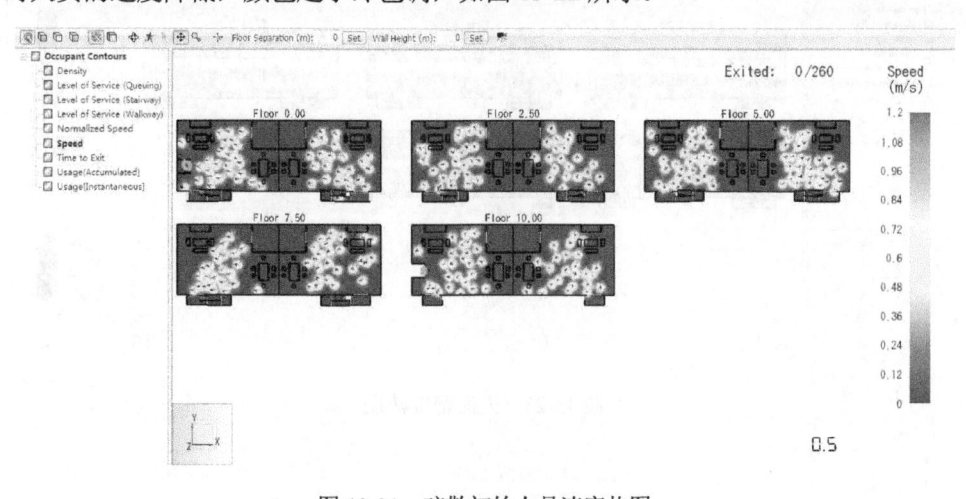

图 13-21　疏散初始人员速度热图

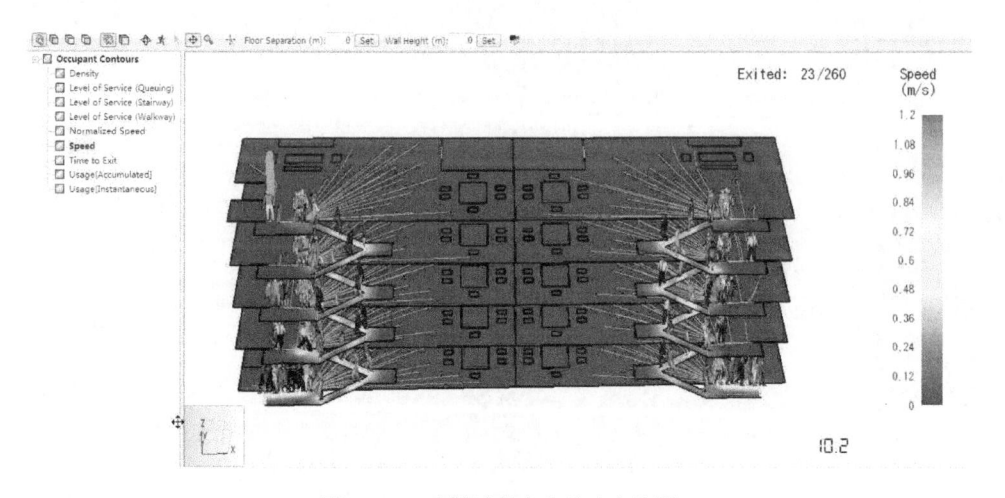

图 13-22　疏散过程中人员速度热图

　　绘制疏散中人流密度热图的方法与绘制速度热图的方法一致，鼠标左键双击下拉列表中的人流密度（Density）选项，即可启用人员疏散密度热图，Pathfinder 软件将弹出是否绘制人员热图选项对话框，选择"Yes"选项，即可在界面上绘制模型的人流密度热图，如图 13-23 所示。

　　界面右侧的由不同颜色组成的彩条是密度颜色参照表，模型中人流密度呈现动态变化，在热图中所表现出的颜色也不同，颜色越趋向于暖色调（红色），则人员在疏散中的人流密度越大，相反地，颜色越趋向于冷色调（蓝色），则人员在疏散运动中的人流密度较小。由此可以动态地观察人员在疏散过程中的人流密度变化情况。

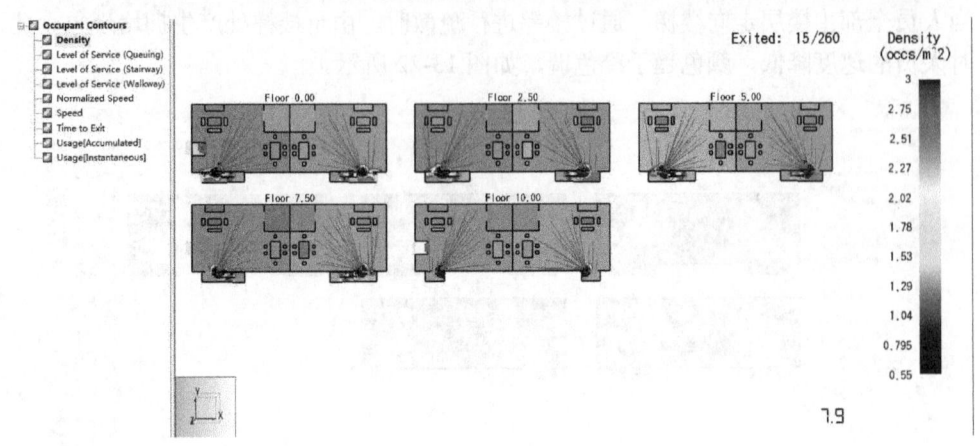

图 13-23　人流密度热图

# 第 14 章 精通模型实例——建模详解

## 14.1 幼儿园模型

创建一个如图 14-1 所示的幼儿园的全尺寸模型。

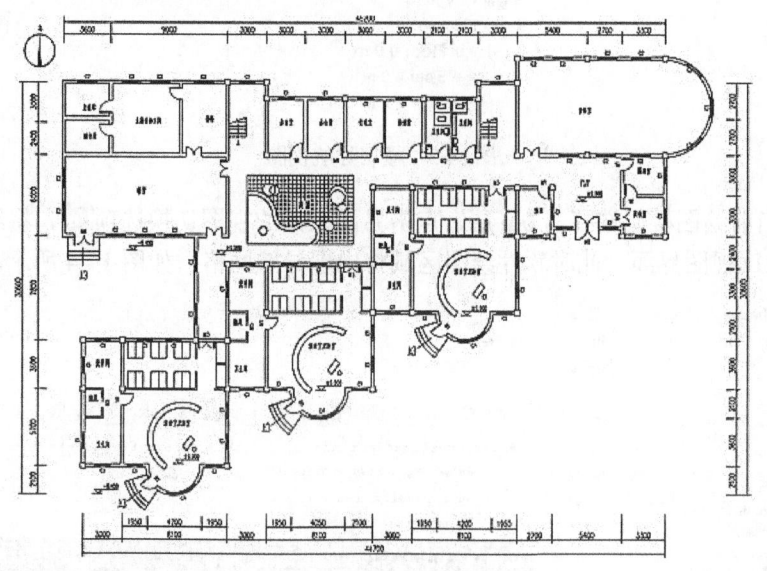

图 14-1 某幼儿园图纸

➡ **建模详解**

打 开 Pathfinder 软 件 ， 在 界 面 左 侧 导 航 视 图 中 点 击 楼 层 下 拉 菜 单 `Floor: Floor 0.0 m ▼` ，选择新建楼层选项（Add New...），并在弹出的新建楼层对话框中的楼层位置选项（Enter Floor Location）处输入 4.0m，如图 14-2 所示。

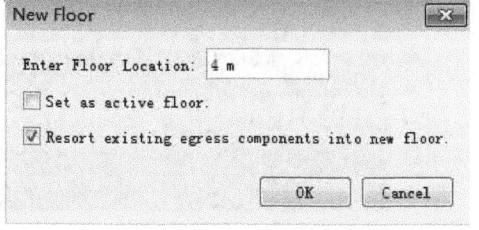

图 14-2 添加楼层对话框

继续采用上述方法添加楼层，在楼层位置选项（Enter Floor Location）处输入8.0m。创建的楼层将在左侧导航视图中显示，如图14-3所示。

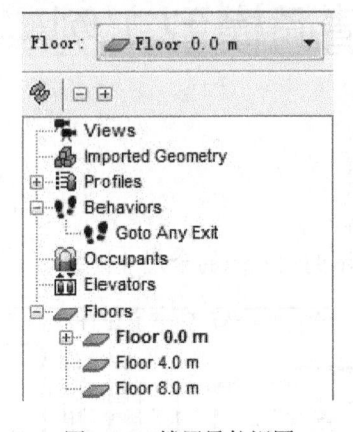

图14-3　楼层导航视图

将当前绘图楼层选择为0m层，点击界面上方的视图切换选项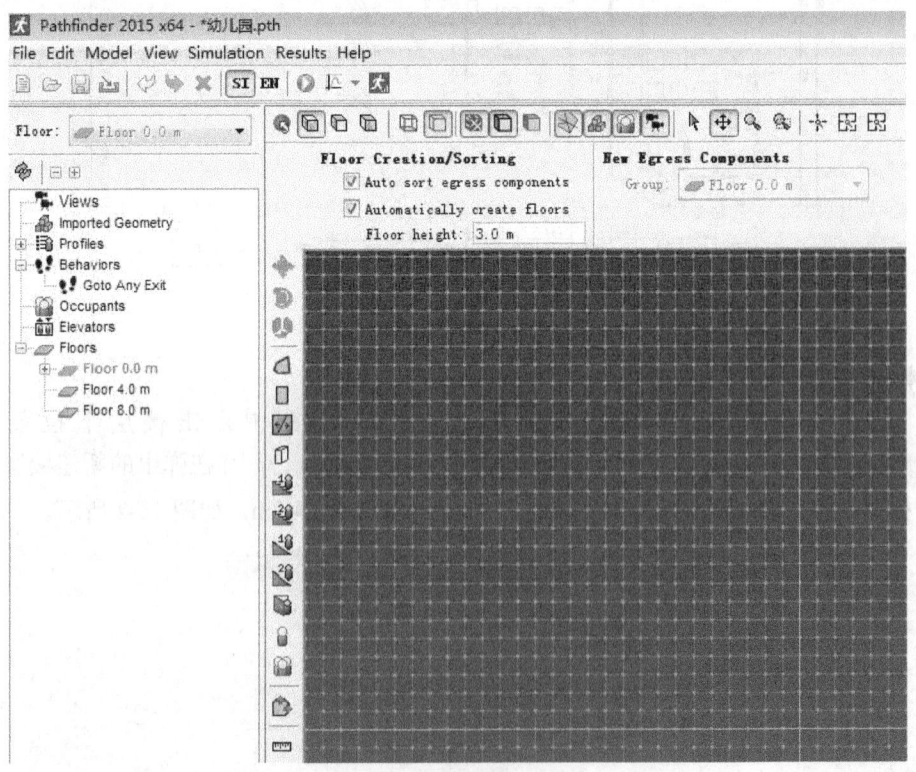，将绘图界面切换至2D视图界面，此时软件绘图区域将出现导航网格，如图14-4所示。

图14-4　2D绘图视图界面

在该 2D 视图界面中绘制幼儿园模型。由于该模型较为不规则，在绘制时可以将该模型分部分进行绘制。以幼儿园南侧顶角的房间顶点为原点，绘制南侧顶角的矩形房间。参照图 14-1 所述的尺寸进行绘制，点击界面左侧工具栏中的 ▊工具，界面上方将出现如图 14-5 所示的属性栏。

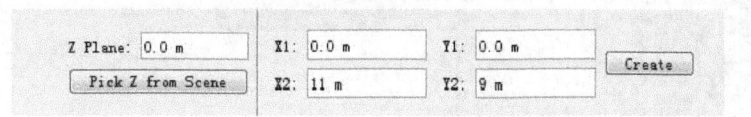

图 14-5　绘制矩形工具属性栏

在属性栏中输入幼儿园南侧顶角房间区域的面积坐标，为：X1=0m，X2=11m，Y1=0m，Y2=9m。在输入时需注意数字与单位（m）之间的空格不可删去，这是软件要求的基本格式，删去则软件不能识别，将影响作图。输入坐标完毕后点击 Create 键，即可得到幼儿园南侧顶角房间，如图 14-6 所示。

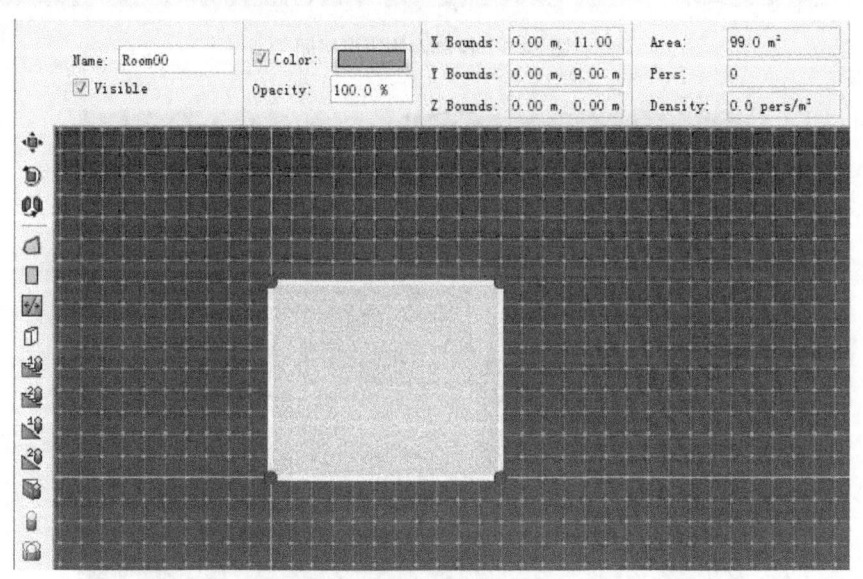

图 14-6　绘制幼儿园南侧顶角房间

界面上方的属性栏显示刚刚绘制的房间的坐标点、面积、颜色、透明程度等属性值。继续采用上述方法绘制模型中与南侧顶角房间面积相等的其余 2 个房间，点击界面左侧工具栏中的 ▊工具，在界面上方的属性栏中分别输入：X1=11m，X2=22m，Y1=5m，Y2=14m 及 X1=22m，X2=33m，Y1=10m，Y2=19m。然后点击 Create 键，即可得到如图 14-7 所示的模型。

继续采用以上方法绘制幼儿园北侧顶角的矩形房间，点击界面左侧工具栏中的 ▊工具，在界面上方的属性栏中输入该矩形房间的坐标值为：X1=-1m，X2=11m，Y1=16m，Y2=28m。然后点击 Create 键，即可得到如图 14-8 所示的模型。

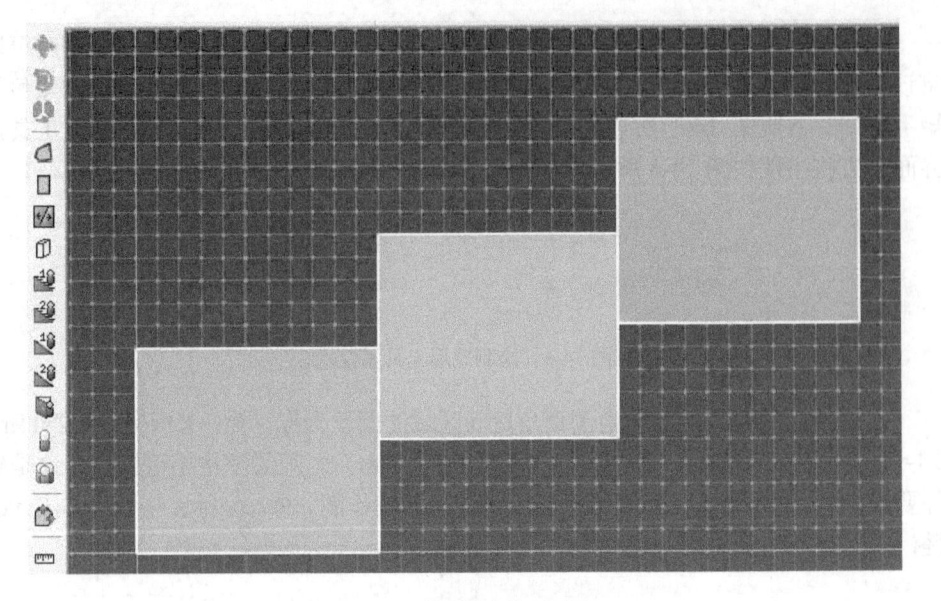

图 14-7　绘制南侧矩形房间

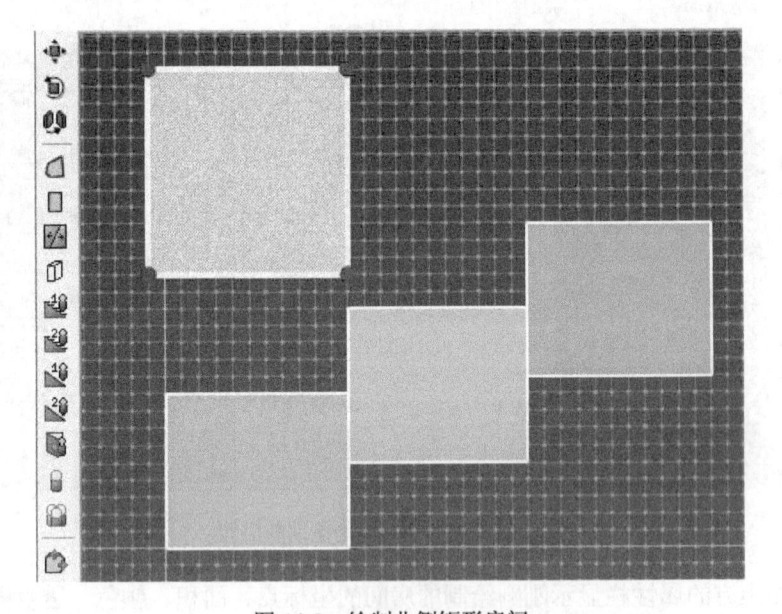

图 14-8　绘制北侧矩形房间

　　此时该模型的坐标位置已基本固定，继续参照图 14-1 给出的尺寸，利用界面左侧工具栏中的 ▣ 工具绘制模型中其余的矩形房间，得到幼儿园基础模型如图 14-9 所示。

　　利用界面左侧工具栏中的 ▣ 及 ⁄⁄ 等工具在幼儿园基础矩形模型内绘制各个小房间和隔间，房间的坐标参照图 14-1 中所标识的坐标位置。绘制完隔间和各个小房间的模型如图 14-10 所示。

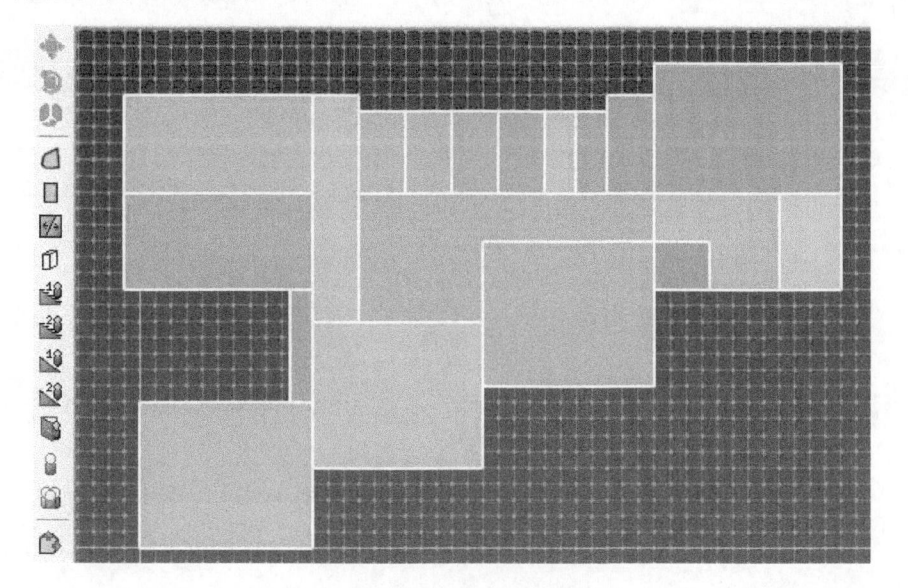

图 14-9　幼儿园基础矩形模型

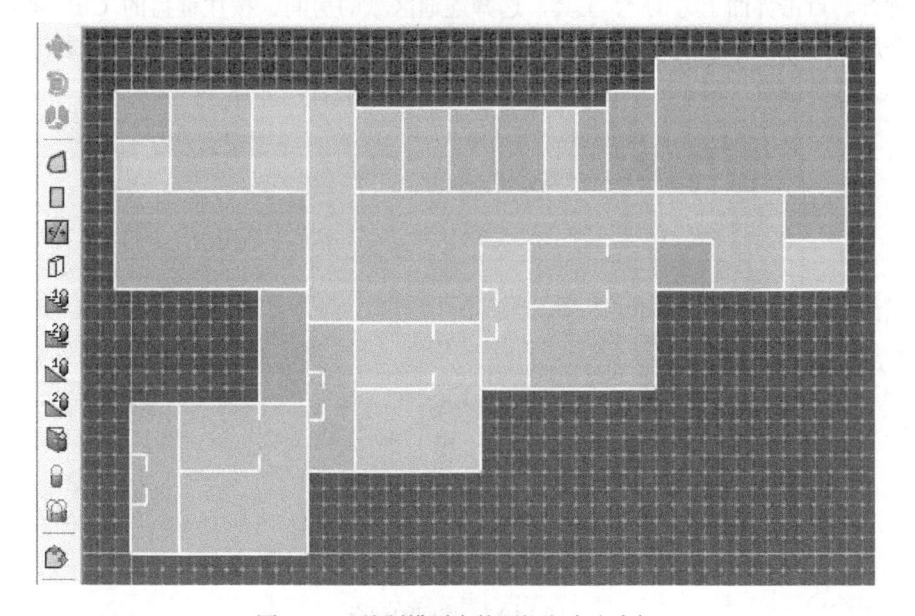

图 14-10　绘制模型中的隔间各个小房间

因幼儿园的使用对象主要为年龄较小的幼儿，故幼儿园模型中的床、桌椅、活动器材等均将阻碍人员的疏散运动，因此在模型中可以通过障碍物的方式进行展现。点击界面左侧工具栏中的 ▯ 工具，按照图 14-1 的尺寸进行房间中床、桌椅等障碍物的绘制。且该幼儿园部分房间内的桌椅和出口的形状不规则，故使用界面左侧工

具栏中的 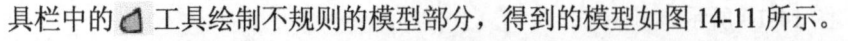 工具绘制不规则的模型部分，得到的模型如图 14-11 所示。

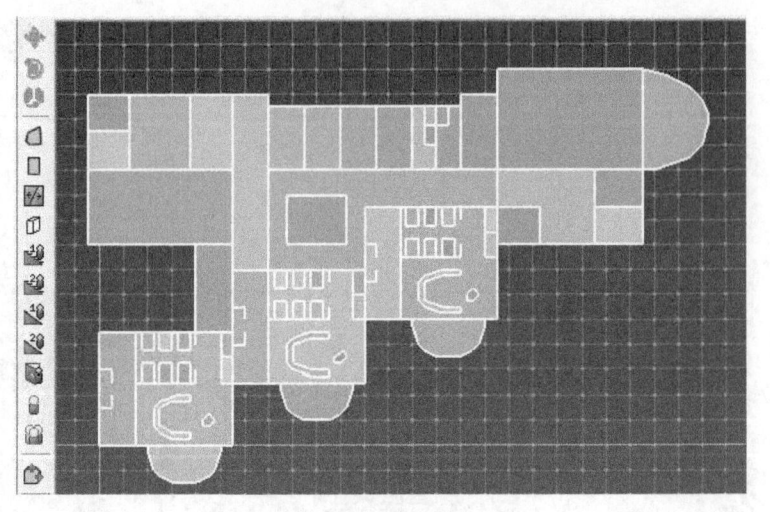

图 14-11　绘制模型中的障碍物

　　幼儿园图纸中，中间区域为一个连通的区域，因此对该区域的各个矩形房间进行融合。点击界面上方的 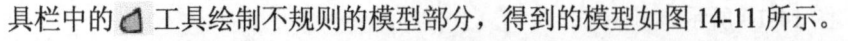 工具，选择连通区域的房间，按住键盘的 **Ctrl** 键进行多个房间的选择，被选中的房间将呈现黄色被选状态，单击鼠标右键，在右键下拉菜单中选择融合（Merge）选项，即可完成房间的融合，如图 14-12 所示。

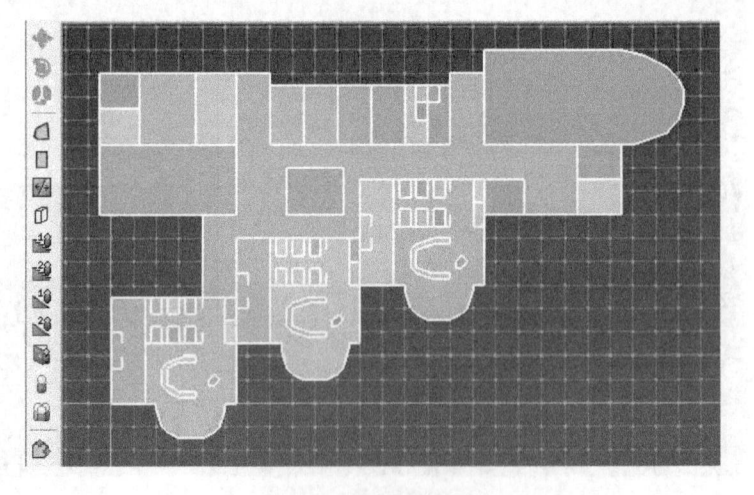

图 14-12　房间的融合

　　模型绘制至此步骤时，0m 层的模型的结构已经基本完成，现绘制模型的安全出口，并给模型的各个房间添加门。

　　在界面左侧工具栏中选择 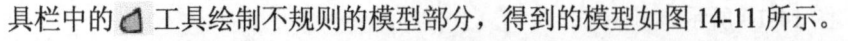 工具来绘制安全出口，该幼儿园模型中共有 5 个安全出口，分别位于 3 个活动房间和 2 个建筑物出入口处。在界面上方的门的属性

栏中设置安全出口的宽度分别为 150cm 及 300cm,将鼠标拖动至绘图区域,可以看见一条黄色的预设的门在绘图区域的距离光标位置较近的墙面进行自动捕捉,按照图纸中安全出口所在位置点击放置安全出口,即可完成安全出口的绘制,如图 14-13 所示。注:安全出口在模型中的颜色显示为绿色。

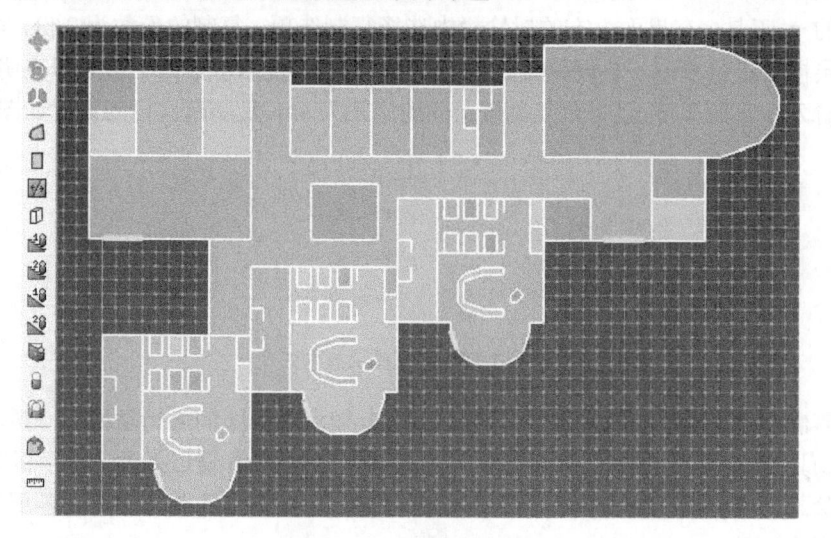

图 14-13　绘制安全出口

以同样的方法绘制该幼儿园模型中的其他的门,在界面左侧工具栏中选择 工具来绘制。在门的属性设置中,将门的宽度设置为 150cm。幼儿园模型中门的绘制结果如图 14-14 所示。

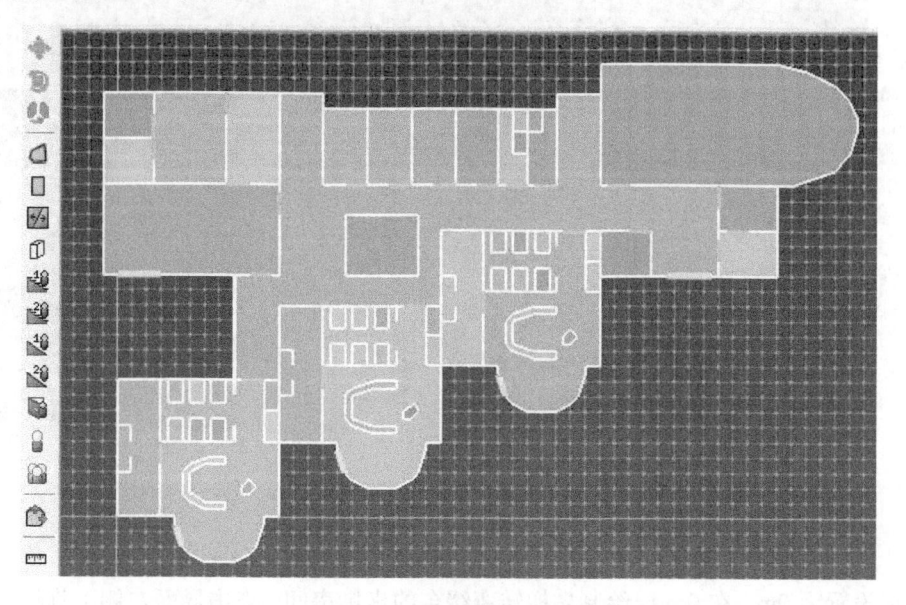

图 14-14　绘制模型中的门

由于幼儿园每层的房间结构均一致，在绘制其余各层时，可以参照上述 0m 层的绘制方法进行绘制，也可以通过复制功能将 0m 层绘制的房间模型复制到其余各层中。在本例中应用复制的方法来完成其余楼层的绘制。点击界面上方的 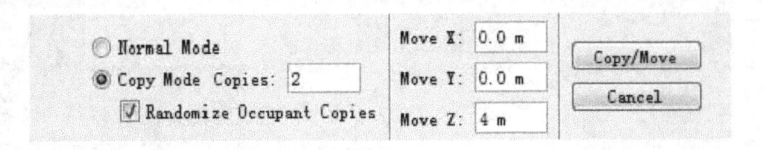 选项，拖动鼠标选中 0m 层的所有模型，使得其呈现黄色的选中状态，点击界面左侧工具栏中的 工具，在界面上方的属性栏中选择复制选项，复制的份数为 2 份，由于为向高层楼层进行复制，故设置沿 Z 轴方向移动 4m。复制份数为 2 份时即表明将 0m 层沿着 Z 轴复制 2 份，且每个复制楼层间的间距为 4m。复制属性栏的设置如图 14-15 所示。

图 14-15　复制楼层属性栏

复制得到的楼层如图 14-16 所示。由图可知，每层楼的房间结构均一致，且每层楼均具有安全出口（以绿色的门的形式表现）。将除 0m 层以外的其余层的安全出口删除。选中各层的安全出口，单击鼠标右键，选择删除选项，即可将各层的安全出口删除。

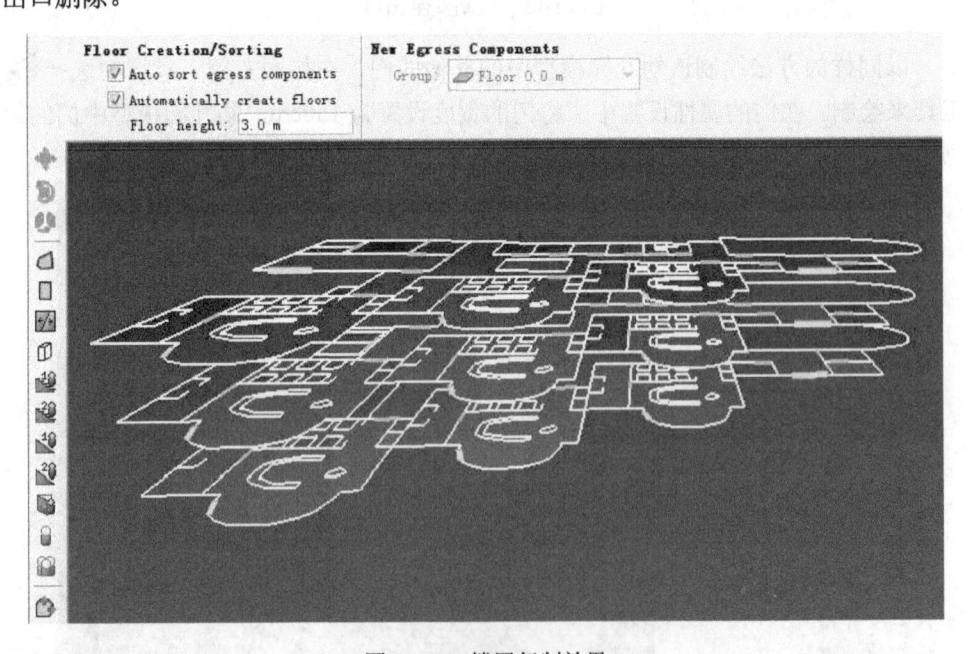

图 14-16　楼层复制效果

接下来绘制连接各层的楼梯，楼梯的坐标位置参照图 14-1 所示的位置。将当前楼层设置为 0m，在 0m 层绘制楼梯转弯缓台的坐标房间。点击界面左侧工具栏中的

▌工具，拖动鼠标在绘图区域中绘制缓台坐标房间所在位置，得到的坐标房间如图14-17 所示。

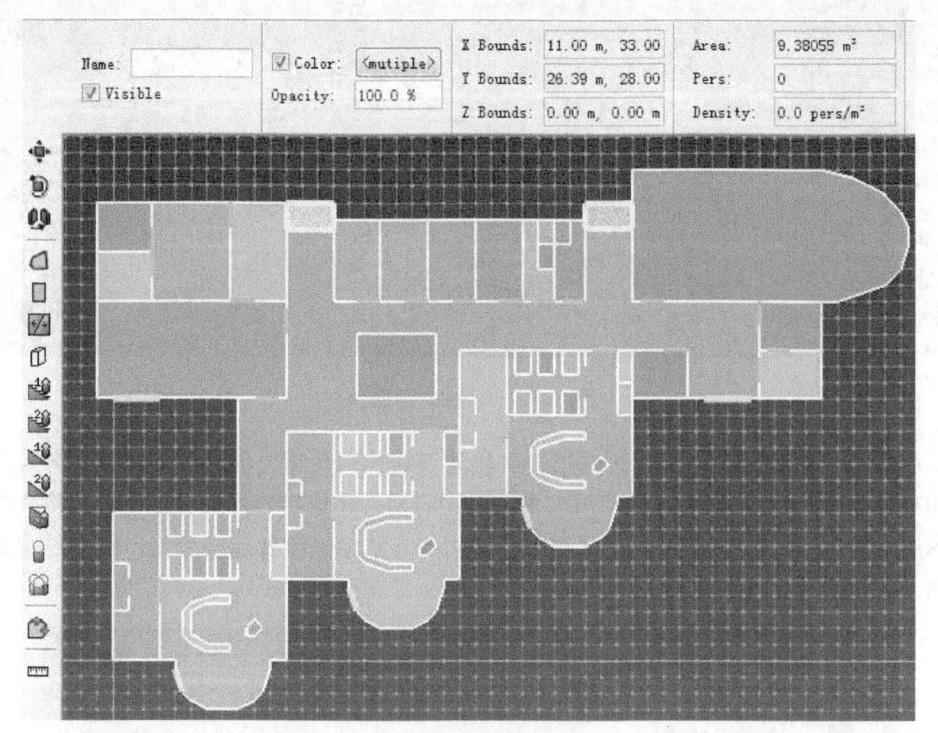

图 14-17　缓台坐标房间

由于楼梯转角缓台应位于两个楼层中央，故使用复制移动功能将该坐标房间上移至 0m 层与 4m 层中央。选中该坐标房间，点击界面左侧工具栏中的 ✦ 工具，在界面上方属性栏中选择剪切选项（Normal Mode），即在复制坐标房间的同时不保留原有房间。由于模型中的楼层间距为 4m，故设置坐标房间沿 Z 轴向上移动 2m，如图 14-18 所示。

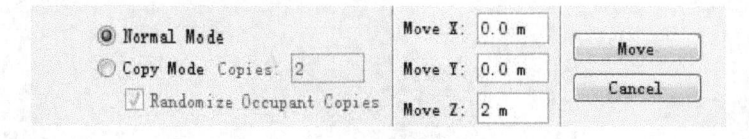

图 14-18　剪切房间属性栏

点击 Move 选项进行房间的移动，采用同样的复制方法将该楼梯缓台复制到其余楼层间，在复制时需注意应设置房间沿着 Z 轴向上移动 4m，复制 1 份。复制楼梯缓台房间后的模型如图 14-19 所示。注：为了方便观察缓台平面，此时的视图为从模型后方观察模型时的视角。

190 人员应急疏散仿真工程软件——Pathfinder 从入门到精通

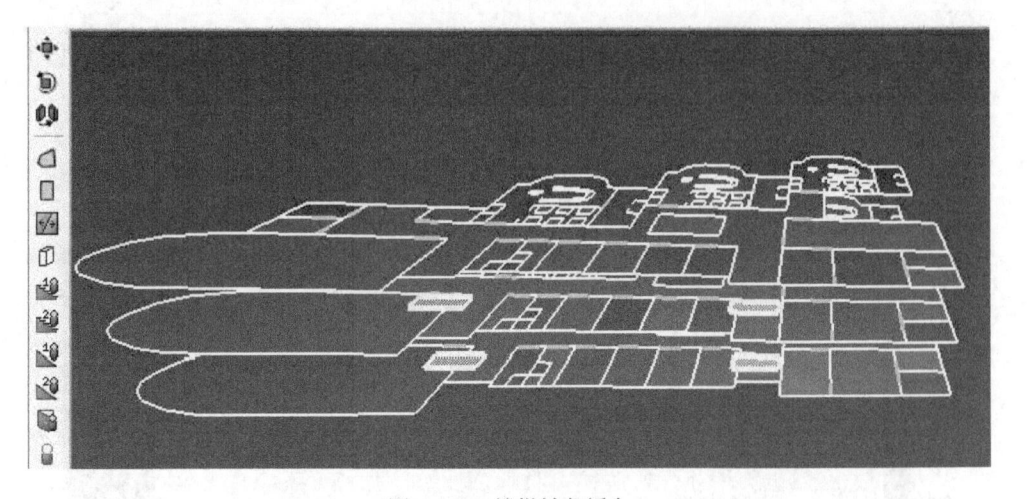

图 14-19　楼梯转角缓台

可以注意到，若在此时绘制连接各楼层及楼梯转角缓台的楼梯，楼梯与各楼层的夹角为 90°，不符合实际使用需求。因此需要创建连接楼梯的界面切口。将作图图层设置为 0m 层，使用上述绘制矩形房间的方法绘制楼梯连接房间，绘制结果如图 14-20 所示。

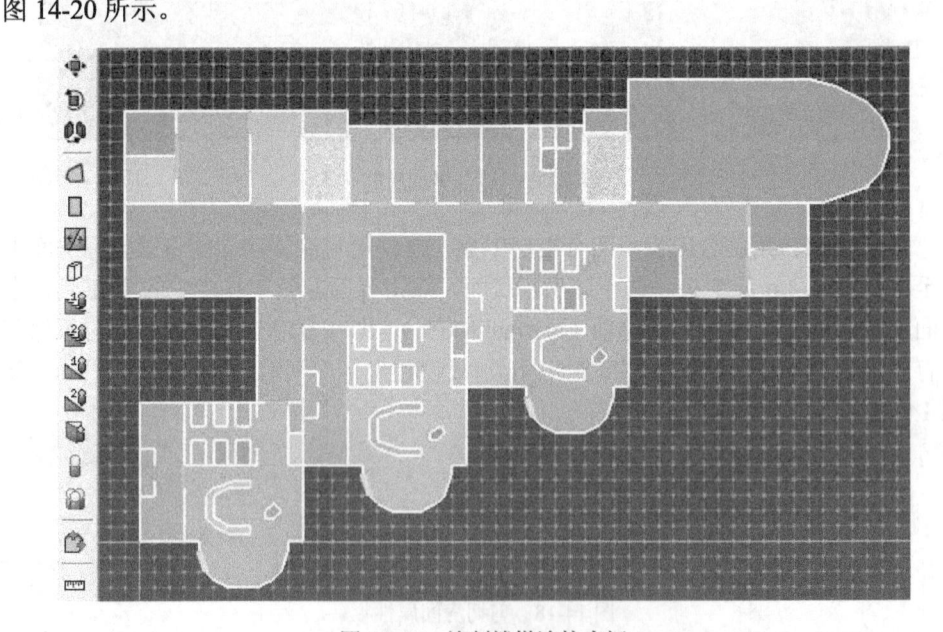

图 14-20　绘制楼梯连接房间

利用复制功能将上述绘制的 0m 层的楼梯连接房间复制到其余楼层，在复制时 Move Z 值应设置为 4m，复制份数为 2 份。复制完成后，删去连接房间上方的房间来创建楼梯间，得到模型如图 14-21 所示。注：为了方便观察缓台平面，此时的视图为从模型后方观察模型时的视角。

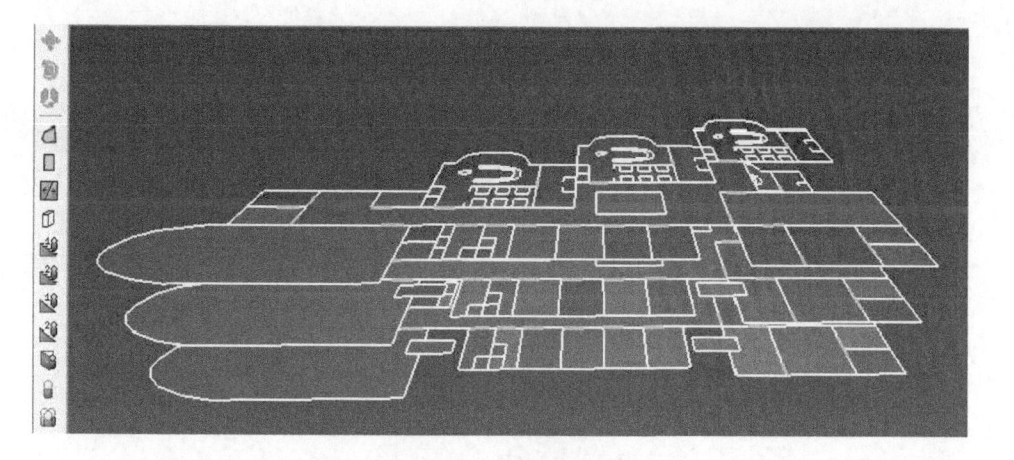

图 14-21　绘制楼梯间

点击界面左侧工具栏中的 选项，在界面上方的属性栏中设置楼梯的宽度为 150cm，拖动鼠标至绘图区域，软件将自动进行楼梯的捕捉，在 0m 处的楼梯接面缺口处单击鼠标左键，拖动鼠标至楼梯缓台处，再次单击鼠标左键，即可绘制连接 0m 层楼层与转角缓台平面的楼梯。采用同样的方式重复进行楼梯的绘制，绘制连接各楼层的楼梯，如图 14-22 所示。注：为了方便观察缓台平面，此时的视图为从模型后方观察模型时的视角。

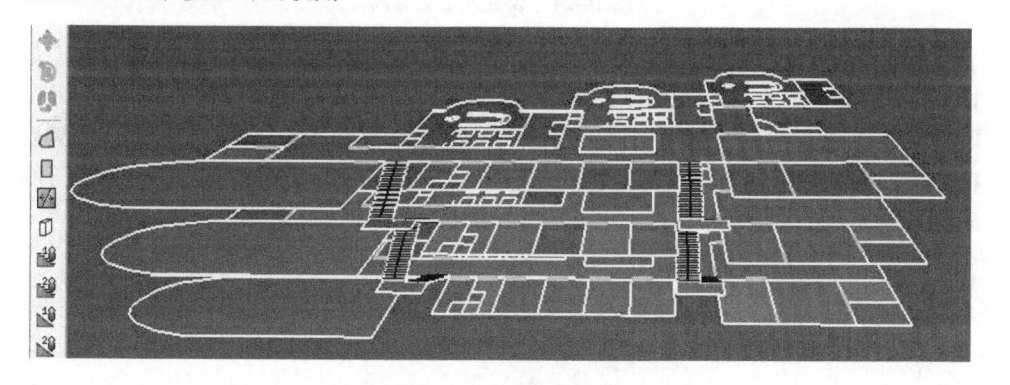

图 14-22　绘制楼梯

绘制完幼儿园的基本模型结构后，设置模型中的人员特性参数。由于幼儿园中的人员主要为学龄前幼儿和成年教工，在设置人员特性参数时应分两部分进行设置。首先设置儿童的特性参数，选中导航视图中的人员特性选项 Profiles，单击鼠标右键，在右键菜单中选择新建人员特性选项（Add a Profile...），在弹出的命名对话框中将此人员特性命名为"child"，点击 OK 键后在弹出的人员特性参数设置对话框内设置儿童的肩宽为 40cm，疏散运动速度为 0.9m/s，并在 Advanced 选项中将儿童的身高设置为 1.1m。点击 Apply 键及 OK 键，完成儿童特性设置。以上设置如图 14-23 及图 14-24 所示。

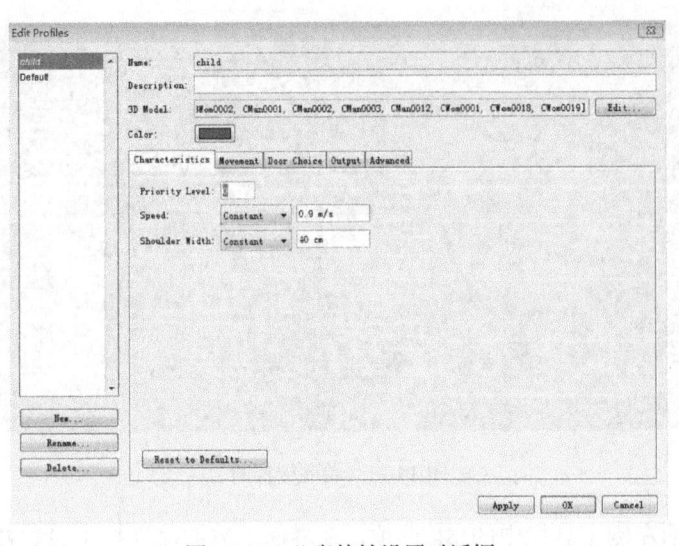

图 14-23　儿童特性设置对话框

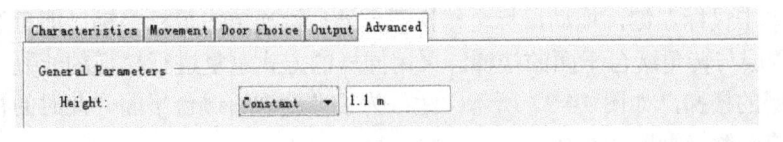

图 14-24　设置儿童的身高

继续采用上述方法设置幼儿园中教工的人员特性参数，选中导航视图中的人员特性选项 ☷ Profiles，单击鼠标右键，在右键菜单中选择新建人员特性选项（Add a Profile…），在弹出的命名对话框中将此人员特性命名为"teacher"，点击 OK 键后在弹出的人员特性参数设置对话框内将教工的疏散运动速度设置为 1.2m/s，教工的肩宽设置为 45cm，如图 14-25 所示。

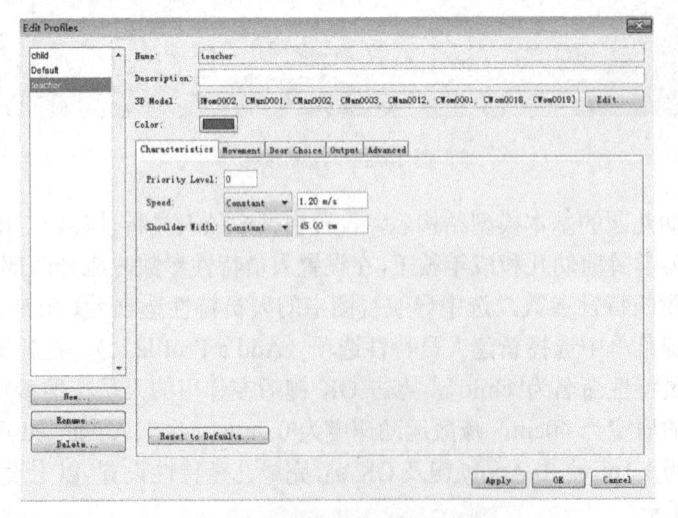

图 14-25　教工特性设置对话框

上述儿童及教工人员特征设置情况可在界面左侧导航视图的人员特征下拉菜单中显示，可在此处对模型中的人员特征进行修改，如图 14-26 所示。

点击界面上方的光标工具 ，再点击界面左侧导航视图中的楼层选项 Floors，选中整个模型的各个楼层，此时，各楼层将呈现黄色的被选中状态。在 Floors 选项处单击鼠标右键，在右键下拉菜单中选择添加人员选项（Add Occupant...），在弹出的添加人员对话框中单击人员特性的 Default 选项，在弹出的人员比例设置框内将刚刚设置的"child"项前的数值设置为 75、Default 项前的数字设置为 0，而"teacher"项前的数值设置为 25。即在该幼儿园模型中，儿童占人员总数的 75%，而教工占人员总数的 25%。将人员的添加方式设置为随机添加（Random），数值设置为 250，并点击 OK 选项，即完成人员的添加，如图 14-27 所示。

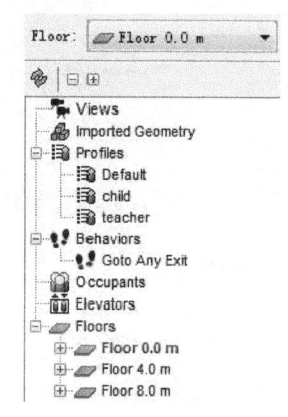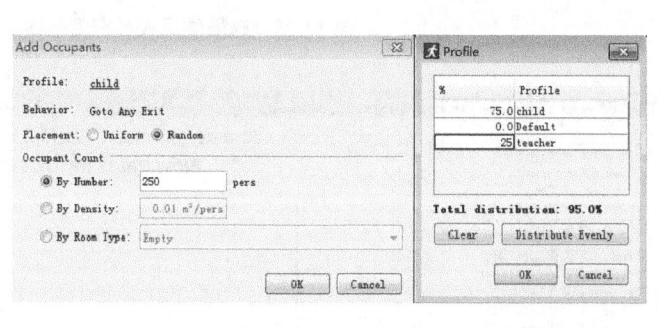

图 14-26　人员特征导航视图　　　　图 14-27　添加人员对话框

完成上述模型绘制后点击界面上方启动模拟运行任务选项 ，开始进行模拟仿真，模拟仿真计算后 Pathfinder 软件将自动弹出疏散结果 3D 展示窗口。疏散仿真结果表明，该幼儿园内有 250 名人员进行疏散时，所需疏散时间为 149s（软件中仅显示两位，实际为 149.8s）。

在 3D 结果展示窗口中点击 Scene 选项，选择其下拉菜单中的水平显示楼层选项（Layout Floors Horizontally），使得疏散结果视图水平展现，并单击界面左侧的 Density 选项，即可通过人员热图的方式观察该幼儿园模拟疏散中人员的疏散密度情况，如图 14-28 所示。

从图中可以明显地看出，该幼儿园模型在进行模拟疏散时，楼梯处的人员密度较大，可能会出现拥堵排队现象。除此之外，还可以观察人员在疏散中的运动路径、疏散速度变化、各类设施使用率等，均需在 3D 疏散结果展示界面中进行点选操作。

在模型绘制界面的上方选择 Results 下拉菜单中的查看房间使用率（View Room Usage...）选项及查看门的流率（View Door Flow Rates...）选项，即可得到模拟中的人员疏散情况曲线，如图 14-29 所示。

194 人员应急疏散仿真工程软件——Pathfinder 从入门到精通

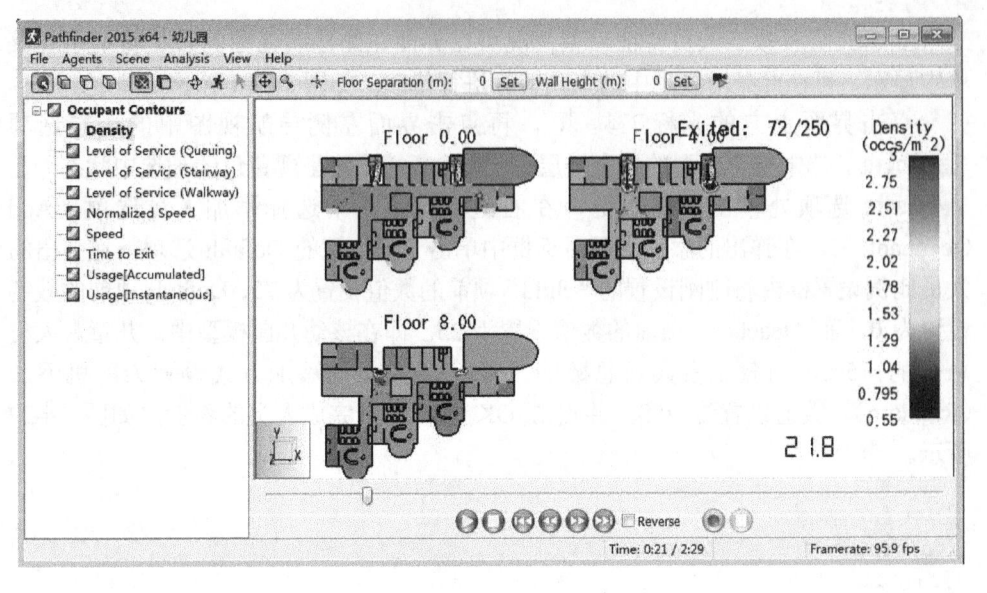

图 14-28　疏散结果人员密度热图

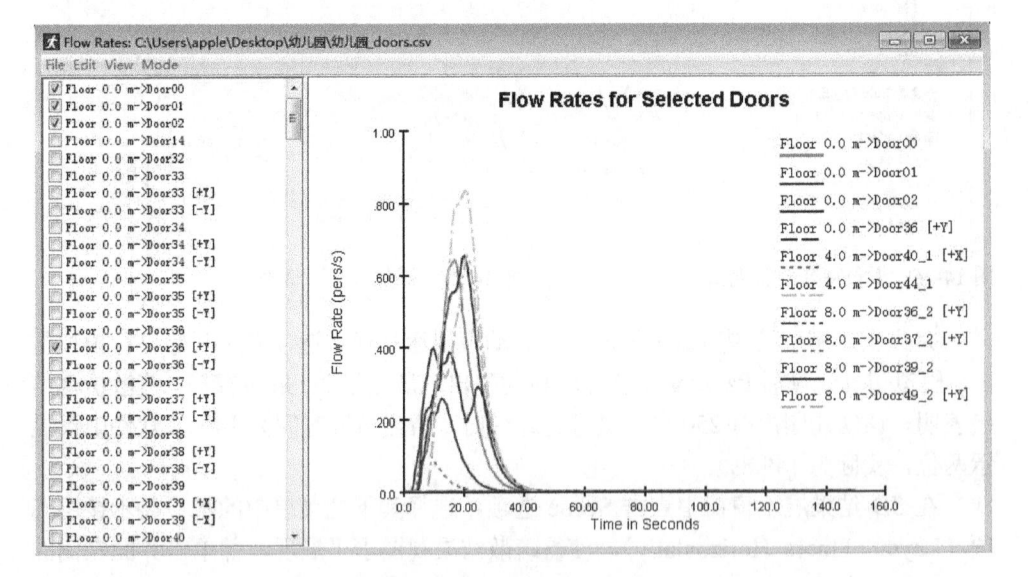

图 14-29　人员疏散情况曲线

## 14.2　商场模型

创建一个如图 14-30 所示的商场的全尺寸模型。

➡ **建模详解**

打 开 Pathfinder 软 件， 在 界 面 左 侧 导 航 视 图 中 点 击 楼 层 下 拉 菜 单

$\boxed{\text{Floor}: \text{ } \text{Floor 0.0 m} \quad \blacktriangledown}$，选择新建楼层选项（Add New…），并在弹出的新建楼层对话框中的楼层位置选项（Enter Floor Location）处输入 6.0m，如图 14-31 所示。

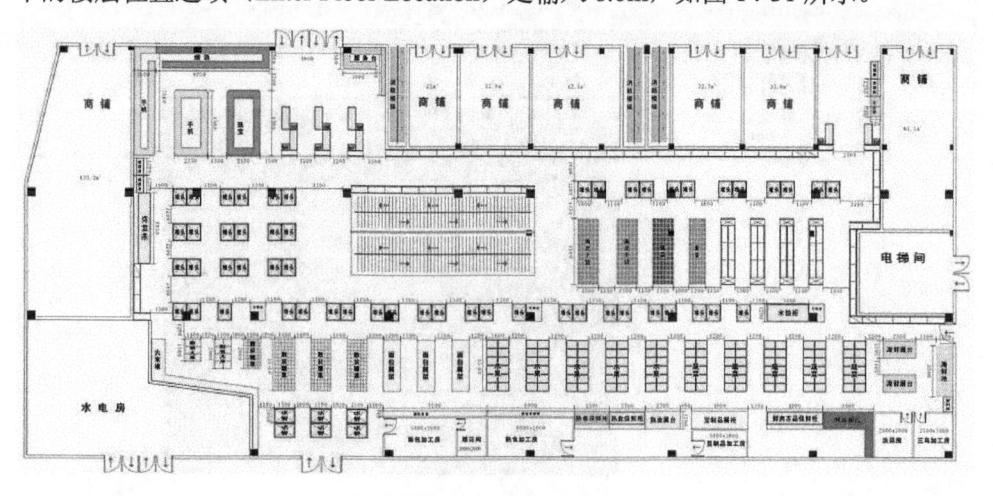

图 14-30　某商场图纸

继续采用上述方法添加楼层，在楼层位置选项（Enter Floor Location）处输入 12.0m、18.0m、24.0m、30.0m、36.0m。创建的楼层将在左侧导航视图中显示，如图 14-32 所示。

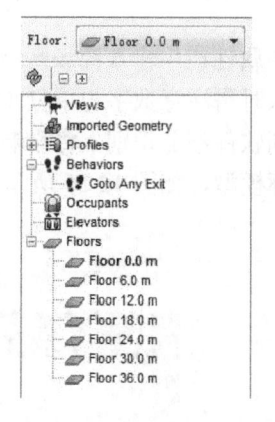

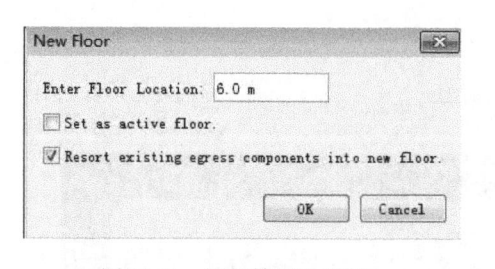

图 14-31　添加楼层对话框　　　　图 14-32　楼层导航视图

将当前绘图楼层选择为 0m 层，点击界面上方的视图切换选项 ，将绘图界面切换至 2D 视图界面，此时软件绘图区域将出现导航网格，如图 14-33 所示。

在该 2D 视图界面中绘制商场模型。由于该模型左侧较为不规则，在绘制时可以先将该模型的外部轮廓默认为一个矩形而进行绘制。以商场水电房的顶点为原点，参照图 14-30 所述的尺寸进行绘制，点击界面左侧工具栏中的 ▌工具，界面上方将出现如图 14-34 所示的属性栏。

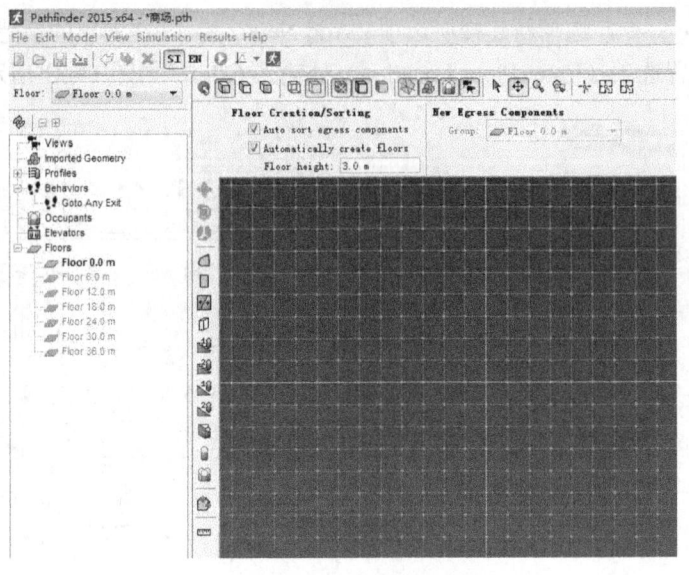

图 14-33　2D 绘图视图界面

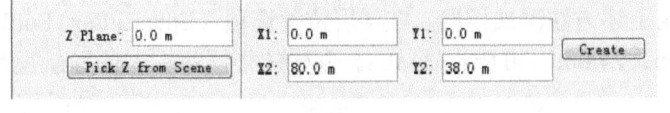

图 14-34　绘制矩形工具属性栏

　　在属性栏中输入商场区域的面积坐标，为：X1=0m，X2=80m，Y1=0m，Y2=38m。在输入时需注意数字与单位（m）之间的空格不可删去，这是软件要求的基本格式，删去则软件不能识别，将影响作图。输入坐标完毕后点击 Create 键，即可得到商场的轮廓模型，如图 14-35 所示。

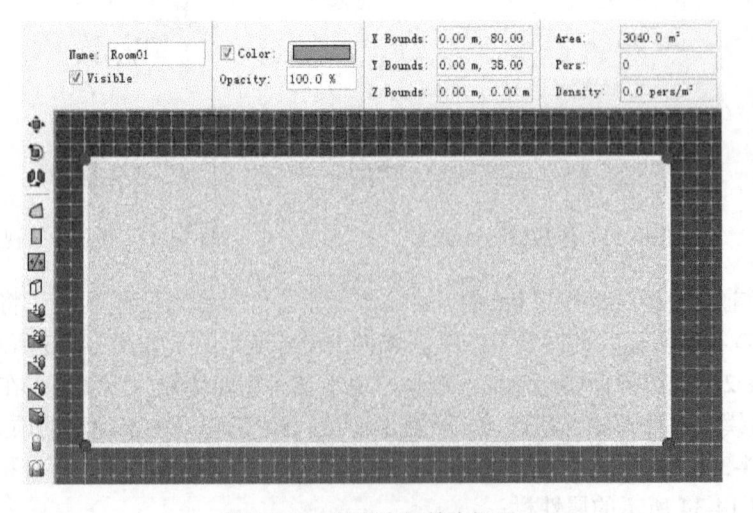

图 14-35　绘制商场轮廓矩形

第 14 章　精通模型实例——建模详解　197

　　界面上方的属性栏显示刚刚绘制的房间的坐标点、面积、颜色、透明程度等属性值。继续采用上述方法绘制模型中北侧及南侧的联排房间的轮廓矩形，点击界面左侧工具栏中的 ▊ 工具，在界面上方的属性栏中分别输入：X1=32m，X2=74m，Y1=28m，Y2=38m 及 X1=34m，X2=80m，Y1=0m，Y2=4m。然后点击 Create 键，即可得到如图 14-36 所示的模型。

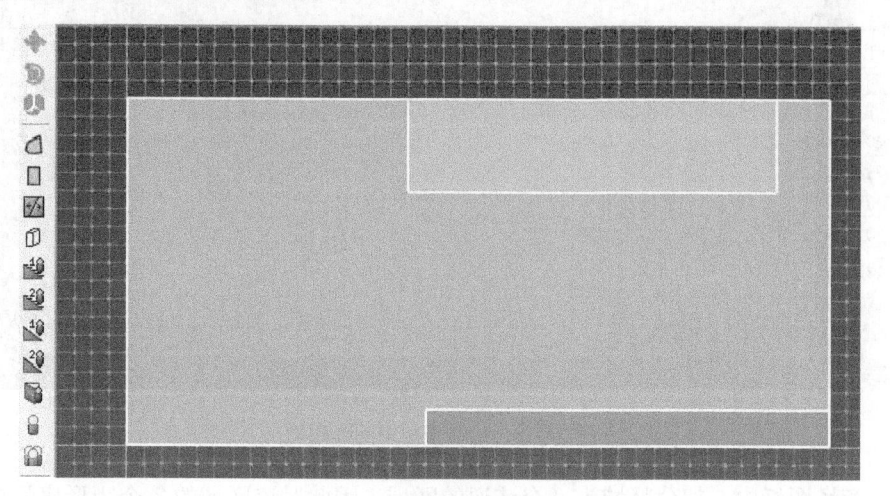

图 14-36　绘制联排房间轮廓矩形

　　此时该模型的坐标位置已基本固定，继续参照图 14-30 给出的尺寸，利用界面左侧工具栏中的 ▊ 工具绘制模型中其余的矩形房间，得到商场基础模型如图 14-37 所示。

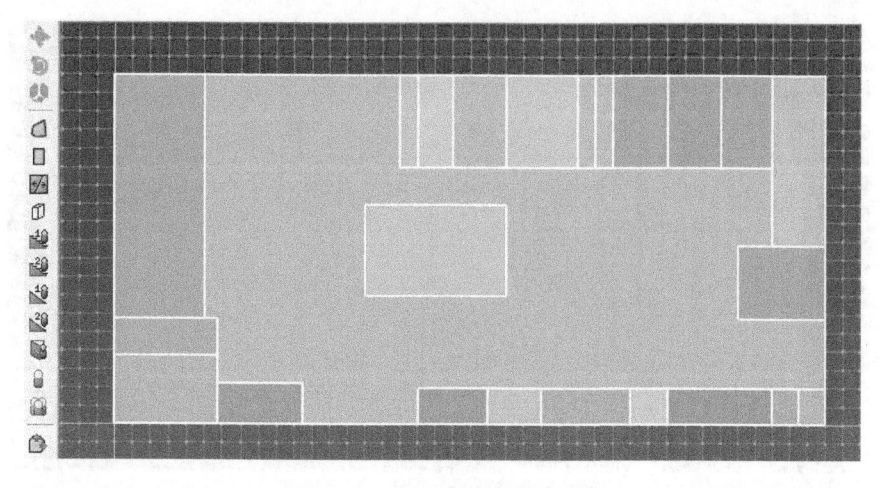

图 14-37　绘制模型的矩形房间

　　由于商场中的货架、展示台、柜台等在疏散中均会阻碍人员的疏散行为，故在模拟中将其视为障碍物。利用界面左侧工具栏中的 ▊ 及 ▨ 等工具绘制商场模型中的货架、展示台等障碍物。绘制时如遇不规则形状，则使用界面左侧工具栏中的⬠工具进行绘制，各种障碍物的尺寸参照图 14-30。得到的模型如图 14-38 所示。

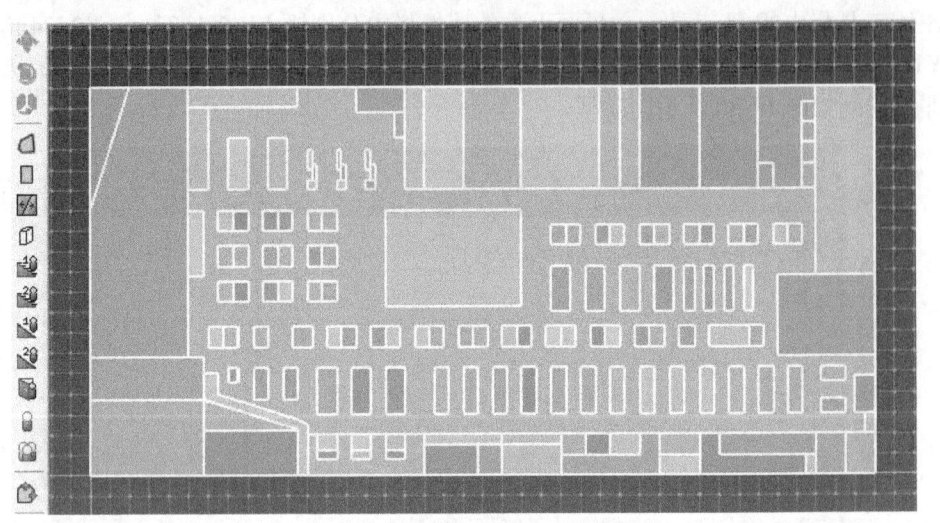

图 14-38　绘制模型中的障碍物

　　商场图纸中，部分区域为一个连通的区域，因此对该区域的各个矩形房间进行融合。点击界面上方的 ▶ 工具，选择连通区域的房间，按住键盘的 Ctrl 键进行多个房间的选择，被选中的房间将呈现黄色被选状态，单击鼠标右键，在右键下拉菜单中选择融合（Merge）选项，即可完成房间的融合，并将模型中左侧顶角的多余面积删除，得到的模型如图 14-39 所示。

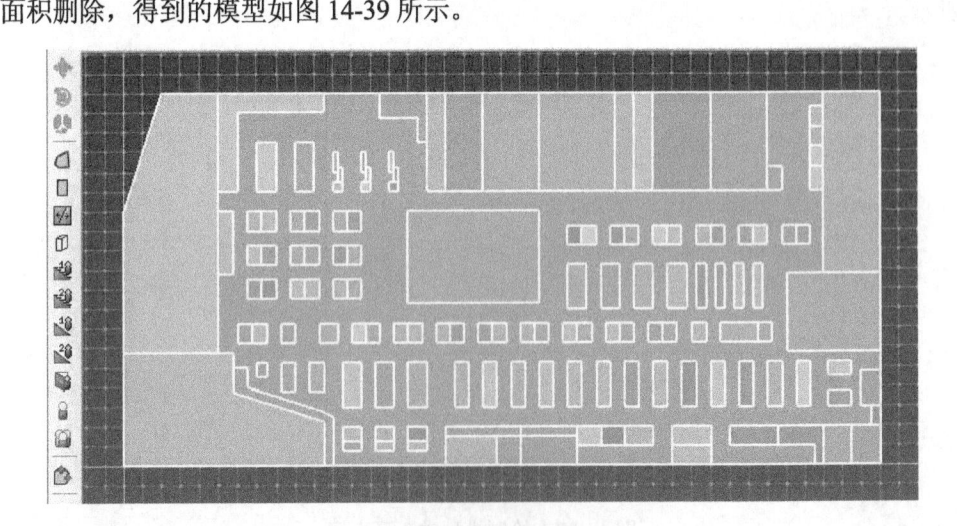

图 14-39　房间的融合

　　模型绘制至此步骤时，0m 层的模型的结构已经基本完成，现绘制模型的安全出口，并给模型的各个房间添加门。

在界面左侧工具栏中选择 工具来绘制安全出口，该商场模型中共有 15 个安全出口，分别位于商场 0m 层商铺、水电房及电梯间等处。在界面上方的门的属性栏中设置安全出口的宽度为 300cm，将鼠标拖动至绘图区域，可以看见一条黄色的预设的门在绘图区域的距离光标位置较近的墙面进行自动捕捉，按照图纸中安全出口所在位置点击放置安全出口，即完成安全出口的绘制，如图 14-40 所示。注：安全出口在模型中的颜色显示为绿色。

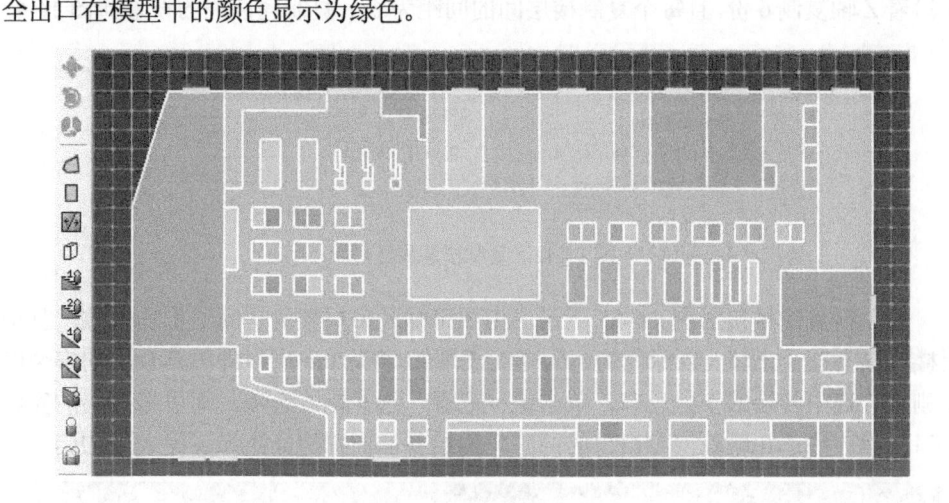

图 14-40　绘制安全出口

以同样的方法绘制该商场模型中的其他的门，在界面左侧工具栏中选择 工具来绘制，在门的属性设置中，将门的宽度设置为 150cm。商场模型中门的绘制结果如图 14-41 所示。

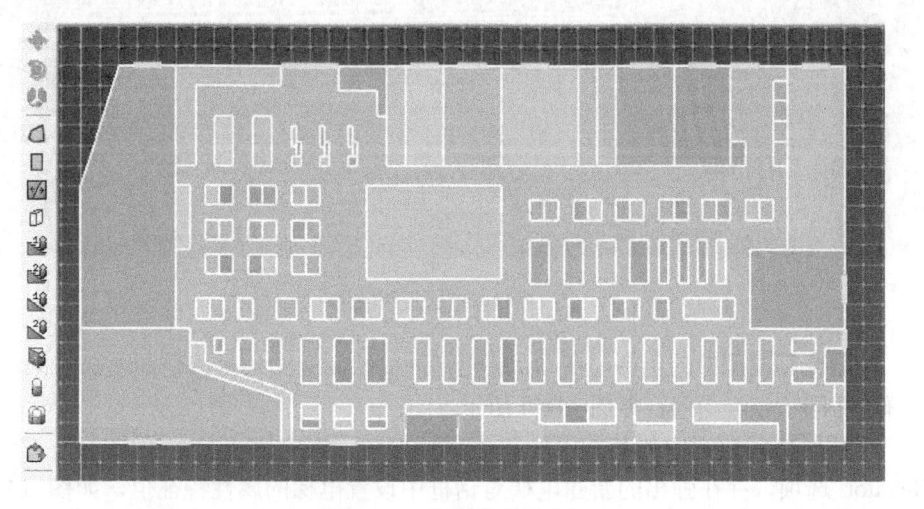

图 14-41　绘制模型中的门

由于商场每层的房间结构均一致，在绘制其余各层时，可以参照上述 0m 层的绘制方法进行绘制，也可以通过复制功能将 0m 层绘制的房间模型复制到其余各层中。在本例中应用复制的方法来完成其余楼层的绘制。点击界面上方的 选项，拖动鼠标选中 0m 层的所有模型，使得其呈现黄色的选中状态，点击界面左侧工具栏中的 工具，在界面上方的属性栏中选择复制选项，复制的份数为 6 份，由于为向高层楼层进行复制，故设置沿 Z 轴方向移动 6m。复制份数为 6 份时即表明将 0m 层沿着 Z 轴复制 6 份，且每个复制楼层间的间距为 6m。复制属性栏的设置如图 14-42 所示。

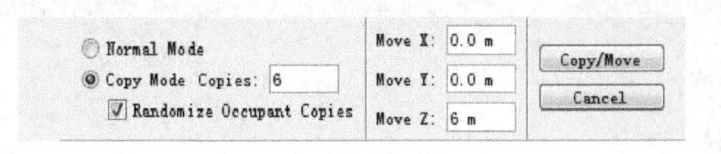

图 14-42　复制楼层属性栏

复制得到的楼层如图 14-43 所示。由图可知，每层楼的房间结构均一致，且每层楼均具有安全出口（以绿色的门的形式表现）。将除 0m 层以外的其余层的安全出口删除。选中各层的安全出口，单击鼠标右键，选择删除选项，即可将各层的安全出口删除。注：在删除安全出口的同时，需给各层商铺房间添加连接大厅的门。

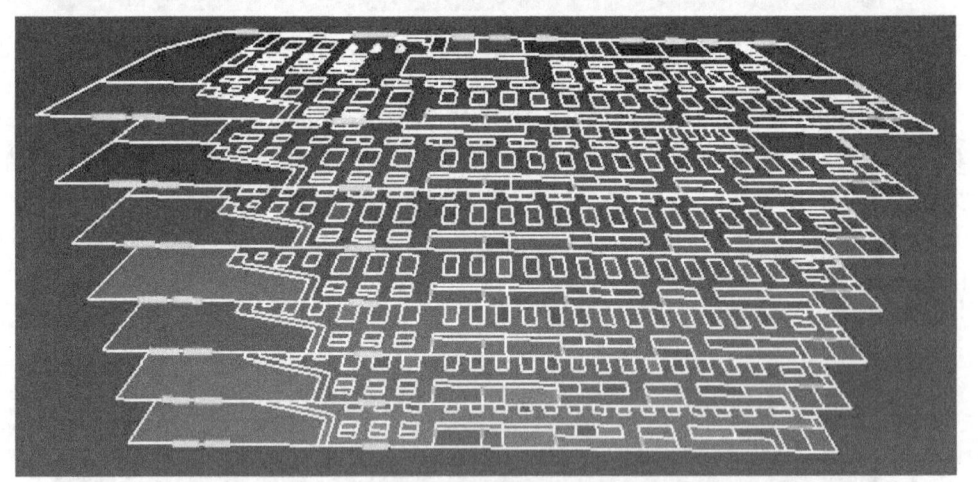

图 14-43　楼层复制效果

绘制商场模型中的电梯，在 0m 层电梯间处绘制 2 个电梯的轿厢所在房间，并给每个房间绘制一个门，如图 14-44 所示。

在轿厢房间被选中的状态下，单击鼠标右键，在右键下拉菜单中选择 Create Elevator 选项，并在弹出的新建电梯对话框中设置电梯的属性特征值，如图 14-45 所示。以同样的方法设置另一个电梯，属性特征值不变，将另一个电梯的名称设置为 Elevator2。

第 14 章　精通模型实例——建模详解　201

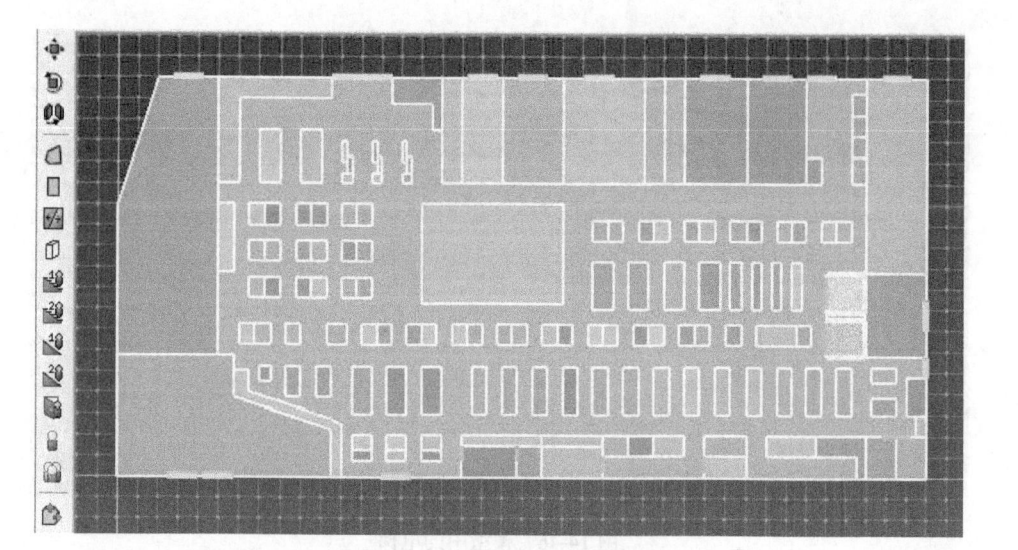

图 14-44　绘制电梯轿厢所在房间

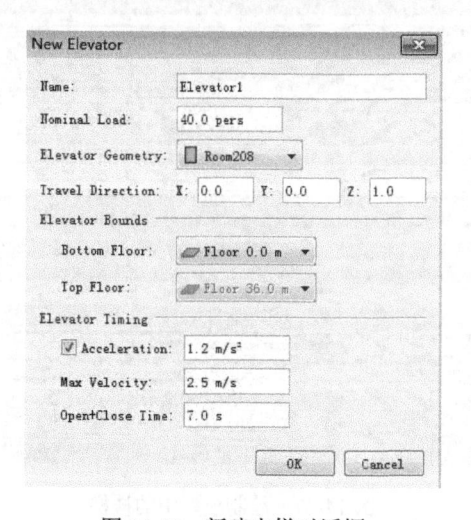

图 14-45　新建电梯对话框

创建电梯后的模型如图 14-46 所示。

接下来绘制连接各层的自动扶梯，绘制自动扶梯的方法与绘制楼梯的方法一样。自动扶梯的坐标位置参照图 14-30 所示的位置。绘制自动扶梯前需将自动扶梯所在位置的房间删除，选中上述房间后单击鼠标右键删除即可。点击界面左侧工具栏中的 选项，在界面上方的属性栏中设置楼梯的宽度为 200cm，拖动鼠标至绘图区域，软件将自动进行楼梯的捕捉，在 0m 处的楼梯接面缺口处单击鼠标左键，拖动鼠标至下一层，再次单击鼠标左键，即可绘制连接 0m 层楼层与下一层连接的楼梯。采用同样的方式重复进行楼梯的绘制，绘制连接各楼层的楼梯，如图 14-47 所示。

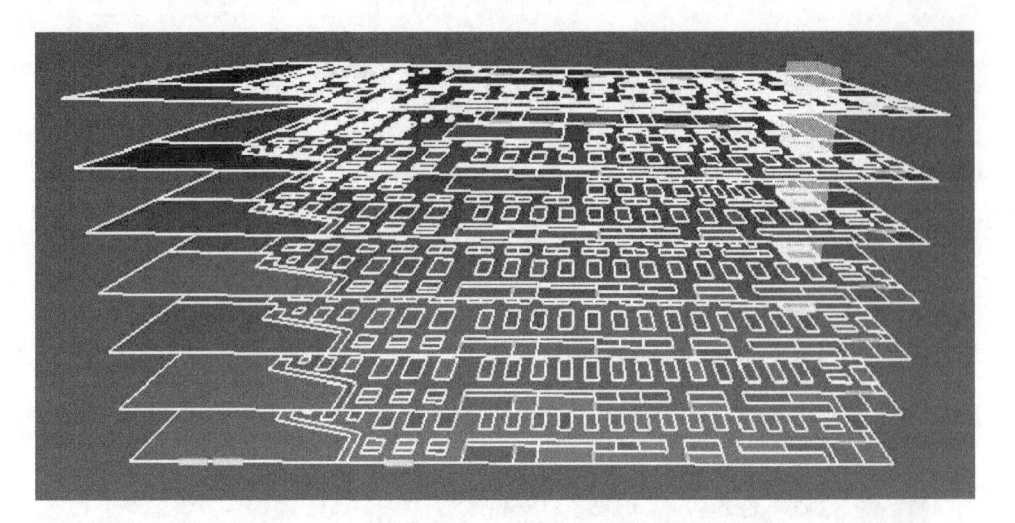

图 14-46 模型中的电梯

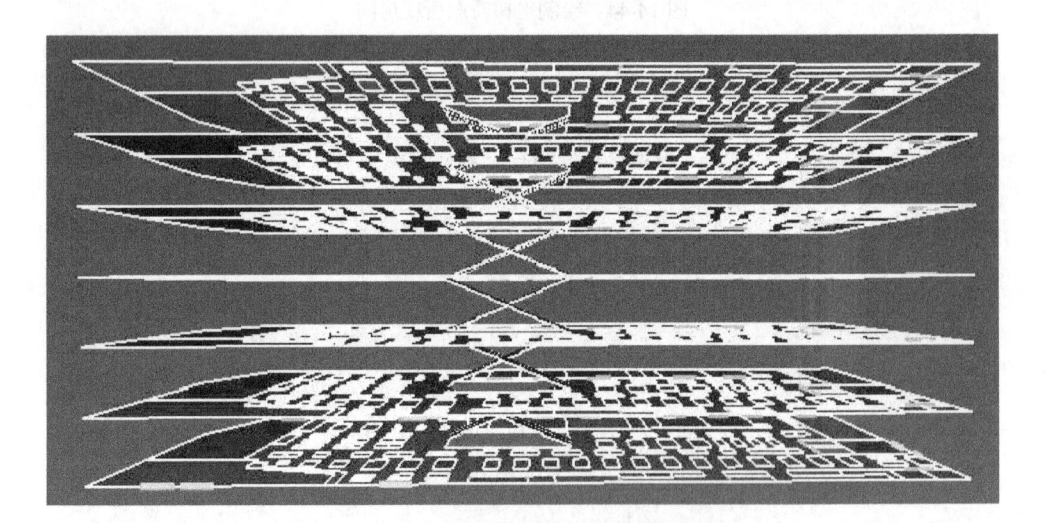

图 14-47 绘制模型中的楼梯

　　绘制商场的基本模型结构后，设置模型中的人员特性参数。选中导航视图中的人员特性选项 ▤ Profiles，单击鼠标右键，在右键菜单中选择新建人员特性选项（Add a Profile...），在弹出的命名对话框中将此人员特性命名为"people"，点击 OK 键后在弹出的人员特性参数设置对话框内设置人员的肩宽为 45cm，疏散运动速度为1.25m/s。点击 Apply 键及 OK 键，完成人员特性设置。以上设置如图 14-48 所示。

　　设置模型中人员的疏散行为，选中导航视图中的行为选项 ▟ Behaviors，单击鼠标右键，在右键菜单中选择新建行为选项（Add a Behavior...），在弹出的命名对话框中将此行为命名为"Behavior1"，点击 OK 键。界面上方将出现该行为的属性栏，在属性栏的行为下拉菜单中将该行为设置为通过乘坐任意一个电梯逃生，如图 14-49

所示。

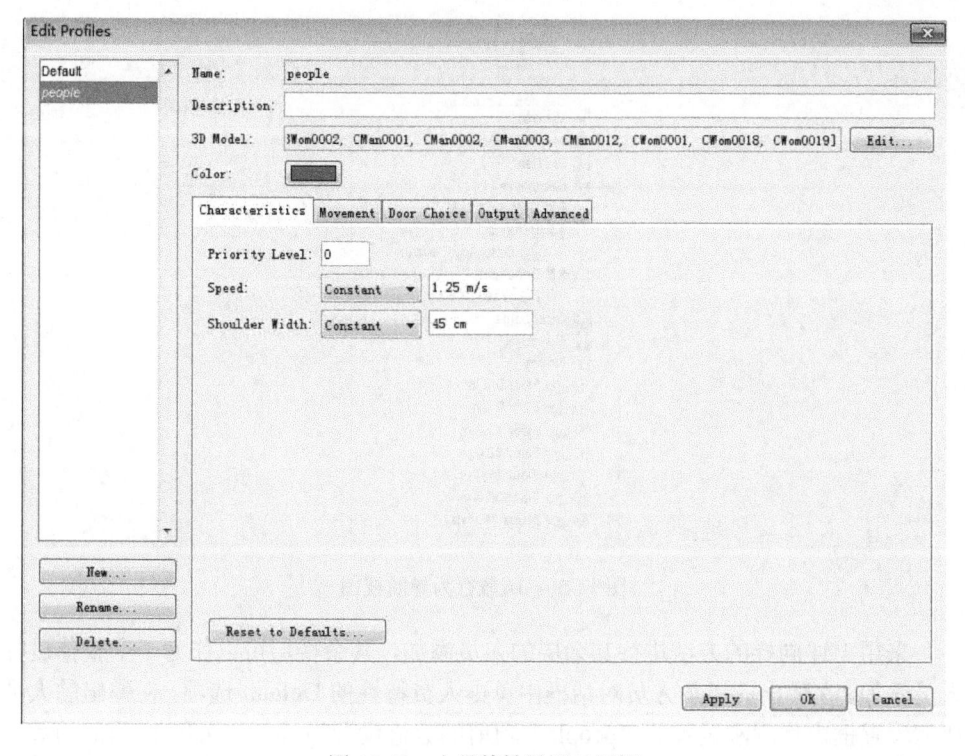

图 14-48　人员特性设置对话框

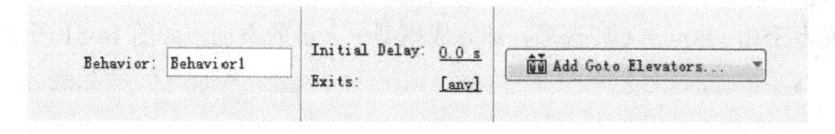

图 14-49　设置通过电梯逃生的行为

再次使用上述方法添加一个在疏散逃生开始时，先等待 10s，再继续进行疏散的行为，设置名称为"Behavior2"。所有上述设置的疏散中的人的行为均将在界面左侧的导航视图中展现，如图 14-50 所示。

在添加人员时，由于 0m 层的人员因不需要通过楼梯和电梯进行疏散，故在设置行为时单独设置。点击界面上方的光标工具 ，再点击界面左侧导航视图中的楼层选项 Floor 0.0 m ，选中 0m 层，此时该楼层将呈现黄色的被选中状态。单击鼠标右键，在右键下拉菜单中选择添加人员选项（Add Occupant...），在弹出的添加人员对话框中单击人员特性的 Default 选项，在弹出的人员比例设置框内将刚刚设置的"people"项前的数值设置为 100、Default 项前的数字设置为 0； Behavior1 项前的数值设置为 0、Behavior2 项前的数值设置为 0、Goto Any Exit 项前的数值设置为 100。将人员的添加方式设置为随机添加（Random），数值设置为 50，并点击 OK

选项，即完成 0m 层人员的添加。

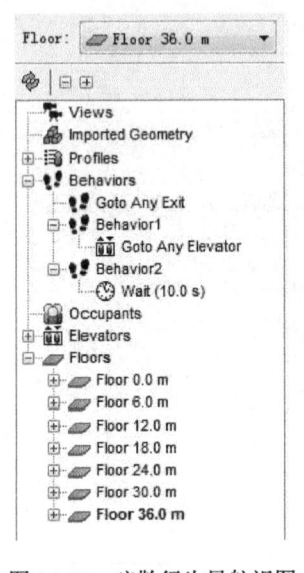

图 14-50　疏散行为导航视图

采用上述同样的方法进行其余层的人员添加，其余楼层可以作为一个整体进行人员添加。在弹出的添加人员对话框中单击人员特性的 Default 选项，在弹出的人员比例设置框内将刚刚设置的"people"项前的数值设置为 100、Default 项前的数字设置为 0；Behavior1 项前的数值设置为 50、Behavior2 项前的数值设置为 10、Goto Any Exit 项前的数值设置为 40。将人员的添加方式设置为随机添加（Random），数值设置为 350，并点击 OK 选项，即完成模型中人员的添加，如图 14-51 所示。

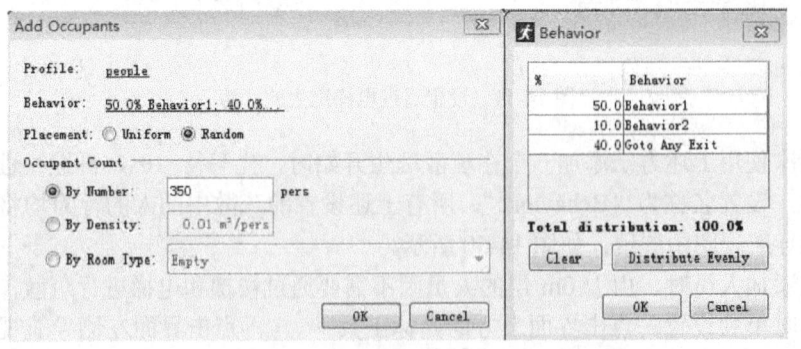

图 14-51　添加人员对话框

完成上述模型绘制后点击界面上方启动模拟运行任务选项 ▶，开始进行模拟仿真，模拟仿真计算后 Pathfinder 软件将自动弹出疏散结果 3D 展示窗口。疏散仿真结果表明，该商场内有 400 名人员进行疏散时，所需疏散时间为 356s（软件中仅显示两位，实际为 356.5s）。

第 14 章　精通模型实例——建模详解　205

在 3D 结果展示窗口中单击界面左侧的 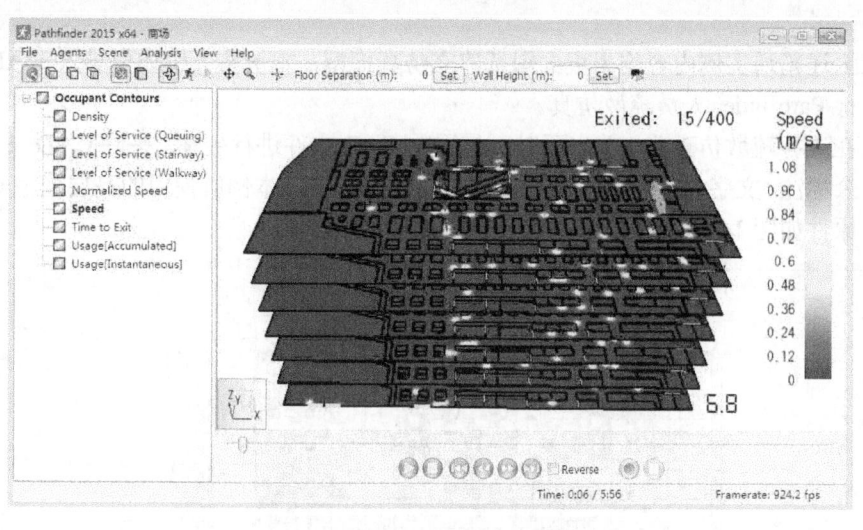 **Speed** 选项，即可通过人员热图的方式观察该商场模拟疏散中人员的疏散行为的速度情况，如图 14-52 所示。

图 14-52　疏散结果人员速度热图

可以在 3D 结果视图中观察人员在疏散中的运动路径、疏散速度变化、各类设施使用率等，均需在 3D 疏散结果展示界面中进行点选操作。

在模型绘制界面的上方选择 Results 下拉菜单中的查看房间使用率（View Room Usage…）选项及查看门的流率（View Door Flow Rates…）选项，即可得到模拟中的人员疏散情况曲线，如图 14-53 所示。

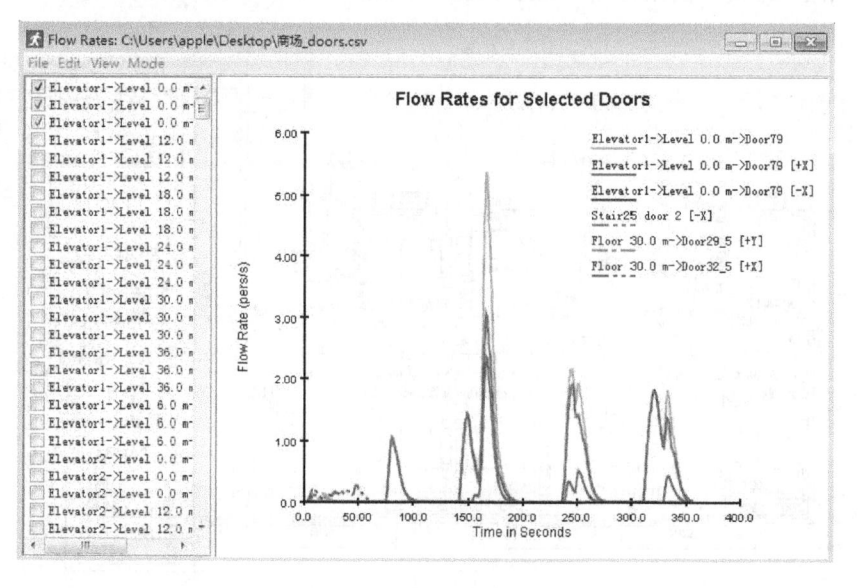

图 14-53　人员疏散情况曲线

## 14.3 高层住宅模型（CAD 文件导入建模）

上述精通实例内容均为根据图纸建立仿真模型，本例将介绍如何导入 CAD 图纸进行 Pathfinder 人员疏散仿真。

在进行疏散仿真前，首先要对所使用的 CAD 文件进行处理，去除 CAD 文件中的多余标注、文字、线条等，保留模型的基本结构即可。本例所使用的高层住宅 CAD 文件原件如图 14-54 所示。

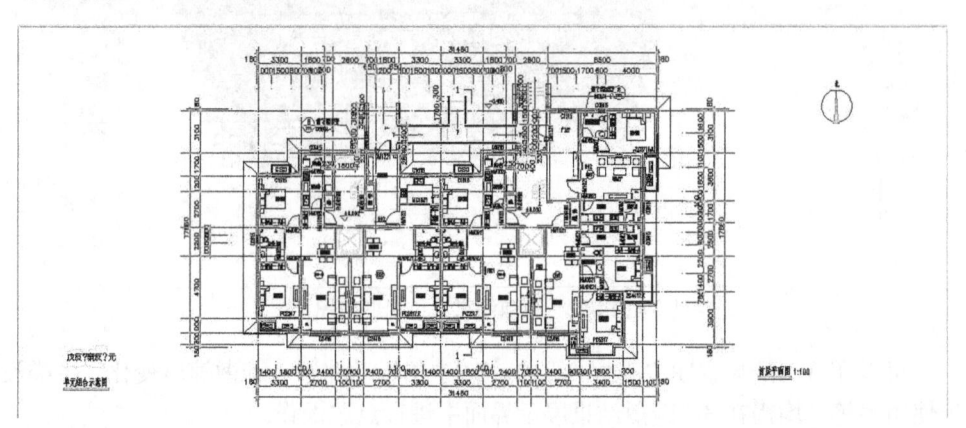

图 14-54　高层住宅 CAD 图纸

该图纸中含有大量多余的线条和标注，需在 CAD 软件中进行删除，得到该高层住宅图纸最简单的结构图，如图 14-55 所示。

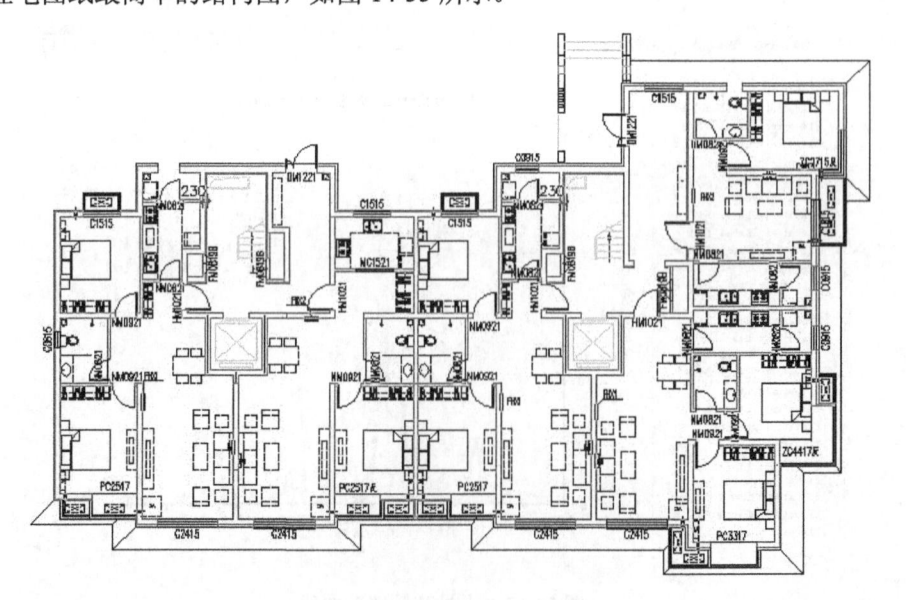

图 14-55　高层住宅 CAD 结构图

将 CAD 文件处理完毕后进入 Pathfinder 建模环节。打开 Pathfinder 软件，点击界面上方工具条中的 选项，软件将会弹出一个选择导入文件的对话框，如图 14-56 所示。

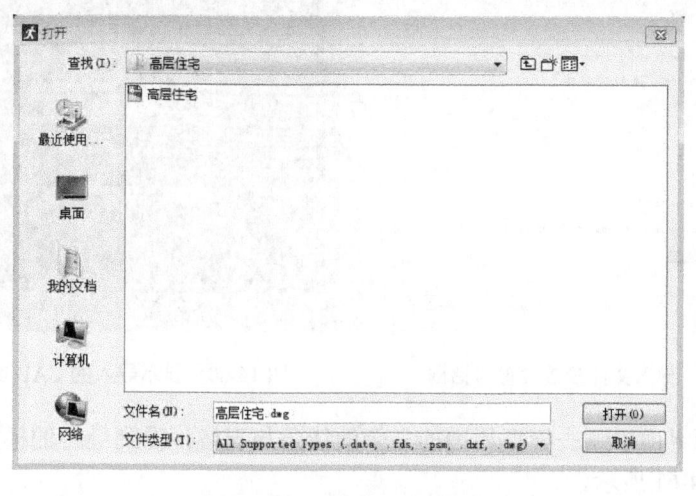

图 14-56　导入文件对话框

在该对话框中选择上述高层住宅结构图文件，并点击打开选项，将会弹出一个是否导入新模型/导入现有模型的对话框，点选导入新模型选项，如图 14-57 所示。

点击 Next 选项，软件将弹出导入文件长度单位选择对话框，根据模型的大小在长度单位下拉菜单中进行选择。本例中选择导入文件的长度单位为 mm，单位选择下拉菜单下方为模型的基本情况，如图 14-58 所示。

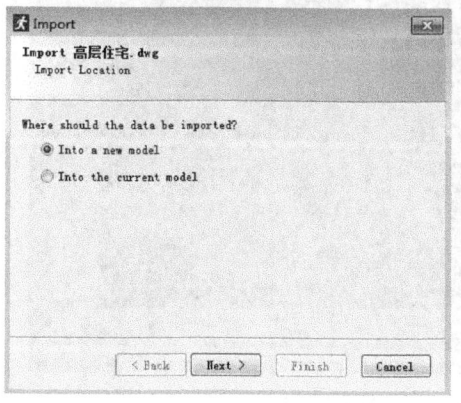

图 14-57　导入新模型询问对话框

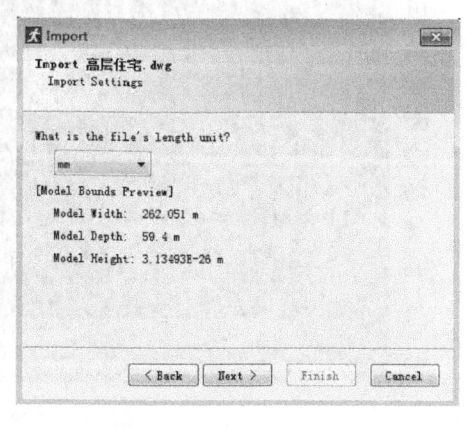

图 14-58　长度单位选择对话框

点击 Next 选项，软件将弹出导入文件线条及平面设置对话框，在该对话框中可以设置导入文件的线条/平面及移动角度、颜色等参数，如图 14-59 所示。注：本例采用软件默认参数，故不进行特殊设置。

完成上述设置后点击 Finish 选项，软件将在绘图界面中出现刚刚导入的 CAD
文件，如图 14-60 所示。

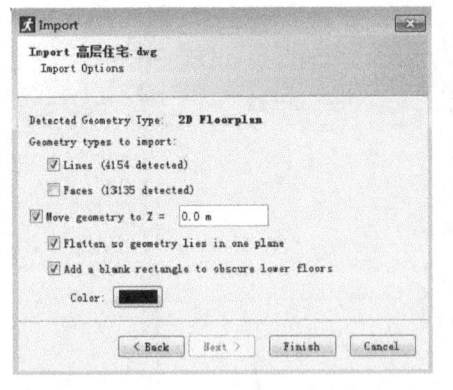

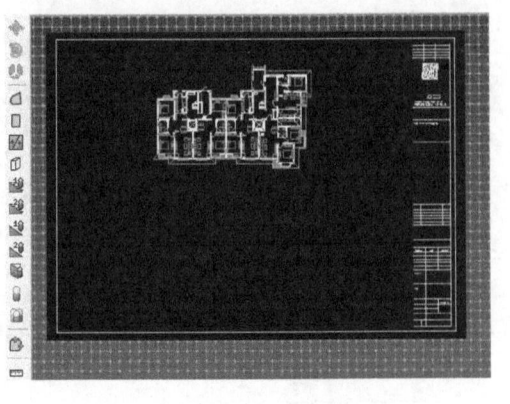

图 14-59 导入文件参数设置对话框　　　图 14-60 显示导入的 CAD 文件

在绘图界面中删去模型周围的多余的线条与表格，得到最终的模型基础结构
图，如图 14-61 所示。

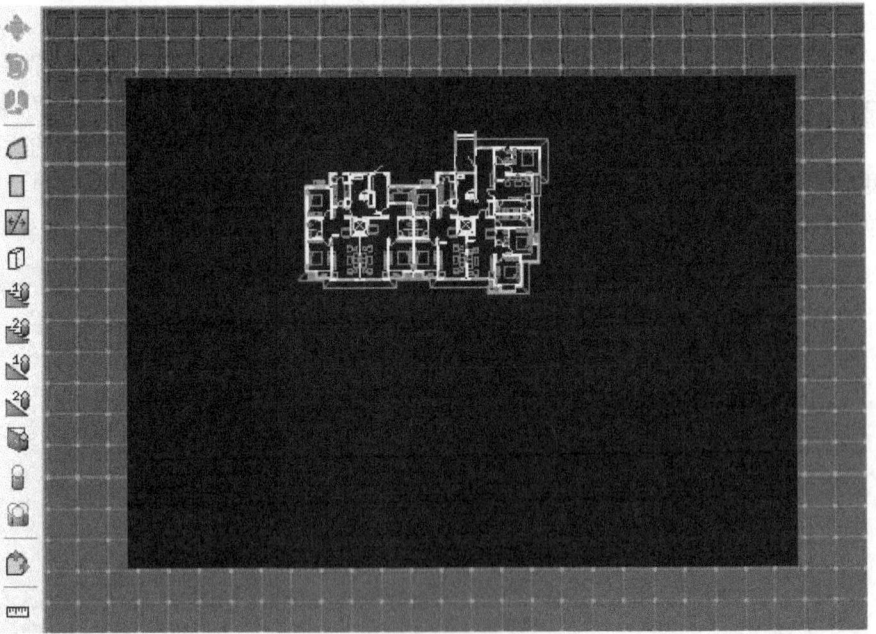

图 14-61 模型基础结构图

在模型基础结构图的基础上建立高层住宅模型，点击界面左侧工具栏中的抓取
（🖐）工具，并在图中想要绘制模型的相应结构轮廓中双击鼠标左键，即可完成一
个房间平面的绘制，如图 14-62 所示。

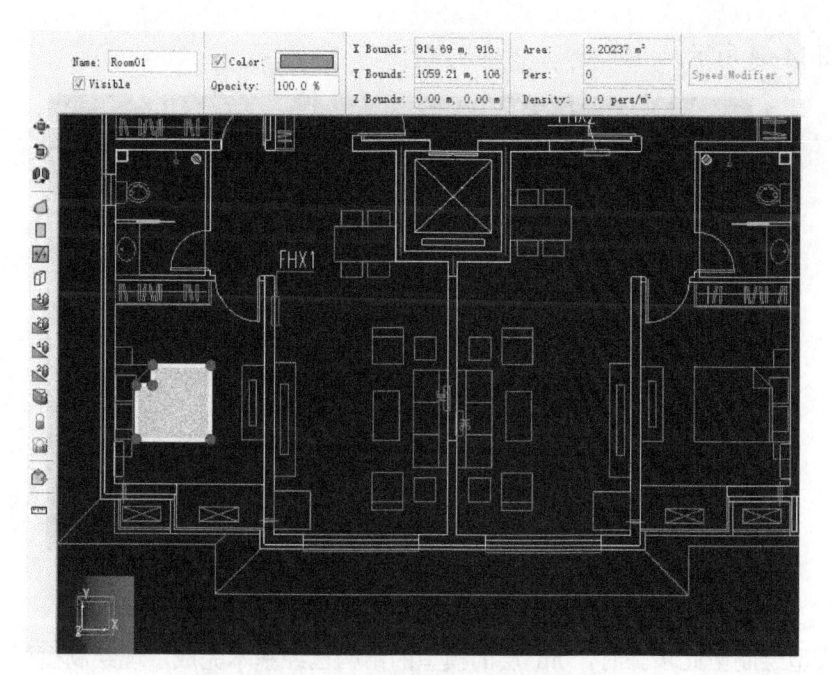

图 14-62　利用抓取工具绘制模型

　　继续采用上述抓取的方法绘制模型中的其他房间，得到 0m 层的模型如图 14-63 所示。

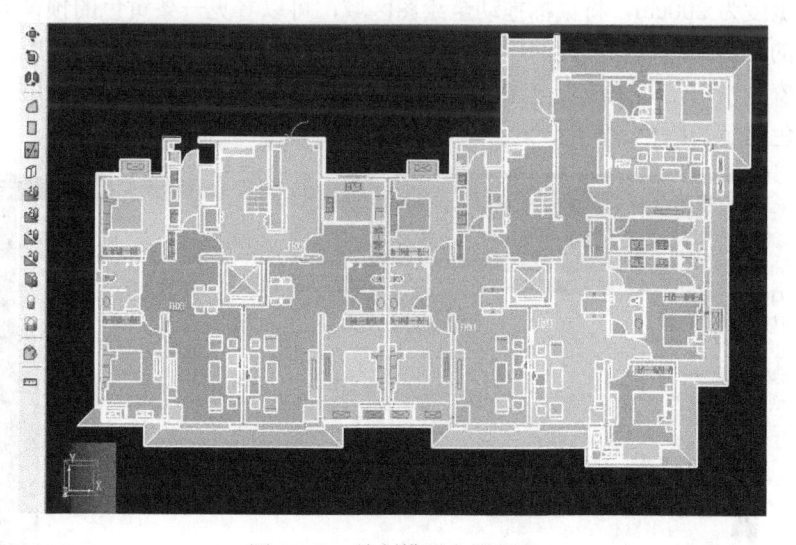

图 14-63　绘制模型中的房间

　　由于使用抓取工具进行模型绘制，有些连通的房间和障碍物被分为了不同的矩形，因此，采用融合功能将上述房间和障碍物进行进一步绘制，选中想要融合的房间或矩形，单击鼠标右键，在右键下拉菜单中选择融合（Merge）选项，得到的模型如图 14-64 所示。

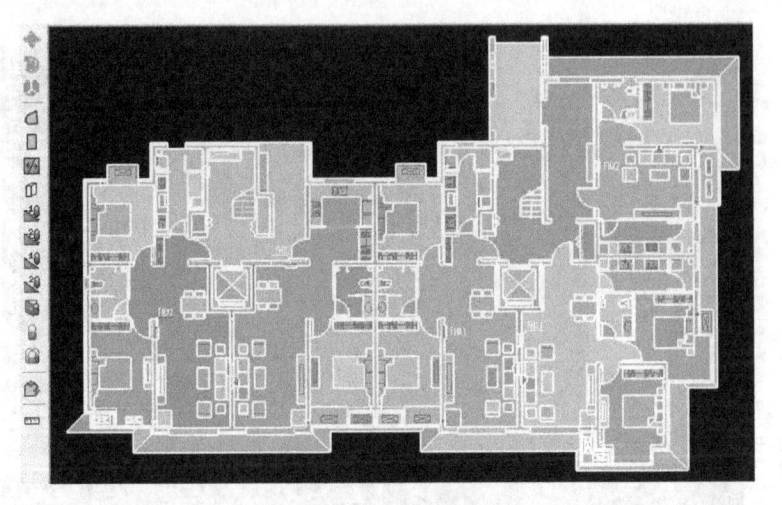

图 14-64　房间的融合

　　模型绘制至此步骤时，0m 层的模型的结构已经基本完成，现绘制模型的安全出口，并给模型的各个房间添加门。

　　在界面左侧工具栏中选择 ▓ 工具来绘制安全出口，该高层住宅模型中共有 2 个安全出口，分别位于 2 个住宅单元入口处。在界面上方的门的属性栏中设置安全出口的宽度为 200cm，将鼠标拖动至绘图区域，可以看见一条黄色的预设的门在绘图区域的距离光标位置较近的墙面进行自动捕捉，按照图纸中安全出口所在位置点击放置安全出口，即完成安全出口的绘制，如图 14-65 所示。注：安全出口在模型中的颜色显示为绿色。

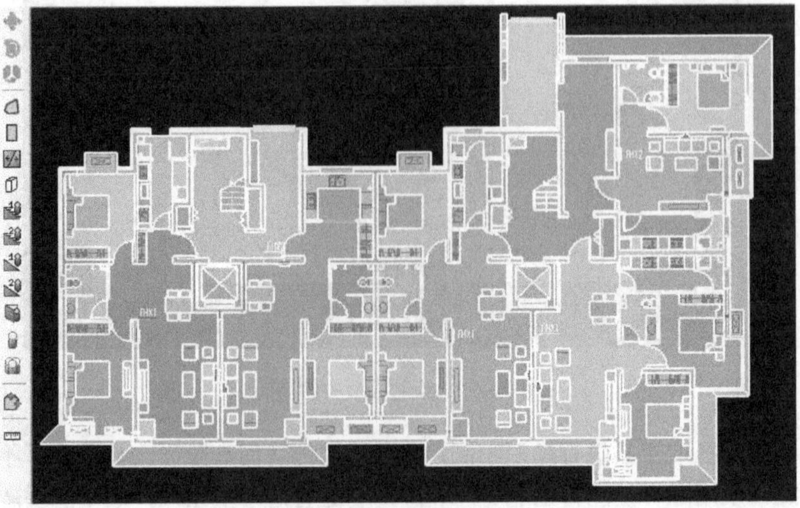

图 14-65　绘制安全出口

以同样的方法绘制该高层住宅模型中的门（门在原有图中已有蓝色圆弧线标识），在绘制门前需绘制承接门的墙，将房间内由墙隔开的面积融合，从而对不同的房间进行矩形分隔，如图 14-66 所示。

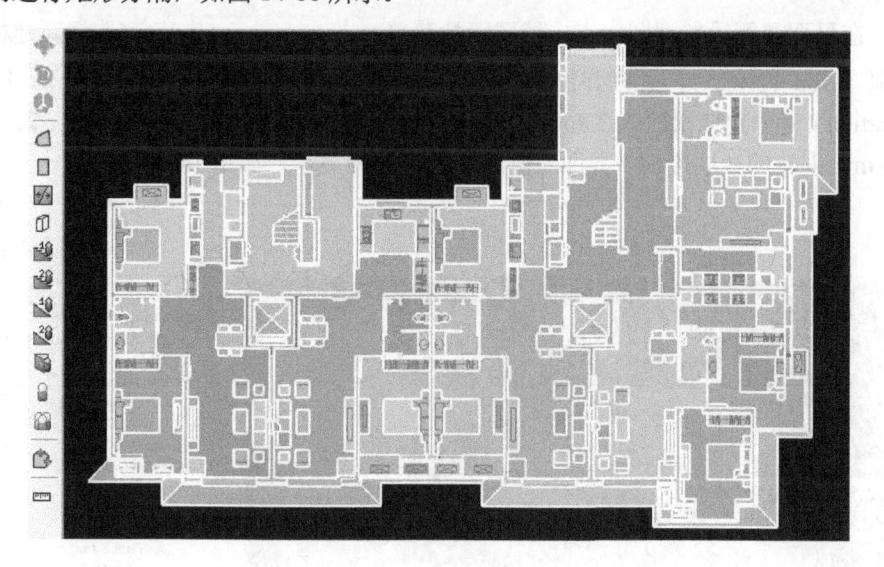

图 14-66　分隔房间

在界面左侧工具栏中选择 工具来绘制门，在门的属性设置中，将起居室及客厅的门的宽度设置为 100cm，厨房及卫生间的门的宽度设置为 75cm。高层住宅模型中门的绘制结果如图 14-67 所示。

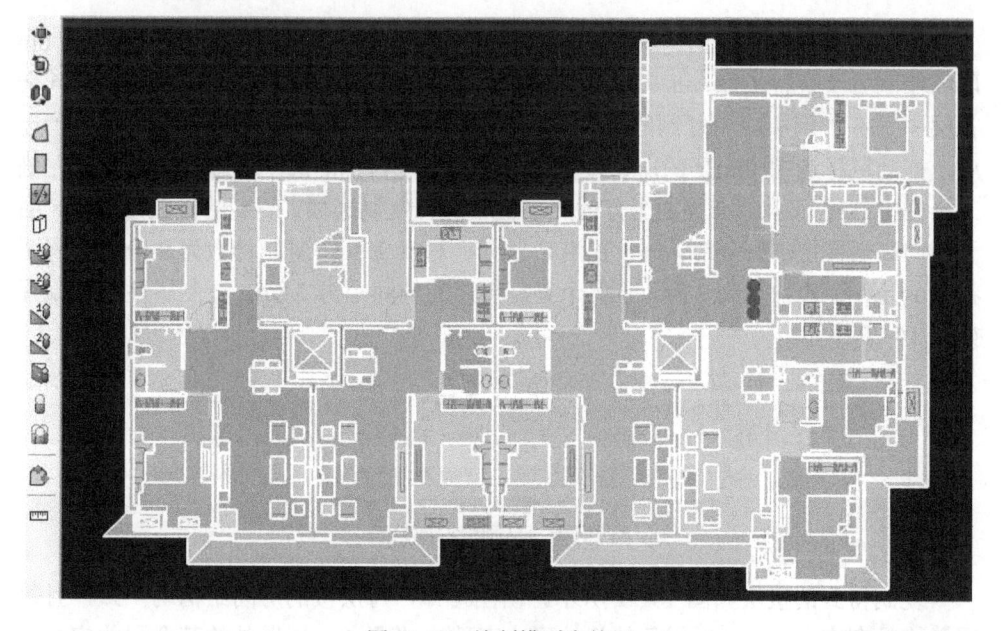

图 14-67　绘制模型中的门

此时该高层住宅模型 0m 层已基本绘制完成，现将背景的黑色图层删除，点击黑色图层并单击鼠标右键，在右键菜单中进行删除，背景图层删除后的模型如图 14-68 所示。

在界面左侧导航视图中点击楼层下拉菜单 Floor: ⌒Floor 0.0 m ▼，选择新建楼层选项（Add New...），并在弹出的新建楼层对话框中的楼层位置选项（Enter Floor Location）处分别依次输入 2.8m、5.6m、8.4m、11.2m、14m、16.8m、19.6m、22.4m、25.2m，创建的楼层可以在界面左侧的导航视图中显示，如图 14-69 所示。

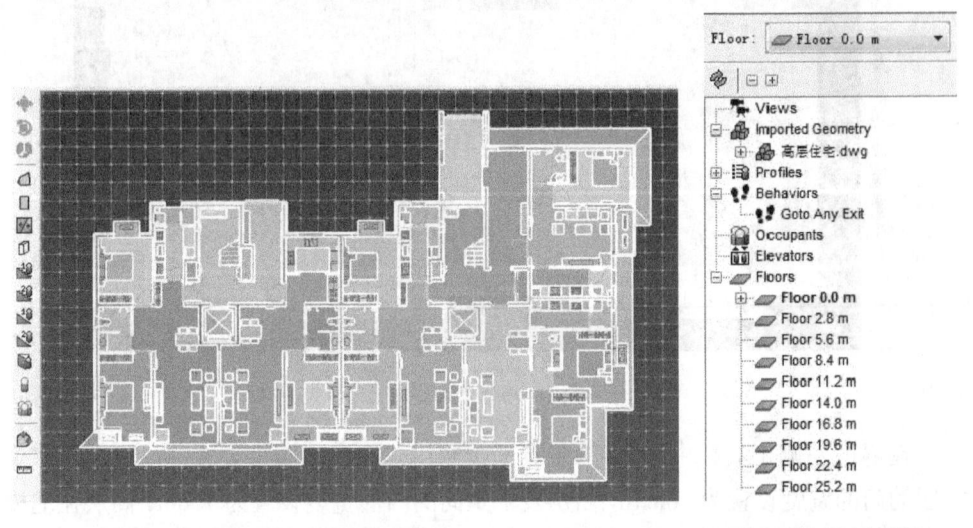

图 14-68　删除背景图层　　　　　　图 14-69　创建楼层

由于高层住宅每层的房间结构均一致，在绘制其余各层时，可以参照上述 0m 层的绘制方法进行绘制，也可以通过复制功能将 0m 层绘制的房间模型复制到其余各层中。在本例中应用复制的方法来完成其余楼层的绘制。点击界面上方的 选项，拖动鼠标选中 0m 层的所有模型，使得其呈现黄色的选中状态，点击界面左侧工具栏中的 工具，在界面上方的属性栏中选择复制选项，复制的份数为 9 份，由于为向高层楼层进行复制，故设置沿 Z 轴方向移动 2.8m。复制份数为 9 份时即表明将 0m 层沿着 Z 轴复制 9 份，且每个复制楼层间的间距为 2.8m。复制属性栏的设置如图 14-70 所示。

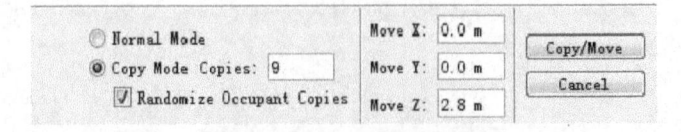

图 14-70　复制楼层属性栏

复制得到的楼层如图 14-71 所示。由图可知，每层楼的房间结构均一致，且每层楼均具有安全出口（以绿色的门的形式表现）。将除 0m 层以外的其余层的安全出

口删除。选中各层的安全出口，单击鼠标右键，选择删除选项，即可将各层的安全
出口删除。

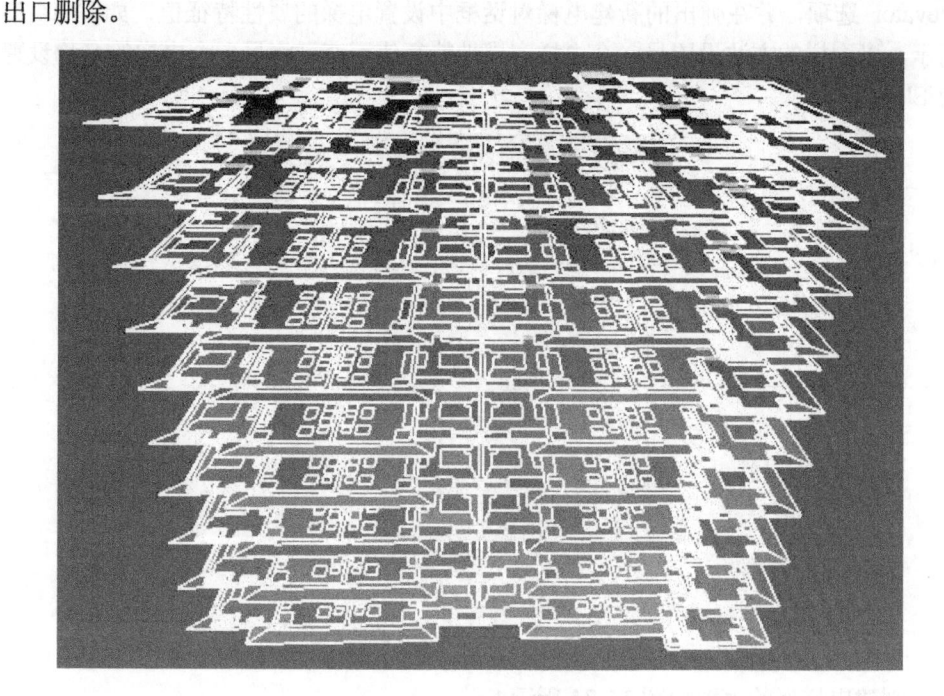

图 14-71　楼层复制效果

复制楼层后，绘制高层住宅模型中的电梯，在 0m 层电梯间处绘制 2 个电梯的
轿厢所在房间，并给每个房间绘制一个门，如图 14-72 所示。

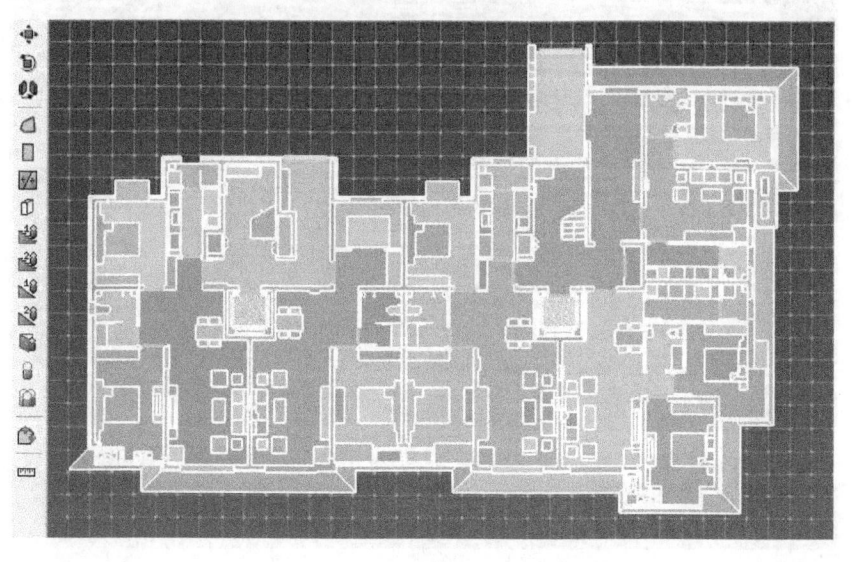

图 14-72　绘制电梯轿厢所在房间

在轿厢房间被选中的状态下，单击鼠标右键，在右键下拉菜单中选择 Create Elevator 选项，并在弹出的新建电梯对话框中设置电梯的属性特征值，如图 14-73 所示。以同样的方法设置另一个电梯，属性特征值不变，将另一个电梯的名称设置为 Elevator2。

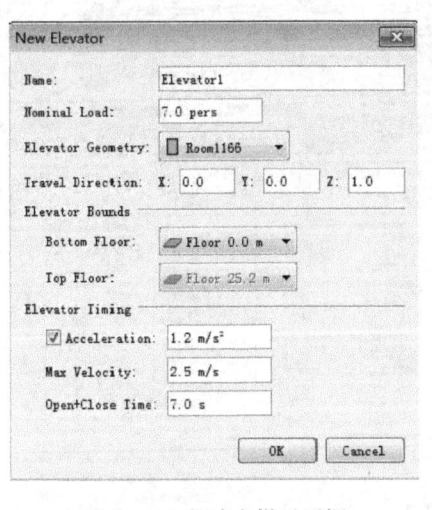

图 14-73　新建电梯对话框

创建电梯后的模型如图 14-74 所示。

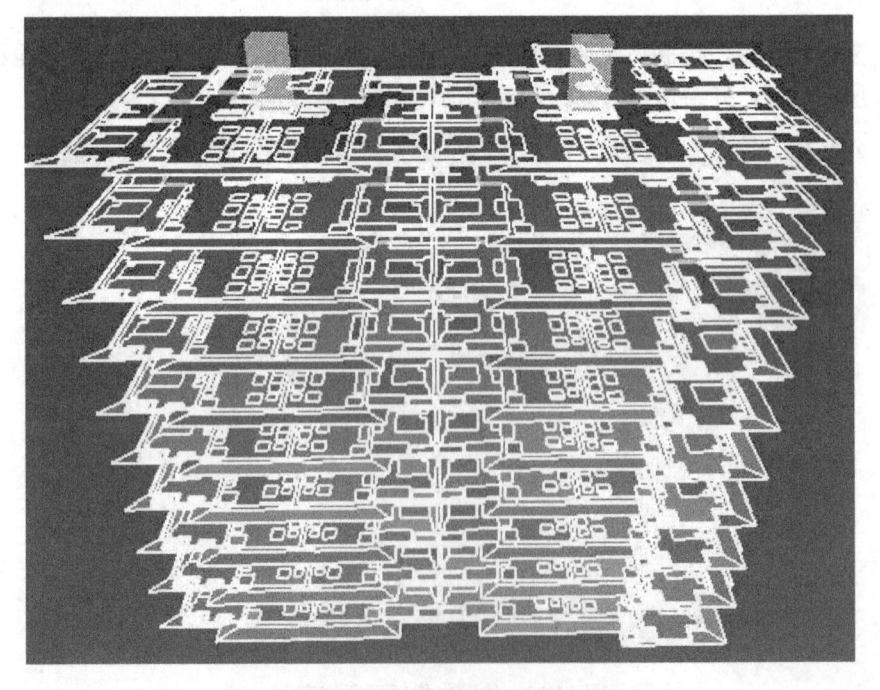

图 14-74　模型中的电梯

接下来绘制连接各层的楼梯，楼梯的坐标位置参照图 14-63 所示的位置。将当前楼层设置为 0m，在 0m 层绘制楼梯转弯缓台的坐标房间。点击界面左侧工具栏中的 ▊ 工具，拖动鼠标在绘图区域中绘制缓台坐标房间所在位置，得到坐标房间如图 14-75 所示。

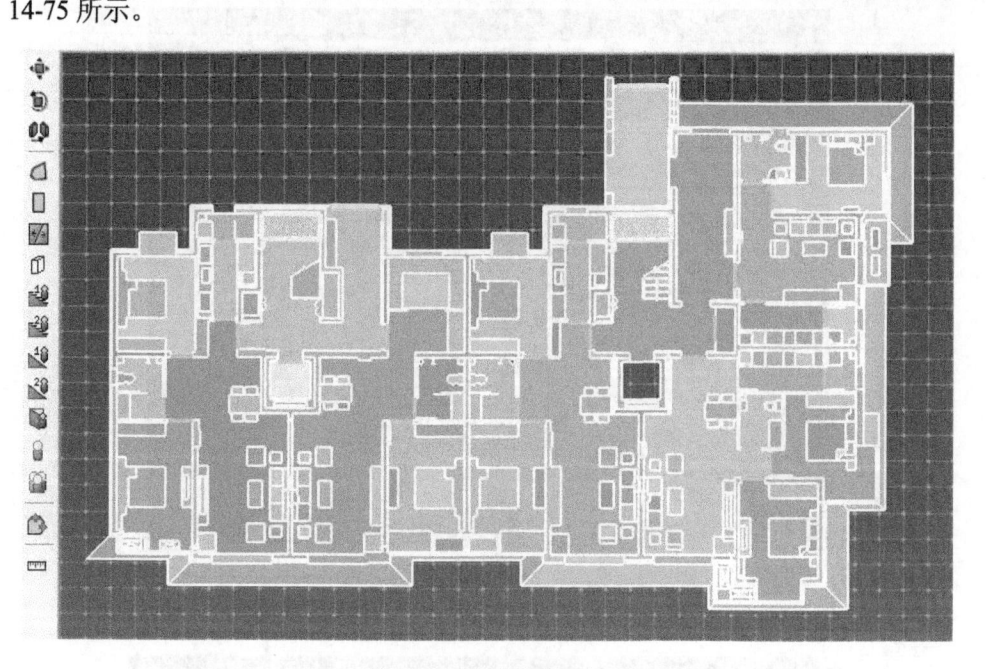

图 14-75　缓台坐标房间

由于楼梯转角缓台应位于两个楼层中央，故使用复制移动功能将该坐标房间上移至 0m 层与 2.8m 层中央。选中该坐标房间，点击界面左侧工具栏中的 ✦ 工具，在界面上方属性栏中选择剪切选项（Normal Mode），即在复制坐标房间的同时不保留原有房间。由于模型中的楼层间距为 2.8m，故设置坐标房间沿着 Z 轴向上移动 1.4m，如图 14-76 所示。

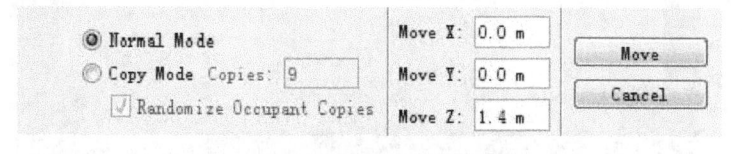

图 14-76　剪切房间属性栏

点击 Move 选项进行房间的移动，采用同样的复制方法将该楼梯缓台复制到其余楼层间，在复制时需注意应设置房间沿着 Z 轴向上移动 2.8m，复制 8 份。复制楼梯缓台房间后的模型如图 14-77 所示。注：为了方便观察缓台平面，此时的视图为从模型后方观察模型时的视角。

可以注意到，若在此时绘制连接各楼层及楼梯转角缓台的楼梯，楼梯与各楼层的夹角为 90°，不符合实际使用需求。因此需要创建连接楼梯的界面切口。将作图图层设置为 0m 层，使用上述绘制矩形房间的方法绘制楼梯连接房间，绘制结果如图 14-78 所示。

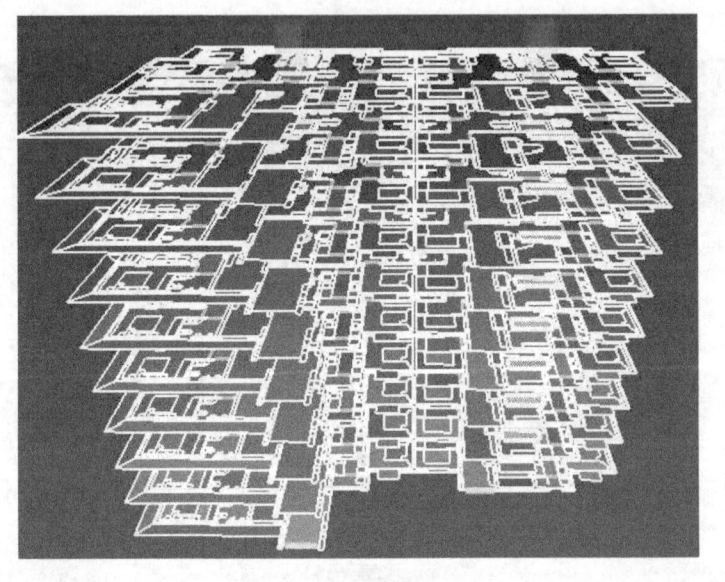

图 14-77    楼梯转角缓台

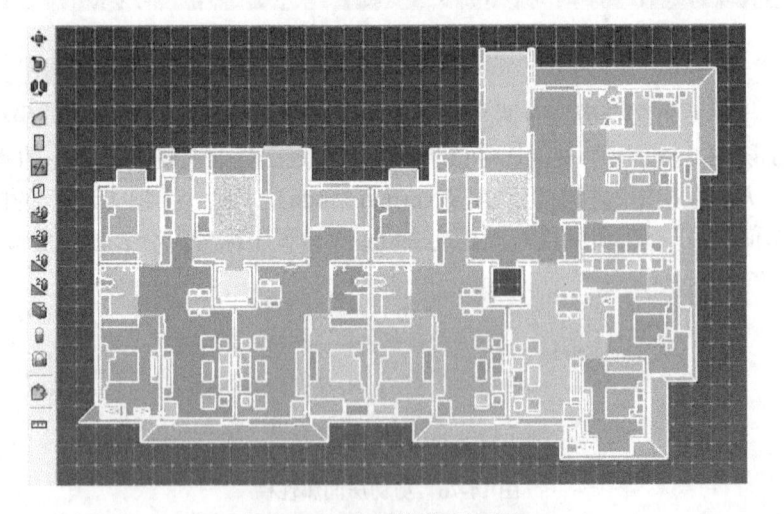

图 14-78    绘制楼梯连接房间

利用复制功能将上述绘制的 0m 层的楼梯连接房间复制到其余楼层，在复制时 Move Z 值应设置为 2.8m，复制份数为 9 份。复制完成后，删去连接房间来创建楼梯间，得到的模型如图 14-79 所示。注：为了方便观察缓台平面，此时的视图为从模型后方观察模型时的视角。

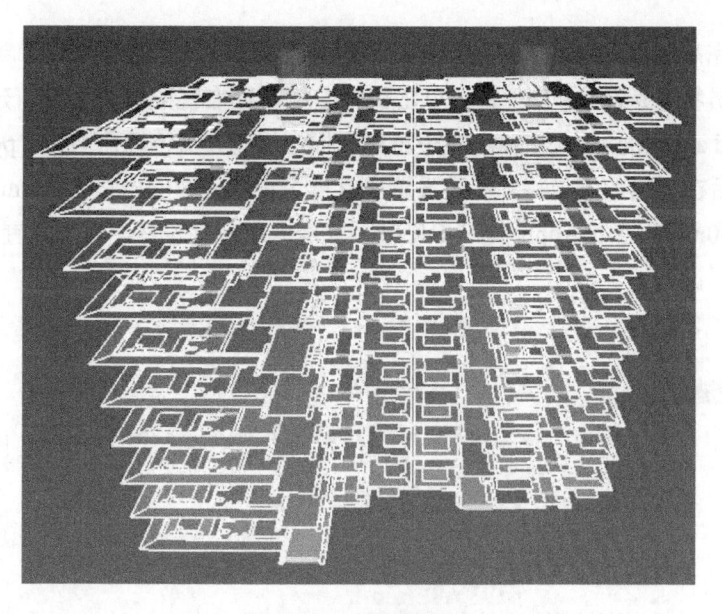

图 14-79　绘制楼梯间

　　点击界面左侧工具栏中的 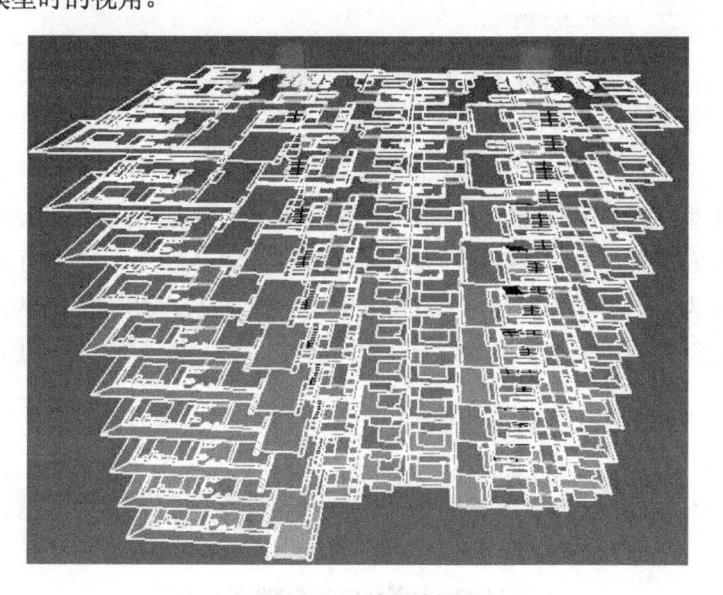 选项，在界面上方的属性栏中设置楼梯的宽度为110cm，拖动鼠标至绘图区域，软件将自动进行楼梯的捕捉，在 0m 处的楼梯接面缺口处单击鼠标左键，拖动鼠标至楼梯缓台处，再次单击鼠标左键，即可绘制连接 0m 层楼层与转角缓台平面的楼梯。采用同样的方式重复进行楼梯的绘制，绘制连接各楼层的楼梯，如图 14-80 所示。注：为了方便观察缓台平面，此时的视图为从模型后方观察模型时的视角。

图 14-80　绘制楼梯

绘制完高层住宅的基本模型结构后，设置模型中的人员特性参数。选中导航视图中的人员特性选项 Profiles，单击鼠标右键，在右键菜单中选择新建人员特性选项（Add a Profile…），在弹出的命名对话框中将此人员特性命名为"people"，点击 OK 键后在弹出的人员特性参数设置对话框内设置人员的肩宽为 45cm, 疏散运动速度为 1.30m/s。点击 Apply 键及 OK 键，完成人员特性设置。以上设置如图 14-81 所示。

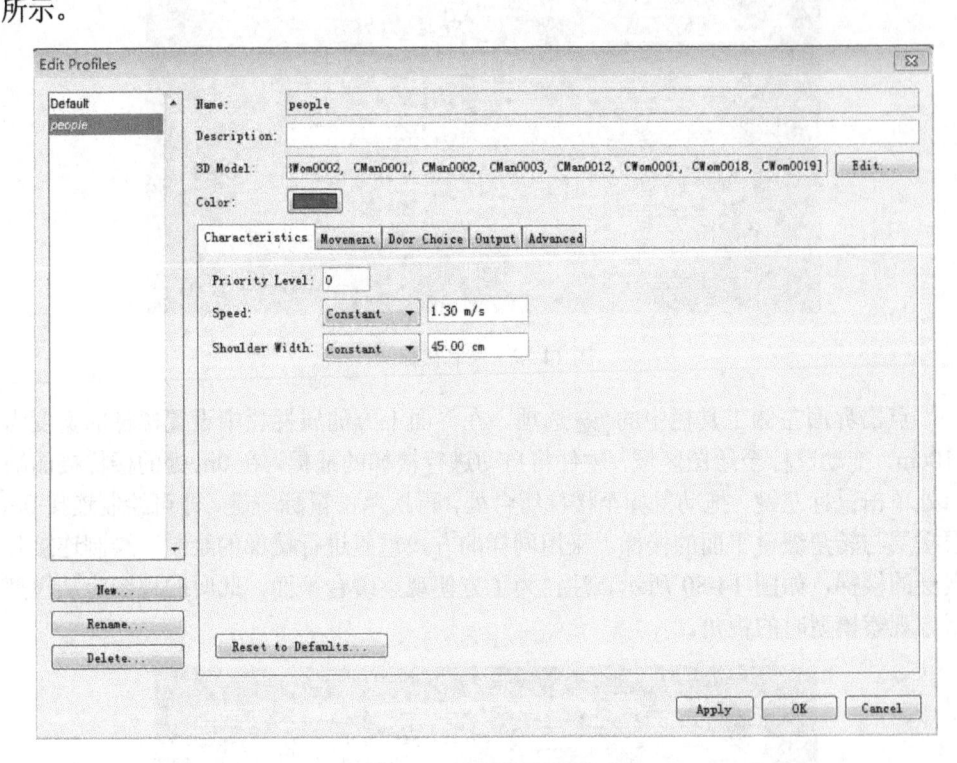

图 14-81　人员特性设置对话框

设置模型中人员的疏散行为，选中导航视图中的行为选项 Behaviors，单击鼠标右键，在右键菜单中选择新建行为选项（Add a Behavior…），在弹出的命名对话框中将此行为命名为"Behavior1"，点击 OK 键。界面上方将出现该行为的属性栏，在属性栏的行为下拉菜单中将该行为设置为通过乘坐任意一个电梯逃生，如图 14-82 所示。

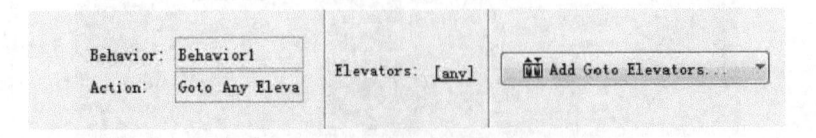

图 14-82　设置通过电梯逃生的行为

第 14 章　精通模型实例——建模详解　　219

在模型中添加人员时，由于 0m 层的人员因不需要通过楼梯和电梯进行疏散，故在设置行为时单独设置。点击界面上方的光标工具 ⌖ ，再点击界面左侧导航视图中的楼层选项 ◢ Floor 0.0 m ，选中 0m 层，此时该楼层将呈现黄色的被选中状态。单击鼠标右键，在右键下拉菜单中选择添加人员选项（Add Occupant...），在弹出的添加人员对话框中单击人员特性的 Default 选项，在弹出的人员比例设置框内将刚刚设置的"people"项前的数值设置为 100、Default 项前的数字设置为 0； Behavior1 项前的数值设置为 0、Goto Any Exit 项前的数值设置为 100。将人员的添加方式设置为随机添加（Random），数值设置为 30，并点击 OK 选项，即完成 0m 层人员的添加。

采用上述同样的方法进行其余层的人员添加，其余楼层可以作为一个整体进行人员添加。在弹出的添加人员对话框中单击人员特性的 Default 选项，在弹出的人员比例设置框内将刚刚设置的 "people" 项前的数值设置为 100、Default 项前的数字设置为 0； Behavior1 项前的数值设置为 50、Goto Any Exit 项前的数值设置为 50。将人员的添加方式设置为随机添加（Random），数值设置为 270，并点击 OK 选项，即完成模型中人员的添加，如图 14-83 所示。

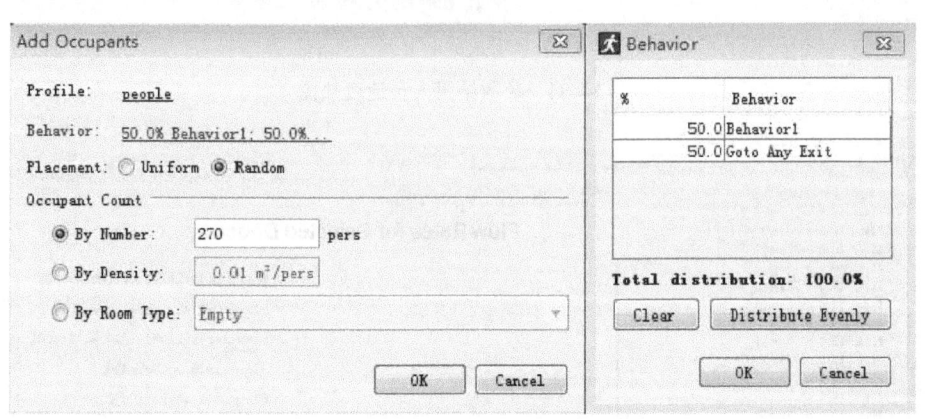

图 14-83　添加人员对话框

完成上述模型绘制后点击界面上方启动模拟运行任务选项 ▶ ，开始进行模拟仿真，模拟仿真计算后 Pathfinder 软件将自动弹出疏散结果 3D 展示窗口。疏散仿真结果表明，该高层住宅内有 300 名人员进行疏散时，所需疏散时间为 790s。

在 3D 结果展示窗口中单击界面左侧的 ▨ Speed 选项，即可通过人员热图的方式观察该商场模拟疏散中人员的疏散行为的速度情况，如图 14-84 所示。

可以在 3D 结果视图中观察人员在疏散中的运动路径、疏散速度变化、各类设施使用率等，均需在 3D 疏散结果展示界面中进行点选操作。

在模型绘制界面的上方选择 Results 下拉菜单中的查看房间使用率（View Room

Usage...）选项及查看门的流率（View Door Flow Rates...）选项，即可得到模拟中的人员疏散情况曲线，如图 14-85 所示。

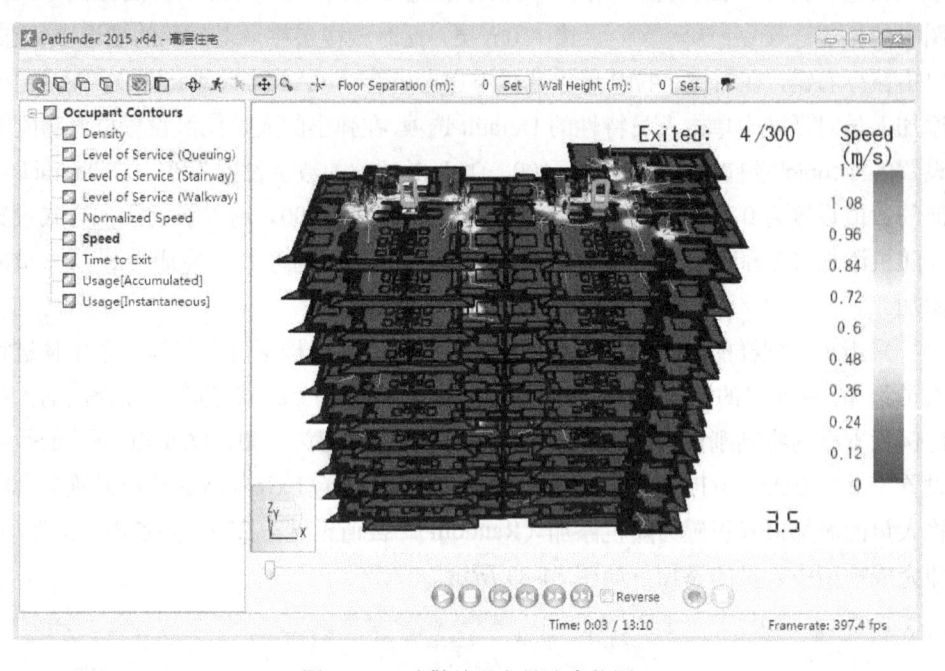

图 14-84　疏散结果人员速度热图

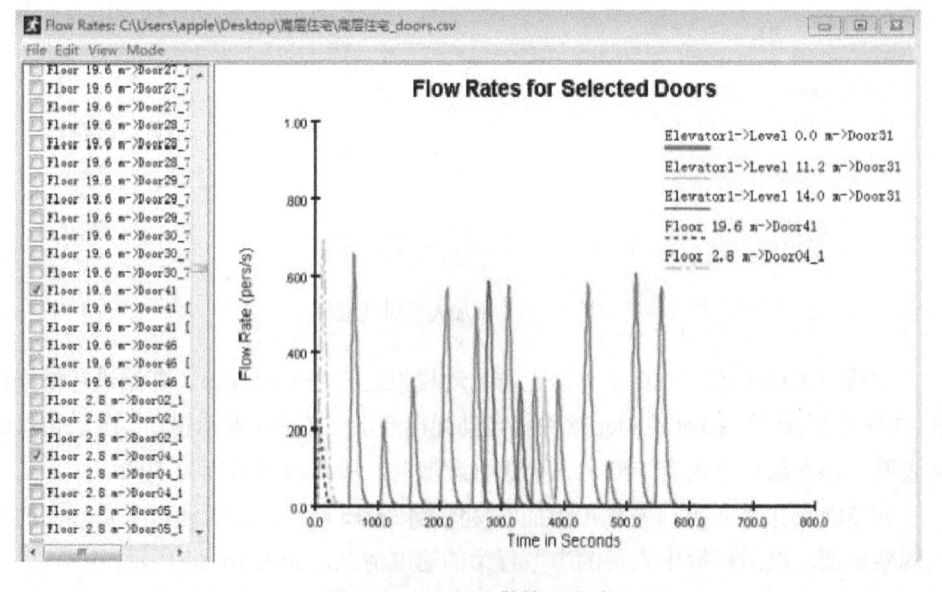

图 14-85　人员疏散情况曲线